Helga Dieling
Ursula Hirschfeld

Phonetik lehren und lernen

Fernstudieneinheit 21

Fernstudienprojekt
zur Fort- und Weiterbildung
im Bereich Germanistik
und Deutsch als Fremdsprache

Teilbereich Deutsch als Fremdsprache

Kassel · München · Tübingen

LANGENSCHEIDT

Berlin · München · Wien · Zürich · New York

Fernstudienprojekt des DIFF, der GhK und des GI
allgemeiner Herausgeber: Prof. Dr. Gerhard Neuner

Herausgeber dieser Fernstudieneinheit:
Uwe Lehners, Goethe-Institut, München

Redaktion: Eva-Maria Jenkins

Im Fernstudienprojekt „Deutsch als Fremdsprache und Germanistik" arbeiten das
Deutsche Institut für Fernstudienforschung an der Universität Tübingen (DIFF), die
Universität Gesamthochschule Kassel (GhK) und das Goethe-Institut, München (GI)
unter Beteiligung des Deutschen Akademischen Austauschdienstes (DAAD) und der
Zentralstelle für das Auslandsschulwesen (ZfA) zusammen.

Das Projekt wurde vom Bundesminister für Bildung und Wissenschaft (BMBW), dem
Auswärtigen Amt (AA) und der Europäischen Kommission (LINGUA/SOKRATES)
gefördert.

Dieses Symbol bedeutet „Verweis auf andere Fernstudieneinheiten"

* Mit diesem Zeichen versehene Begriffe werden im Glossar erklärt

Zu dieser Fernstudieneinheit gehören 3 Tonkassetten mit den Hörbeispielen (ISBN 3 – 468 – **49653** – 2).

Dieses Werk folgt der Rechtschreibreform vom 1. Juli 1996. Ausnahmen bilden Texte und Realien, bei denen historische, künstlerische,
philologische oder lizenzrechtliche Gründe einer Änderung entgegen-
stehen.

Druck:	5.	4.	3.	2.	Letzte Zahlen
Jahr:	04	03	02	01	maßgeblich

Verlagsredaktion: Manuela Beisswenger, Mechthild Gerdes

Titelgrafik: Theo Scherling
Zeichnungen: Andreas Flad/Uli Olschewski
Satz und Gestaltung (DTP): Uli Olschewski, Yen-lin Hung
Druck: Druckhaus Langenscheidt, Berlin
Printed in Germany: ISBN 3 – 468 – **49654** – 0

Inhalt

Einleitung

Entstehung der Fernstudieneinheit

Diese Fernstudieneinheit hat einen langen Weg hinter sich. Helga Dieling, die mit sehr viel Engagement am Manuskript gearbeitet hat, ist im Dezember 1994 verstorben.

Mir war ihr Vorhaben vertraut, ich hatte mehrere Fassungen der bereits entstandenen Kapitel gelesen, und wir haben viele Male darüber diskutiert. So habe ich die Weiterführung übernommen. Ich habe zunächst für die vom Goethe-Institut publizierte Erprobungsfassung noch fehlende Teile ergänzt, andere verändert, umgestellt, neu geschrieben. Ich habe die Tonaufnahmen vorbereitet, Aufgaben und Lösungen formuliert und die Literaturliste aktualisiert.

Die Erprobungsfassung wurde drei Jahre lang in Seminaren diskutiert, Übungen und Methoden wurden im Unterricht ausprobiert. Etwa 50 Kolleginnen und Kollegen aus verschiedenen Ländern und Institutionen haben das Manuskript mit mir besprochen oder mir ihre Erfahrungen, Hinweise und Kritiken zugeschickt und mir somit bei der Arbeit an der Verlagsfassung sehr geholfen. Bei ihnen möchte ich mich an dieser Stelle bedanken, besonders bei *Andreas Fischer, Volker Frank, Antti Iivonen, Angela Johansson, Swetlana Kim, Michael Legutke, Eve Pormeister, Kerstin Reinke, Bruno Repp, Helga Richter, Beate Rues, Lothar Schmidt, Edith Schramm, Ursula Stötzer* und *Klaus Vorderwülbecke* für ihre intensive Beschäftigung mit dem Manuskript. Dankbar bin ich *Eva-Maria Jenkins* und *Uwe Lehners*, die als „Nicht-Phonetiker" viele einfache Fragen stellten, die schwer zu beantworten sind und die an verschiedenen Punkten eine leichter verständliche, der Textsorte „Fernstudieneinheit" besser angemessene Darstellung einforderten.

Dank sagen möchte ich auch den Organisatoren und Teilnehmern an den Fortbildungsseminaren in Brasilien, Uruguay, Spanien, Frankreich und Marokko, von denen ich wichtige Anregungen erhielt.

Aufbau und Ziele der Fernstudieneinheit

In dieser Fernstudieneinheit möchten wir mit Ihnen, liebe Leserin, lieber Leser, über Phonetik im Fremdsprachenunterricht nachdenken: Wie kann, wie soll man Phonetik lehren und lernen?

In den Studienplänen für zukünftige Fremdsprachenlehrer/-lehrerinnen (in der Folge verwenden wir aus praktischen Erwägungen die Bezeichnungen „Lehrer"/„Schüler") sind Phonetik und Phonologie meist äußerst knapp bemessen, so dass sich viele die fachlichen Grundlagen in der Praxis erst selbst erarbeiten müssen. Auch in dieser Fernstudieneinheit, die ja kein Einführungskurs in die Phonetik, sondern ein didaktisches Material für den Deutschunterricht ist, werden sie nicht systematisch und im Einzelnen dargestellt. Grundlegende Zusammenhänge werden aber aufgegriffen, besonders im Kapitel 7, im Glossar und im Anhang, so dass Sie Ihr phonetisches Wissen ergänzen und aktualisieren können. Als weitere Lektüre sei auf die *Einführung in die deutsche Phonetik* (Hirschfeld 1992) und die *Phonothek* (Stock/Hirschfeld 1996) verwiesen.

Hier soll uns vor allem die Frage beschäftigen, auf welche Weise die phonetischen Fertigkeiten der Deutschlernenden möglichst effektiv und sinnvoll entwickelt und gefestigt werden können.

Zum Aufbau

Diese Fernstudieneinheit führt im ersten Teil (Kapitel 1 bis 6) systematisch in das Thema *Phonetik lehren und lernen* ein, hier stehen didaktische Fragen im Mittelpunkt. Daran schließt sich in den Kapiteln 7 bis 9 eine Art Lernprogramm an, in dem die phonetischen Grundlagen erarbeitet werden, die Sie selbst dann für die Arbeit mit Ihren Schülern didaktisch umsetzen können.

In **Kapitel 1** und **Kapitel 2** möchten wir zunächst mit Ihnen den Stellenwert der Phonetik im Fremdsprachenunterricht Deutsch und verschiedene Ausgangspositio-

Literaturhinweis

nen betrachten. Anhand von Unterrichtsbeispielen sollen dann im **Kapitel 3** Möglichkeiten der Entwicklung des Hörens und (Aus-)Sprechens in einer Übungstypologie klassifiziert werden. Anregungen, nicht bei der berühmten „Papageienmethode" stehen zu bleiben, schließen sich im **4. Kapitel** an. Im **5. Kapitel** stellen wir Ihnen Unterrichtsmaterialien vor, die die phonetischen Besonderheiten des Deutschen verdeutlichen, Übungen vorbereiten und effektiv gestalten helfen. Das **Kapitel 6** beschreibt weitere Unterrichtsmittel und -methoden, von einfachen Gesten bis hin zur Computertechnik. Unser „Phonetischer Baukasten" im **Kapitel 7** enthält 15 Standardthemen, aus denen Sie für sich und Ihre Schüler die passenden Bausteine herausnehmen, kombinieren und ergänzen können. Das **8. Kapitel** besteht aus einem kleinen, nicht ganz ernst gemeinten – aber ernst zu nehmenden – Abschlusstest. Texte, Lieder und vieles mehr für die Weiterarbeit und Vertiefung finden Sie in der Materialsammlung im **Kapitel 9**.

Wir präsentieren Ihnen eine Reihe eigens für diese Fernstudieneinheit entwickelter Übungen. In fast allen Kapiteln finden Sie aber auch Übungen und Hörbeispiele aus anderen Materialien. Das sind „Zitate", d. h.: Inhalt, Gestaltung und Sprechweise entstammen dem Original. Nur zu unseren eigenen Beispielen – oder wenn in den zitierten Materialien keine Aufnahmen vorhanden waren – haben wir selbst Aufnahmen angefertigt.

Wenn Sie schon mit anderen Fernstudieneinheiten gearbeitet haben, wird Ihnen hier vielleicht auffallen, dass die Aufgaben aus technischen Gründen nicht immer Schreiblinien enthalten.

Zur Vorgehensweise

Diese Fernstudieneinheit sollte möglichst systematisch durchgearbeitet werden, das betrifft besonders die Kapitel 1 bis 6. Sie sollten aber auch öfter darin nachlesen, wenn Sie Rat und Anregungen suchen. Unsere Hoffnungen und Erwartungen sind erfüllt,

- wenn das Material für Sie eine Art Handbuch wird,
- wenn Sie bestimmte Thesen selbst überprüfen,
- wenn Sie vorgeschlagene Übungen ausprobieren und im Unterricht einsetzen,
- wenn Sie Gegenentwürfe entwickeln,
- wenn Sie Routine immer wieder infrage stellen und
- wenn Sie, durch die Lektüre und die Aufgaben angeregt, über die Phonetik im Fremdsprachenunterricht (Deutsch) häufiger und intensiver nachdenken.

Die Kassetten, die diese Fernstudieneinheit begleiten, sind nicht einfach Zugabe, sondern Teil des Ganzen. Bestimmte Aufgaben und Übungen sind ohne Kassetten nicht lösbar.

Lassen Sie sich in die „Welt der Phonetik" einführen, entführen, verführen. Es lohnt sich. Wir wünschen Ihnen

[fiːl 'ʃpaːs] !

Ursula Hirschfeld

1 Notwendige Vorüberlegungen

1.1 Erste Annäherung an das Thema über drei Geschichten und einen Fragebogen

Beginnen wir ganz einfach, mit drei kleinen Geschichten, die Sie anregen sollen, ein wenig über die Rolle der Phonetik im Alltag nachzudenken.

Königin Elisabeth

Das Münchner Hotel „Königin Elisabeth" ist nach der österreichischen Kaiserin und Königin von Ungarn (1837 – 1898), der berühmten Sisi (in Deutschland auch Sissi geschrieben), benannt. Den Hotelinformationen entnimmt der Gast, der sich auch für Geschichte interessiert:

> „Sie war schön, musikalisch und sprachbegabt. Als das österreichische Kaiserpaar im Januar 1866 nach Ungarn reiste, schlug das herzliche Entgegenkommen der ungarischen Bevölkerung in offene Begeisterung um, denn die junge Königin antwortete auf die Begrüßungsansprache in fließendem Ungarisch."

Wir können wohl annehmen, dass Elisabeth auch die ungarische Aussprache vollendet beherrschte, denn sie wurde ja glänzend verstanden.

Franz Fühmann

Wie schwierig Ungarisch für Deutsche nicht zuletzt phonetisch ist, davon weiß der Schriftsteller Franz Fühmann (1922 – 1984) in seinem ungarischen Tagebuch zu berichten:

> „Ich versuche in einer Konditorei ungarisch zu bestellen und sage offenbar etwas höchst Anstößiges und weiß nicht was und bin vollkommen hilflos. In dieser Beziehung ist Ungarisch tückisch: Verwechslung von langen und kurzen Vokalen oder stimmhaften* und stimmlosen* Konsonanten* führt oft zu phantastischen Mißverständnissen. Voriges Jahr, da ich in einem Dorfkonsum *Grünzeug* erwerben wollte und den dazu nötigen Fragesatz stundenlang vorher memorierte, habe ich schließlich die Verkäuferin gefragt, ob sie *einen schönen grünen Arsch* habe, und das nur, weil bei sonst gleichem Klang *Arsch* kurz und *Zeug* lang ausgesprochen wird. Sie, höchstens siebzehn, schrie auf und floh, und ihr Vater erschien, und er wog drei Zentner."
>
> (Zur Erklärung: *zöld = grün, segg = Arsch, zöldség = Grünzeug, Gemüse*)
>
> Fühmann (1973), 25

Nun mag Franz Fühmann hier ins Fabulieren geraten sein und ein wenig übertrieben haben. Sicher ist das Gespräch anders verlaufen, und es bestand keine Gefahr für Leib und Leben.

Was mehr erstaunt, ist, dass der große Dichter und sensible Sprachbeobachter Fühmann in diesem Zusammenhang nicht darüber reflektiert, dass es im Deutschen bei einer Veränderung der Wortbetonung (es macht für den Betreffenden durchaus einen Unterschied, ob er *einen Baum* **umfährt** oder *ihn* **umfährt**) oder bei der Verwechslung von Vokalen und Konsonanten oder einzelnen ihrer Merkmale ja zu vergleichbaren Irritationen kommen kann. In unserem Unterricht konnten wir u. a. schöne Beispiele sammeln, wenn unsere Studenten aus der Zeitung vorlasen:

> *Tote bei Familienfete (gemeint war: -fehde)*
> *Ehrlich fährt am längsten (währt)*
> *Haustiergeschäfte (Haustür)*
> *Präsens ist erwünscht (Präsenz)*
> *Kursberichte (Kurzberichte)*

Aber auch bei Muttersprachlern treffen wir auf Ausspracheformen, die z. B. einen regionalen Hintergrund haben und ähnliche Wirkungen hervorrufen. So versicherte der SPD-Politiker Scharping vor den Bundestagswahlen 1994, die Partei habe jetzt eine geschlossene *Blattform* (gemeint war *Plattform*).

Eliza Doolittle

Das dritte Beispiel stammt aus einem „phonetischen Märchen", aus *Pygmalion* (1913) von Bernard Shaw (1856 – 1950) und dem danach entstandenen Musical *My fair lady* (1956). Eliza ist ein Blumenmädchen mit einer „ordinären" Aussprache, an der man sofort erkennen kann, dass sie aus einem Londoner Vorstadtviertel kommt, in dem die niedrigsten sozialen Schichten leben, die ärmsten, ungebildetsten Mitglieder der Gesellschaft. Um eine Wette zu gewinnen, lehrt sie der Phonetikprofessor Higgins eine Aussprache, wie sie von der „feinen Gesellschaft" gebraucht wird. Elizas soziale und sprachliche Herkunft ist schließlich nach langem, intensiven Üben nicht mehr erkennbar. Sie gewinnt dadurch Selbstbewusstsein, gesellschaftliche Akzeptanz und die Möglichkeit, ihr Leben zu gestalten – und nicht nur den nächsten Tag zu überstehen.

Aufgabe 1
Hörbeispiel 1

> *Hören Sie sich die Szene aus dem Musical (Hörbeispiel 1) an, in der Eliza erstmals alles richtig wiederholt, was ihr Professor Higgins vorgibt. Überlegen Sie bitte, welche Parallelen es zwischen Elizas Situation und dem Ausspracheerwerb in der Fremdsprache (Deutsch) gibt. Berücksichtigen Sie dabei folgende Aspekte:*
>
> *– Lernziele,*
>
> *– Übungsmethoden,*
>
> *– Übungsmaterial (-beispiele),*
>
> *– Verhältnis von Aufwand und Erfolg.*
>
> *Können Sie ähnliche Beispiele nennen, an denen sich zeigt(e), dass eine gute Aussprache wichtig ist?*

Und wie halten **Sie** es mit der Phonetik im Unterricht Deutsch als Fremdsprache?

Phonetik im Unterricht DaF

Aufgabe 2

> *1. Geben Sie der Phonetik viel Raum in Ihrem Unterricht oder eher wenig?*
>
> *2. Welche der folgenden Aussagen können Sie unterstützen, welche lehnen Sie ab?*

> Wir haben eine Reihe von **Deutschlehrern** gefragt. Hier einige authentische Antworten:
> 1. *Scheint mir wichtig. Aber eigentlich hat man kaum Zeit für solche Feinheiten.*
> 2. *Die gröbsten Aussprachefehler korrigiere ich selbstverständlich. Das genügt.*
> 3. *Phonetik ist ein schwierig zu bewältigender Bereich des Deutschunterrichts. Trotzdem muss man mit ihm umgehen können.*
> 4. *Im Unterricht mit vielen Schülern kommen phonetische Korrekturen zu kurz. Im Privatunterricht ist das günstiger. Da erreiche ich mehr.*
> 5. *Bei dreißig Schülern in der Klasse ist es mit Ausspracheübungen schwierig. Aber ich gebe immer ein paar Tipps. Von Kassetten lässt sich viel lernen.*
> 6. *In den Lehrbüchern gibt es wenig phonetische Übungen. Da nehme ich es auch nicht so wichtig.*

Und welche Meinungen vertreten die **Schüler**?

1. *Ich möchte eine gute Aussprache haben. Deshalb ist Phonetik für mich sehr wichtig.*
2. *Völlig uninteressant. Ich mache mich auch so verständlich.*
3. *Phonetik? Was ist das überhaupt?*
4. *Langweilig, strapaziös, manchmal peinlich.*
5. *Ein bisschen anstrengend, aber ich spiele mit.*
6. *Sie meinen Ausspracheübungen? Doch, da gebe ich mir schon Mühe.*

Und wie hält es Ihr Lehrwerk mit der Phonetik?

Aufgabe 3

Ein Fragebogen

Bitte kreuzen Sie „Ja" oder „Nein" an. Wenn Sie Gelegenheit haben, die Studieneinheit mit Kollegen gemeinsam zu besprechen, sollten Sie die Ergebnisse vergleichen und Unterschiede und Gemeinsamkeiten diskutieren.

	Ja	*Nein*
1. *Gibt es in dem Lehrwerk, das Sie benutzen, phonetische Übungen?*	☐	☐
2. *Wenn ja: Halten Sie das Angebot für ausreichend?*	☐	☐
3. *Sind die Übungen anregend, unterhaltsam und motivierend?*	☐	☐
4. *Gibt es eine größere Auswahl an Übungsformen?*	☐	☐
5. *Gibt es Übungen, die speziell das Hören kontrollieren?*	☐	☐
6. *Werden die Laut-Buchstaben-Beziehungen dargestellt?*	☐	☐
7. *Wird die phonetische Transkription verwendet?*	☐	☐
8. *Regen die Übungen Sie und Ihre Schüler an, zusätzliche Übungsschritte zu gehen und Übungen dazu zu erfinden?*	☐	☐
9. *Finden Sie zu allen Problemfällen Übungsangebote?*	☐	☐
10. *Benutzen Sie zusätzliche Materialien mit phonetischen Übungen?*	☐	☐

1.2   Was ist Phonetik?

Der viel versprechende Titel *Phonetik lehren und lernen* weckt wohl bei jedem Leser andere Erwartungen. Da ist es wichtig zu klären: Was ist hier mit *Phonetik* gemeint?

Phonetik und Phonologie   Grenzen wir zunächst *Phonetik** und *Phonologie** voneinander ab.

Aufgabe 4
Hörbeispiel 2

---

1. *Ersetzen Sie das R im Wort „Rand" durch andere Konsonanten, so dass neue Wörter entstehen:*

   _____

2. *Hören Sie bitte Hörbeispiel 2 auf der Kassette. Unterstreichen Sie die Wörter, in denen Sie ein deutliches (konsonantisches) R hören:*

   reden, hören, hörst, verstehen, Wort, Frage, Leser, Leserin

---

Die Aufgabe 4.1 macht deutlich, dass sich durch das Ersetzen eines Konsonanten oder eines Vokals die Bedeutung des Wortes ändert. Hier haben wir es mit einer phonologischen Erscheinung zu tun. Bei den Beispielen zu 4.2 haben Sie sicher bemerkt, dass nur in fünf der acht Wörter ein konsonantisches R, also ein Reibelaut* oder Frikativ*, zu hören ist, obwohl das Phonem* [r] (hier erkennbar am Buchstaben <r>) in jedem Wort vorhanden ist. Ein Phonem ist eine Abstraktion, die unterschiedlich realisiert werden kann: das Phonem [r] wie im Wort *raten* als konsonantische Variante (als Reibe-R, Zungenspitzen-R*-, Zäpfchen-R*) oder wie im Wort *fährt* als vokalisierte* Variante. Der Klangunterschied zwischen einem konsonantischen und einem vokalischen R ist ebenso deutlich wahrnehmbar wie der zwischen einem R und einem L, z. B. in den Wörtern *Rand* und *Land*. Aber im ersten Fall geht es nicht um eine Bedeutungsänderung, es handelt sich hier um eine phonetische Erscheinung.

Kurz: Die Phonetik befasst sich mit den hör- und messbaren Eigenschaften gesprochener Sprachlaute, die Phonologie mit deren bedeutungsunterscheidender Funktion.

Dazu kann ein Lexikon sprachwissenschaftlicher Termini ausführlicher Auskunft geben:

„Phonetik
Untersucht die lautliche Seite des Kommunikationsvorgangs unter dem Aspekt folgender Teilprozesse: (a) artikulatorisch-genetische Lautproduktion (→ Artikulatorische Phonetik), (b) Struktur der akustischen* Abläufe (→ Akustische Phonetik), (c) neurologisch-psychologische Vorgänge des Wahrnehmungsprozesses (→ Auditive Phonetik). Ihre Basis sind Erkenntnisse der Anatomie, Physiologie*, Neurologie und Physik. Im Unterschied zur → Phonologie untersucht die P. die Gesamtheit der konkreten artikulatorischen, akustischen und auditiven* Eigenschaften der möglichen Laute aller Sprachen.

Phonologie
(Auch: Funktionale/Funktionelle Phonetik, → Phonematik, → Phonemik).Teildisziplin der Sprachwissenschaft, die sich mit den bedeutungsunterscheidenden Sprachlauten (auch: → Phonemen), ihren relevanten Eigenschaften, Relationen und Systemen unter synchronischen und diachronischen Aspekten beschäftigt."

Bußmann (1990), 579 und 581

In einem solchen Wörterbuchartikel, der sich sehr kompliziert anhört, sind einige Begriffe enthalten, auf die wir später zurückkommen werden, wie z. B. *Artikulation** oder *Wahrnehmung*, einige werden wir aber auch für unser Thema nicht benötigen.

Phonetik, im Zusammenhang mit dem Fremdsprachenunterricht genannt, wird oft als Synonym für *Aussprache* benutzt. Jemand hat phonetische Schwierigkeiten – das bedeutet, er hat Schwierigkeiten mit der Aussprache. Phonetische Übungen sind Ausspracheübungen.

Hier wäre nun zu fragen: Sind phonetische Schwierigkeiten nur Schwierigkeiten bei der Artikulation von bestimmten Lauten oder ist hier auch von der Intonation* die Rede? Fehler bzw. Abweichungen in der Intonation sind ja oft schwerwiegender als solche in der Lautbildung, der Artikulation. Und was ist Intonation? Ist es nur die Melodie oder definiert man Intonation als komplexe klangliche Erscheinung?

Artikulation und Intonation

Aufgabe 5

Welche der folgenden Erscheinungen verbinden Sie mit dem Begriff „Intonation"? Kreuzen Sie bitte an.

	X		X		X		X
Melodie		*Lautstärke*		*Stimme*		*Betonung*	
Ton		*Sprechtempo*		*Rhythmus*		*Klang*	

Bußmann bezieht *Phonetik* nur auf Laute*, auf Eigenschaften der Laute und Lautgebilde, Beschreibung der Laute usw. Intonation wird im gleichen Werk so definiert:

„Intonation
(lat. *intonare = stimmen*) (1) Im weiteren Sinne: Gesamtheit der prosodischen Eigenschaften von sprachlichen Äußerungen, die nicht an einen Einzellaut gebunden sind. Da intonatorische Merkmale die segmentierbaren Einzellaute überlagern, nennt man sie auch → Suprasegmentale Merkmale. Bei der Beschreibung von Intonationsphänomenen spielen drei Aspekte ineinander: (a) Akzent (auch Betonung) durch Druckanstieg auf einer Silbe; (b) Tonhöhenverlauf; (c) Pausengliederung …
(2) Im engeren Sinne (besonders in der Slawistik): auf morphologisch definierte Segmente (Morphe, Wörter) bezogene Erscheinungen des Tonhöhenverlaufs …"

Bußmann (1990), 352f.

Für die hier verwendeten Termini gilt das Gleiche wie bei den vorigen Wörterbuchzitaten, auf einige kommen wir später zurück, andere werden nicht weiter benötigt.

In Anlehnung an die Definitionen von Bußmann müssten wir in Bezug auf den Fremdsprachenunterricht stets von *Phonetik* **und** *Intonation* sprechen. *Phonetik und Intonation lehren und lernen* müsste danach der Titel dieser Fernstudieneinheit lauten. Wir schlagen aber vor, hier zu verabreden:

Phonetik = Intonation + Artikulation

Phonetik im Fremdsprachenunterricht umfasst also

➤ **Intonation** (Wort- und Satzmelodie, Akzentuierung, Rhythmus, Pausen, Tempo) und

➤ **Artikulation** (Lautbildung).

Das ist nicht nur praktisch, weil es so schon gebräuchlich ist und gut mit den Begriffen *Grammatik* und *Lexik* korrespondiert – Phonetik, Grammatik, Lexik –, sondern es ist auch von der Sache her gut begründet. Artikulation und Intonation sind innig verknüpft. Beide Faktoren beeinflussen einander, gehören zusammen wie zwei Seiten einer Medaille, die man zwar einzeln betrachten, aber nicht wirklich trennen kann. Auch wenn wir von *Aussprache* sprechen, ist immer Lautung **und** Intonation gemeint.

Phonetik in unserem Sinne schließt dabei die phonologischen Grundlagen ein, denn die bedeutungsunterscheidenden Merkmale phonetischer Einheiten werden in dieser Fernstudieneinheit immer auch eine Rolle spielen. Auch didaktische Aspekte, die Lehr- und Lernbarkeit der Phonetik (perzeptiv* und produktiv*) betreffend, werden immer mit berücksichtigt.

Lernerphonetik

Wenn wir diese Übereinkunft treffen, kann man analog zum Grammatikunterricht vom Phonetikunterricht sprechen, und man könnte, wie man von einer **Lernergrammatik*** spricht, auch von einer **Lernerphonetik*** sprechen. In eben diesem Sinne soll auch hier – wie bei Funk/Koenig 1991 eine **Grammatik** – eine **Phonetik** gemeint sein,

„ … die nicht das Ziel des Fremdsprachenunterrichts ist, sondern ein Mittel zu seinem Zweck: zur aktiven Verwendung der fremden Sprache durch die Lernenden."

Funk/Koenig (1991), 13f.

Hinweis

Wichtig ist, dass die Lernenden in die Lage versetzt werden, phonetische Regularitäten der Fremdsprache selbst zu entdecken und bewusst anzuwenden (siehe Kapitel 2.5).

Phonetikunterricht umfasst dabei sowohl die Entwicklung **perzeptiver** als auch die Entwicklung **sprachproduktiver** Fertigkeiten, also sowohl das Hören als auch das Sprechen.

1.3 Welche Ausspracheformen sollen im Unterricht verwendet werden?

„Ich habe mich seit vielen Jahren um die deutsche Aussprache bekümmert, aber noch heut weiß ich keinen Ort in Deutschland anzugeben, wo die Sprache gut gesprochen würde oder nur besser als anderswo. Ich habe wohl Personen angetroffen, von denen in Schwaben, in Franken, in Sachsen, an der Mündung der Elbe wie in Österreich gesagt werden würde: sie sprechen gut. Aber kein Ort hat dieses Privilegium für sich."

Müller (1812)

Aussprachenormen

Eine ebenso grundsätzliche Frage wie die nach der Terminologie ist die nach den im Unterricht zu verwendenden Ausspracheformen und -normen. Denn es gibt sie nicht: **die** deutsche Aussprache. Es gibt unzählige Aussprachevarianten und verschiedene Aussprachenormen bzw. -standards. Damit sind nicht nur regionale (dialektale) Ausspracheformen gemeint, für die es selbstverständlich auch interne Normen gibt.

emotionale und situative Varianten

Daneben existieren emotionale und situative (phonostilistische*) Varianten der Aussprache, die jeder Muttersprachler verwendet. Das bedeutet, dass je nach Stimmung (Freude, Überraschung, Wut, …) und auch je nach Situation (Vortrag, Unterhaltungsgespräch) nicht nur unterschiedliche lexikalische und grammatische Mittel, sondern auch unterschiedliche Ausspracheformen verwendet werden. Wenn man z. B. einen Vortrag hält, spricht man deutlicher, gespannter, im Unterhaltungsgespräch spricht man schnell und ungespannt, hier fallen Laute aus, Endungen werden verschluckt usw.

Außerdem hat jeder noch seine eigene, unverwechselbare Aussprache – es gibt also Millionen individueller Aussprachevarianten.

individuelle Varianten

Es muss deshalb ganz bewusst entschieden werden, welche Ausspracheformen im Deutschunterricht gehört und geübt werden sollten. Lassen wir die emotionalen und situativen Aussprachevarianten zunächst beiseite und sehen wir uns die regional unterschiedlichen Formen an. Wo spricht man das „beste Deutsch"? Das Lehrwerk *Stufen international* enthält fünf kleine Dialoge, in denen die Aussprache verschiedener Regionen vorgestellt wird.

regionale Varianten*

Aufgabe 6
Hörbeispiel 3

Hören Sie sich die Aufnahmen in Hörbeispiel 3 auf der Kassette an und versuchen Sie, die Stichwörter in den „Sprechblasen" zu erkennen und (durch Angabe des Städtenamens) einer Dialognummer zuzuordnen.

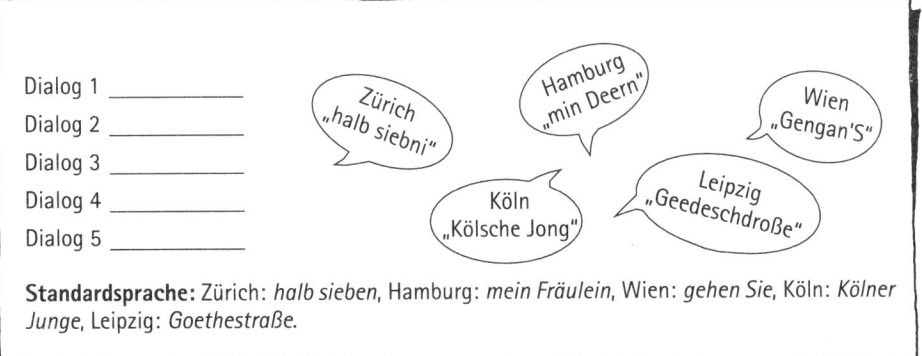

Dialog 1 _____
Dialog 2 _____
Dialog 3 _____
Dialog 4 _____
Dialog 5 _____

Zürich „halb siebni"

Hamburg „min Deern"

Wien „Gengan'S"

Köln „Kölsche Jong"

Leipzig „Geedeschdroße"

Standardsprache: Zürich: *halb sieben*, Hamburg: *mein Fräulein*, Wien: *gehen Sie*, Köln: *Kölner Junge*, Leipzig: *Goethestraße*.

Vorderwülbecke/Vorderwülbecke (1995), 44

Vielleicht haben Sie alles gleich gut verstanden, vielleicht hatten Sie Schwierigkeiten damit. Sicher entspricht keine dieser Ausspracheformen dem, was Sie selbst unter „Standard" verstehen und von Kassetten oder aus deutschsprachigen Rundfunk- und Fernsehsendungen kennen.

Für Deutschland ist im *DUDEN. Aussprachewörterbuch* (1990) und in den verschiedensten Wörter- und Lehrbüchern ein Standard festgeschrieben, der sich am Norddeutschen orientiert und der von Berufssprechern angestrebt wird. Für Österreich und die Schweiz fehlen solche Kodifizierungen eines nationalen Standards noch. Zur besonderen Thematik des *Deutschen in Deutschland, Österreich und der Schweiz* sei auf das Buch von Ammon (1995) hingewiesen.

Literaturhinweis

Überlegen Sie sich bitte Argumente für und gegen das Erlernen einer regionalen Variante und Argumente für das Erlernen der überregionalen Standardaussprache.

Aufgabe 7

In dieser Fernstudieneinheit wird prinzipiell von der für Deutschland beschriebenen Standardaussprache* ausgegangen. Es wird nicht der Anspruch erhoben, die nationalen Standards Österreichs und der Schweiz darzustellen. Wohl aber werden in einigen Hörbeispielen diese Standards und andere regionale Varianten vorgestellt.

Unter Standardlautung bzw. Standardaussprache wird hier in Anlehnung an den *DUDEN. Aussprachewörterbuch* (1990, 29) eine *Gebrauchsnorm* verstanden, die einen umfassenden Geltungsbereich besitzt, also allgemein gültig ist, und von jedem Muttersprachler verstanden werden kann. Folgende Grundsätze gelten – sinngemäß formuliert – für die Standardaussprache in Deutschland (sog. „norddeutscher Standard"):

Standardaussprache

➤ Die Standardaussprache ist **für jede Kommunikation verbindlich**, in der formbewusst gesprochen wird (Nachrichten, Bühne, Vortrag, Schule, Universität).

➤ Sie kommt der **Sprechwirklichkeit** nahe, ohne Anspruch auf vollständige Widerspiegelung der vielfältigen Schattierungen der gesprochenen Sprache zu haben.

➤ Sie ist **überregional**, enthält also keine typisch landschaftlichen Aussprache-formen.

➤ Sie ist **einheitlich**, Varianten (freie Varianten und Phonemvariation) sind auf ein Mindestmaß beschränkt.

➤ Sie ist **schriftnah**, d. h. weitgehend durch das Schriftbild bestimmt.

➤ Sie ist **deutlich**, sie unterscheidet die Laute einerseits stärker als die Umgangs-lautung, andererseits schwächer als die zu erhöhter Deutlichkeit neigende Bühnen-aussprache.

Deutschlernenden wird im Allgemeinen diese Standardaussprache empfohlen, weil sie damit überall leicht verstanden werden. Für die Entwicklung von Hörfertigkeiten sollten aber auch unterschiedliche Aussprachevarianten – und zwar sowohl regionale als auch phonostilistische und emotionale – im Unterricht angeboten werden.

1.4 Phonetik – ein Stiefkind des Fremdsprachenunterrichts?

Die Metapher „Stiefkind" ist 1977 von Göbel/Graffmann in die Literatur eingeführt worden. In den 70er- und 80er-Jahren wurde wegen der starken Orientierung der Didaktik an kommunikativen Fertigkeiten* sehr wenig auf Korrektheit in der Ausspra-che geachtet. Es kam vor allem darauf an, dass die Lernenden sich schnell und möglichst ohne Hemmungen zu verständigen versuchen. Dass gut entwickelte phone-tische Grundlagen das Verstehen und Verstandenwerden eigentlich erst ermöglichen, wurde dabei übersehen.

Es sind nun in den 90er-Jahren durchaus Veränderungen, Fortschritte zu erkennen. Es gibt kaum noch Lehrwerke, die auf phonetische Übungen verzichten – wenn auch Qualität und Quantität des Angebots oft zu wünschen übrig lassen. Auch in der Lehreraus- und -fortbildung widmet man dem Thema *Phonetik* nach und nach mehr Aufmerksamkeit. Doch wird es wohl noch einige Zeit dauern, bis die Phonetik in Westeuropa einen Stellenwert erreicht, der in Osteuropa traditionell vorhanden ist. Vor allem in den ehemals zur Sowjetunion gehörenden Ländern sind für zukünftige Lehrer phonetische Einführungskurse von 80 bis zu 300 Stunden als Pflichtveranstaltungen und auch später, also während des gesamten Studiums, systematische Übungen, Seminare und Vorlesungen zu Phonetik und Phonologie vorgesehen. Die Absolventen solcher Studiengänge sprechen in der Regel ein hervorragendes Deutsch – obwohl manchmal weder Muttersprachler noch Medien zur Verfügung standen.

<u>Aufgabe 8</u>

> *1. Welche Erfahrungen haben Sie als Fremdsprachenschüler mit der Phonetik gemacht? War Phonetik in der Schule/im Studium wichtig oder wurde darauf kein (oder wenig) Wert gelegt?*
>
> *2. Worauf hat Sie Ihr Lehrer aufmerksam gemacht?*
>
> *3. Wie haben Sie Phonetik geübt:*
>   *– nur in der Klasse?*
>   *– im Einzelunterricht?*
>   *– im Sprachlabor?*
>   *– selbstständig mit Ton- und Videokassetten?*

1.5 Phonetik lehren und lernen – lohnt sich das?

Gehen wir davon aus, dass die Phonetik, von Ausnahmen abgesehen, im Fremdsprachen-unterricht tatsächlich vernachlässigt wird. Was schadet das denn, könnte man fragen?

Immer mehr Menschen lernen Fremdsprachen, ohne sich mit phonetischen Übungen zu beschäftigen. Auch viele Lehrer legen auf phonetische Korrekturen kaum Wert: Es mache ja nichts, wenn die Aussprache schlecht ist, es komme schließlich nur darauf an, sich zu verständigen, das reiche aus.

Diese weit verbreitete Meinung kann nicht unwidersprochen bleiben.

Aufgabe 9
Hörbeispiel 4

1. *Was könnte man der obigen Meinung entgegensetzen? Sammeln Sie Argumente, die dafür sprechen, im Unterricht doch an der Aussprache zu arbeiten.*

2. *Eine gute Aussprache erregt meist Bewunderung. Eine Tonbandaufnahme der italienischen Sängerin Milva soll das belegen. Hören Sie dazu das Hörbeispiel 4. Können Sie noch andere Beispiele dafür nennen, dass Sie die gute Aussprache eines Fremdsprachlers besonders beeindruckt hat?*

3. *Es gibt auch den Fall, dass Fremdsprachler den fremden Akzent geradezu kultivieren, ihn sozusagen vermarkten. Lesen Sie dazu den folgenden Zeitungsartikel über Pierre Brice. Kennen Sie weitere Prominente, die ihren Akzent gut verkaufen?*

Gefühle, Begierden

DIE PERSONALITY-PARADE IM STERN

Ob es der nahende Frühling ist, der die Männer antreibt, sich, knospenden Blüten gleich, zu öffnen und ihr Innerstes nach außen zu kehren? PIERRE BRICE, der Mann, für den Karl May seine »Winnetou«-Romane erfunden hat, tritt vor uns hin – und singt. »Mein 'erz«, brummt er auf seinem jetzt erscheinenden Debütalbum »Gefühle«, »liegt 'ier auf der Bühne«. Milder Wahnsinn und wilde Metaphern umfangen das Liedgut des alten Indianers, der schließlich charmant vor der Ohnmacht der Worte kapituliert: »Eine Rose für disch, leg 'isch in deine 'and, sie sag' dir alles, was mein Mund vielleischt nie sagen gann.«

Rosenkavalier: Pierre Brice sagt's mit Blumen

nach: Stern (9/1995), 228

Nicht jeder ist ein Pierre Brice, dem man Ausspracheeigenheiten nicht nur verzeiht, sondern von dem man sie geradezu erwartet. Deutschlernende in der Anfangs- und Mittelstufe, die nicht nur Ausspracheprobleme haben, sondern auch grammatische und lexikalische Fehler machen, können da durchaus ernste Schwierigkeiten in der Kommunikation haben.

Man sollte als Sprachlehrer an die vielfältigen Wirkungen denken, die durch Ausspracheabweichungen verursacht werden können, und sie eventuell auch für die Motivation der Lernenden heranziehen. Auf einige sei kurz hingewiesen (ausführlicher nachzulesen bei Hirschfeld 1994c).

Wirkung von Ausspracheabweichungen in der Kommunikation

Literaturhinweis

Abweichungen im gewohnten Sprachklang, wie sie von Deutschlernenden, aber auch von Dialektsprechern oder Sprachgestörten hervorgebracht werden, haben sehr vielfältigen Einfluss auf die mündliche Kommunikation. Sie beeinträchtigen das Verstehen und Verstandenwerden. Es treten Missverständnisse oder Irritationen beim Hörer auf, weil nicht klar ist, was der Sprecher genau meint. Inhaltliche Informationen gehen verloren, unerwünschte Emotionen entstehen. Ausspracheabweichungen beeinträchtigen aber auch die soziale Akzeptanz. Die Aussprache ist ein wichtiges, nach außen wirkendes Persönlichkeitsmerkmal, eine hörbare „Visitenkarte" sozusagen. Mutter-sprachler schließen vom fremden Akzent auf den Bildungsstand, die soziale Zugehö-rigkeit, den Intelligenzgrad und sogar auf bestimmte Charaktereigenschaften. Durch eine schlechte Aussprache wird die Persönlichkeit der Sprecher – sicher unbewusst, aber eben nachweisbar – abgewertet, er wird als Gesprächspartner und Mitmensch weniger akzeptiert.

Ebenso können sich fehlende phonetische Fertigkeiten auf den Lernenden selbst negativ auswirken, wenn er z. B. etwas nicht oder falsch versteht, wie der Student, der am Telefon statt ein*hundert*fünfzig ein*und*fünfzig Mark verstanden hat und für drei Nächte im Hotel unerwartet viel bezahlen musste. Neben solchen Verstehensproblemen können sich, aufgrund der Reaktionen der Gesprächspartner (die mehrmals nachfragen oder vielleicht lachen) auch Unsicherheiten oder sogar Sprechhemmungen entwickeln.

Aufgabe 10

1. Lesen Sie den folgenden Zeitungsausschnitt. Sind Ihnen ähnliche Bege-benheiten bekannt?

Japanerin landet durch schlechtes Englisch in Torquay statt Turkey

London (dpa). Eine Japanerin, die sich in nicht ganz akzentfreiem Englisch in London nach dem schnellsten Weg in die Türkei (Turkey) erkundigte, wur-de von Bahnbeamten irrtümlich in das ähnlich klingende südenglische See-bad Torquay geschickt. Der Bahn-auskunft auf dem Londoner Bahnhof Paddington hatte die 40 Jahre alte Pro-fessorin so gut es ging zu verstehen gegeben, daß sie über den Flughafen Heathrow in die Türkei reisen wolle. „Aber wegen meiner Aussprache setzten sie mich in einen Zug nach Torquay. Ich dachte, das ist aber ein langer Weg bis zum Flughafen", sagte Kimiko Tshuchida gestern der Zei-tung „Daily Mail".

Inzwischen ist die Professorin, die in Eng-land Freunde besucht hatte, mit Hilfe der japanischen Botschaft an ihrem Reiseziel Istanbul eingetroffen.

Leipziger Volkszeitung vom 20. 6. 1997

2. Berichten Sie über persönliche Erlebnisse – als Hörer, als Sprecher –, bei denen phonetische Barrieren die Verständigung erschwert oder gar unmöglich gemacht haben.

Auch um Schülern solche Erlebnisse zu ersparen, sollten im Sprachunterricht die wichtigsten phonetischen Grundlagen vermittelt und grundlegende Fertigkeiten entwi-ckelt werden. Sie sind für alle Sprachtätigkeiten wichtig, für das (verstehende) Hören, das (freie) Sprechen sowie, wegen der Laut-Buchstaben-Beziehungen*, für das Lesen und das Schreiben.

Anforderungen an die Lehrenden

An die Lehrenden werden damit vielfältige Anforderungen gestellt, die in ihrer Ausbildung wahrscheinlich eine sehr marginale Rolle gespielt haben. In der Zeitschrift *Fremdsprache Deutsch* (Hirschfeld 1995a) wurden einige der folgenden Überlegun-gen zur Diskussion gestellt. Hier sei noch einmal kurz zusammengefasst und ergänzt, was den „idealen Lehrer" charakterisiert:

1. Der (jeder) Sprachlehrer ist zugleich Phonetiklehrer. Er ist selbst Vorbild in der Aussprache.

2. Er kennt die phonologischen und phonetischen Grundlagen der Fremdsprache Deutsch und möglichst auch der jeweiligen Ausgangssprache(n). Er vermittelt Regeln und Kenntnisse in dem Umfang, wie Ausbildungsziele und Gruppen-situation es erfordern.

3. Er bestimmt selbst das Ziel, den Inhalt und den Stellenwert der Phonetik in seinem Unterricht, und zwar in Abhängigkeit von den jeweiligen Gesamtzielen der Ausbil-dung, von den Ausspracheproblemen der Gruppe und von den Unterrichts-bedingungen.

4. Er legt das Vorgehen im Unterricht fest. Er beherrscht souverän die didaktischen Möglichkeiten und setzt gezielt die in einer konkreten Situation angebrachten Übungsmethoden ein.

5. Er erkennt die Ausspracheprobleme der Schüler und kennt entsprechende Verfahren, mit denen fehlerhafte Lautbildungen bewusst gemacht und korrigiert werden.

6. Er zeigt in seinem Korrekturverhalten, dass er nicht nur Artikelfehler oder falsche Endungen bemerkt, sondern gleichermaßen Abweichungen in Betonung und Melodie, bei Vokalen und Konsonanten korrigiert und bewertet.

7. Er setzt Lehrbuchübungen zur Aussprache gezielt ein, variiert sie nach den Bedürfnissen der Gruppe und entwickelt selbst Übungen, wenn die vorhandenen nicht ausreichen.

Aufgabe 11

> *Überprüfen Sie sich jetzt einmal selbst. Welchen der oben angeführten Anforderungen können Sie aufgrund Ihrer Ausbildung und Ihrer Berufserfahrungen gut gerecht werden, welchen noch nicht?*

Mit dieser Fernstudieneinheit wollen wir Ihnen helfen, den oben genannten (und Ihren eigenen) Ansprüchen besser zu genügen.

1.6 Phonetik mit Leib und Seele

Mit der Phonetik hat jeder seine eigenen Erfahrungen gemacht, sei es als Lehrender oder als Lernender, sei es als Muttersprachler oder als Fremdsprachler.

Eine neue Aussprache zu erwerben ist für viele schwieriger als die Aneignung neuer Wörter oder grammatischer Regeln. Die Interferenz* der Muttersprache und früher gelernter Fremdsprachen ist im Bereich der Intonations- und Lautstrukturen besonders stark und hartnäckig. Ein gutes Gedächtnis genügt hier nicht – auch „Leib und Seele" sind gefordert.

Für die Muttersprache entwickeln sich schon beim Kind bestimmte Wahrnehmungsstrategien und -gewohnheiten, die in der Fremdsprache wie ein Raster oder „Sieb" wirken. Von der Muttersprache abweichende Laute und intonatorische Formen werden durch dieses Raster wahrgenommen und bewertet – und in der Regel durch bekannte Muster ersetzt (siehe Kapitel 2.2 und 2.3). In manchen Sprachen z. B. spielen Betonungsunterschiede (wie im Deutschen bei *umfahren – umfahren, August – August*) keine bedeutungsunterscheidende Rolle und werden von Lernenden deshalb nicht wahrgenommen. Oder es wird nicht zwischen langen und kurzen Vokalen (wie in *Staat* und *Stadt*) unterschieden, so dass die Lernenden auch im Deutschen nicht auf dieses Merkmal achten. Aber nicht nur das Hören ist durch die Muttersprache geprägt, ebenso ist es beim Artikulieren und Intonieren. Die Sprechbewegungen laufen unbewusst und automatisiert ab, sie zu lenken ist außerordentlich schwierig.

Und die Seele? Psychische Probleme zeigen sich in Hemmungen, (vor der Gruppe) die von der eigenen, gewohnten Aussprache stark abweichenden Laut- und Intonationsformen hervorzubringen. Manche Schüler schämen sich, sie sträuben sich gegen die Veränderung ihrer Identität, zu der eben auch eine bestimmte und jedem sehr vertraute Sprechweise gehört.

Jeder hat wohl diese Erfahrungen am eigenen Leibe zu spüren bekommen. Es ist auch nicht einfach, diese auf mehreren Ebenen auftretenden Probleme zu bewältigen. Viele Lernende sind dabei auf die Hilfe ihrer Lehrer angewiesen, an die eine Reihe von Aufgaben gestellt wird, wie sie oben schon beschrieben wurden.

Um wirkungsvoll Korrekturhilfen bei der Lautbildung geben zu können, sollte sich der Lehrende mit deren Grundlagen beschäftigen, d. h. den körperlichen, „leiblichen" Grundlagen. Dabei spielt die Zunge wohl die entscheidende Rolle. Sie ist Metapher für Sprache und Sprechen schlechthin. In vielen Sprachen steht *Zunge* gleichzeitig für *Sprache*, z. B. im Französischen (*langue*) oder im Russischen (*jazyk*). Im Deutschen verdeutlichen viele Wendungen aus der Alltagssprache diesen engen Zusammenhang:

Interferenz der Muttersprache

Hinweis

Hemmungen

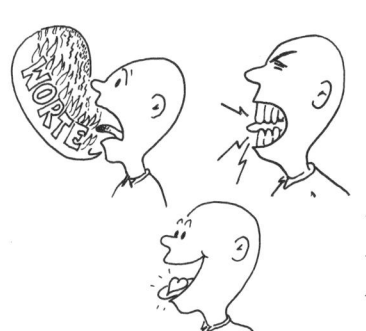

– Zungenfertigkeit
– Zungenbrecher
– sein Herz auf der Zunge tragen
– ein falscher Zungenschlag
– eine spitze Zunge haben
– etwas liegt einem auf der Zunge

– etwas geht einem nicht über die Zunge
– man soll seine Zunge hüten
– sich lieber die Zunge abbeißen als etwas zu sagen
– mit Engelszungen reden
– sich die Zunge verbrennen

Artikulationsstellen*

Doch kommen wir zurück zur Lautbildung. Die Zunge, als beweglichster Teil der Sprechorgane, ist an der Bildung vieler, eigentlich fast aller Laute beteiligt. An bestimmten Stellen im Mund werden mit Hilfe der Zunge Engen oder Verschlüsse gebildet, die für die Artikulation der Laute charakteristisch sind.

Aufgabe 12

Sehen Sie sich bitte den Sagittalschnitt (= Querschnitt durch die Sprechorgane) an. Können Sie die deutschen Konsonanten [s, m, k] ihren Bildungsstellen zuordnen? (Siehe dazu auch die Übersicht im Anhang 15.1 auf Seite 195.)

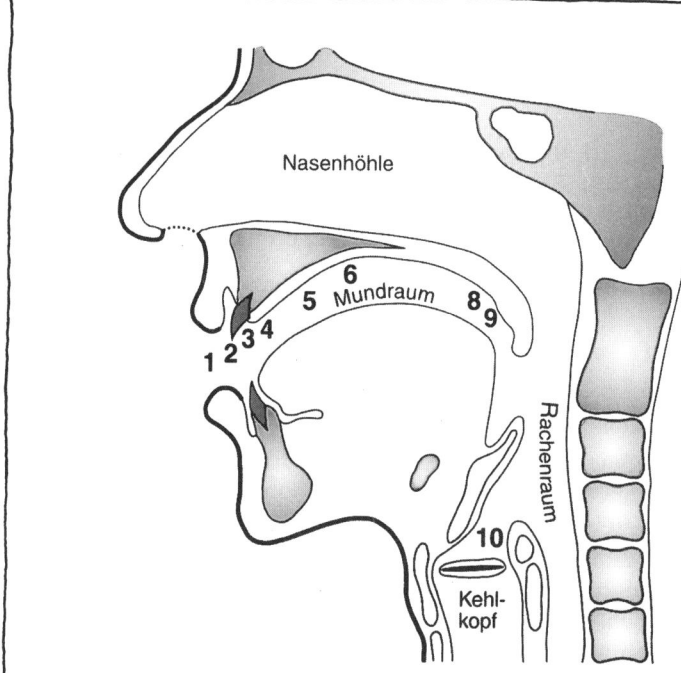

1. Die Lippen liegen aufeinander und bilden einen Verschluß.
2. Die Unterlippe bildet mit den oberen Schneidezähnen eine Enge.
3. Die Vorderzunge bildet an den Schneidezähnen eine Rinne.
4. Der vordere Zungenrand bildet am Zahndamm der oberen Schneidezähne einen Verschluß.
5. Der vordere Zungenrand bildet am vorderen Gaumen eine Enge.
6. Der mittlere Zungenrand bildet am vorderen Gaumen eine Enge.
7. Der seitliche Zungenrand bildet an den Backenzähnen links oder rechts eine Enge. (In der Ausbildung kann diese Einstellung nicht dargestellt werden.)
8. Die Hinterzunge bildet am hinteren Gaumen einen Verschluß.
9. Die Hinterzunge bildet am hinteren Gaumen eine Enge.
10. Im Kehlkopf oder im unteren Rachenraum wird eine Enge gebildet.

Stock/Hirschfeld (1996), 194f.

Vokalviereck

Als stilisierter Sagittalschnitt wird für die Darstellung der Vokalbildung das sog. „Vokalviereck"* verwendet. Grad und Richtung der Zungenhebung sind hier für jeden Vokal ablesbar.

*Versuchen Sie bitte, sich in die folgende Abbildung (Vokalviereck) hinein-
zudenken. Tragen Sie die Richtung der Zungenhebung (vorn, zentral,
hinten) und den Grad der Zungenhebung (hoch, mittel, niedrig) ein.*

Richtung der Zungenhebung:

_____ _____ _____

Grad:

_____

_____

_____

Stock/Hirschfeld (1996), 191

Sich die Bewegungen des Unterkiefers, der Lippen, der Zunge, des Gaumensegels, der Stimmlippen (siehe *Sagittalschnitt* im Anhang 15.1, S. 195 sowie S. 18) bewusst zu machen, sie zu koordinieren, ist sehr schwer. Wenn ein Kind in der Muttersprache einen Laut nicht beherrscht, wird es zum Logopäden gebracht, es muss oft wochenlang üben, bis es diesen Laut beherrscht. In der Fremdsprache hat man es mit einer Vielzahl von neuen Lauten zu tun, einige lernt man ganz leicht und schnell, andere können Schwierigkeiten bereiten.

1. *Welche persönlichen Erfahrungen haben Sie in Ihrer Muttersprache mit der Aussprache gemacht? Hatten Sie als Kind Schwierigkeiten mit bestimmten Lauten? Welche Laute waren das? Wie haben Sie diese Schwierigkeiten überwunden? Wer hat Ihnen dabei geholfen? Welche Hilfe haben Sie gern angenommen? Was hat Sie behindert?*

2. *Wie war für Sie der Einstieg in die Phonetik der Fremdsprache/der Fremdsprachen? Vergleichen Sie Ihre Erfahrungen mit verschiedenen Fremdsprachen. Warum war die eine Sprache phonetisch leichter als die andere? Wie wirkten die fremden Klänge und Laute der unterschiedlichen Sprachen auf Sie? Hatten Sie Lust, das Fremde zu imitieren oder war es Ihnen unangenehm, anders sprechen zu müssen? Fühlten Sie sich irritiert oder peinlich berührt? Wie haben Sie diese Schwierigkeiten überwunden?*

3. *Was hindert Sie heute noch, die deutschen Intonations- und Artikulationsmerkmale zu übernehmen?*

1.7 Von der Modellwirkung der Lehreraussprache

Auf der Internationalen Deutschlehrertagung 1993 in Leipzig wurden in einem Forum verschiedene Schüler befragt, was sie von ihren Deutschlehrern vor allem erwarten. Eine Schülerin aus Indonesien stellte besonders hohe Ansprüche, vor allem aber wünschte sie sich, dass ihre Lehrer eine gute Aussprache hätten (vgl. Hirschfeld u. a. 1994a, 304). Sie meinte, dass ein Schüler andere Dinge, z. B. Grammatik und Lexik,

Modell Lehrerausprache

sehr gut auch Büchern entnehmen könne, aber in Aussprachefragen sei sie auf ihre Lehrer geradezu angewiesen. Sie müsse sich auf das Lehrervorbild verlassen können.

Aufgabe 15

> 1. Wie stehen Sie zu der obigen Forderung?
>
> 2. Wie kann ein Lehrer, der selbst noch phonetische Schwierigkeiten hat, solche Mängel ausgleichen? Wie kann er aus der „Zwickmühle" herauskommen?
>
> 3. Was meinen Sie zu der These: „Die Klasse spricht wie der Lehrer."

Eine gute Aussprache gehört zum Handwerkszeug (Mundwerkzeug?) des Fremdsprachenlehrers. Sie verschafft ihm Selbstsicherheit, Respekt, Anerkennung, vielleicht Bewunderung. Aber ebenso wichtig ist: Die Aussprache des Lehrers ist Modell für die Aussprache seiner Schüler, und lange Zeit war sie – und in einigen Gegenden ist sie noch immer – fast das einzige Modell, das diesen zur Verfügung steht.

andere „Aussprache"-Modelle

Das änderte sich, als zunächst Schallplatten, später Ton- und Videobänder im Fremdsprachenunterricht Einzug hielten. Mit ihnen kann der Lehrer, wenn die technischen Möglichkeiten vorhanden sind, im Unterricht verschiedene Sprecher zu Wort kommen lassen. Die Schüler können in der Mediothek oder zu Hause fremdsprachige Ton- und Videokassetten beliebig oft anhören bzw. anschauen und sich daran schulen. Auch fremdsprachige Spielfilme sind immer öfter zu sehen. Und nicht nur über Medien wird die Fremdsprache vermittelt, auch direkte Kontakte werden häufiger. Schüler begegnen Fremdsprachlern im eigenen Land und reisen selbst in fremde Länder, nicht selten mit dem Ziel, dort die Sprache zu lernen oder aufzufrischen (Sprachstudien, Sprachreisen).

Ist damit die Vorbildwirkung der Lehrerausprache aufgehoben? Wohl nicht. Denn Deutsch (oder eine andere Fremdsprache) hören die Schüler immer noch zuerst und vor allem aus dem Munde ihres Lehrers, der sie prägt. Aber dessen Aussprache ist nun nicht länger tabu. Der Lehrer muss sich dem Vergleich und der Kritik seiner Schüler stellen, die durchaus hellhörig sind. Aufmerksame Schüler fragen nach Ausspracheabweichungen und -unterschieden bei ihren Lehrern. Sie möchten wissen, ob etwas richtig oder falsch ausgesprochen ist, ob es Varianten gibt, ob man etwas so und so sagen kann. Der Lehrer sollte also seinen Schülern gegenüber „Farbe bekennen" und über seine Aussprachebesonderheiten – ob sie nun regional gefärbt sind oder einen fremden Akzent erkennen lassen – Auskunft geben. Diese Verständigung über Aussprachefragen ist äußerst produktiv und nützlich. Die Schüler müssen lernen, mit Varianten, später auch mit dialektalen Varianten, zurechtzukommen. Sie sollen möglichst zeitig erfassen, wie Deutsch „wirklich" klingt. Das ist wichtig, damit ihnen Enttäuschungen erspart bleiben, wenn sie ihr Schuldeutsch endlich anwenden wollen.

Verständigung über Besonderheiten der Lehrerausprache

dialektale Varianten

Irmgard Keun (1910 – 1982) weiß in einer ihrer brillanten Geschichten zu erzählen, wie leicht so etwas missglücken kann.

> „Als ich zum ersten Mal nach Amerika fuhr, glaubte ich perfekt Englisch zu können. Dieser Glaube hielt während der ganzen Überfahrt vor. Kaum war ich in Hoboken an Land gegangen, wurde er erschüttert. Noch ehe ich im Hotel war, wurde mir klar, dass ich, soweit es die sprachliche Verständigung betraf, genauso gut nach China hätte fahren können. Chinesisch hatte ich auch noch nie gekonnt."

Keun (1983), 24

Aufgabe 16

> 1. Vielleicht haben Sie ähnliche Misserfolge bei der Anwendung Ihrer Fremdsprachenkenntnisse gehabt. Beschreiben Sie solche Situationen. Hatte Ihr sprachliches Scheitern auch phonetische Ursachen?
>
> 2. Konnten Sie sich als Schüler phonetisch an Ihrem Lehrer orientieren, war er Modell für Sie oder haben Sie für Ihre Aussprache mehr von anderen Sprechern und/oder von Ton- und Videokassetten gelernt?
>
> 3. Im Unterrichtsalltag werden die Fertigkeiten der Lehrer z. T. überstrapaziert und abgenutzt. Ein Fremdsprachenlehrer muss ähnlich wie ein

Schauspieler immer darauf bedacht sein, an seiner Aussprache zu feilen. Wie machen Sie das?

- Kennen Sie bestimmte Übungen?
- Welche könnten Sie weiterempfehlen?
- Welche anderen Möglichkeiten sehen Sie, Ihre Hör- und Aussprachefertigkeiten weiterzuentwickeln?

4. Was erwarten Sie in dieser Hinsicht von Weiterbildungskursen?

- Diskussionen über die deutsche Phonetik
- Diskussionen über didaktische Probleme
- phonetische Übungen in Kleingruppen

- _____
- _____
- _____

2 Ausgangspositionen

2.1 Lernzielbestimmung

Die fremde Sprache

Lernst du eine fremde Sprache,
werden deine Augen größer
deine Ohren spitzer
deine Füße schneller
deine Hände begreifen das Fremde,
es wird ihnen vertraut.
Lernst du eine fremde Sprache,
wachsen dir zwei Flügel.

Grosz (1985), 12

Mit einfachen Worten beschreibt eine Dichterin die Lernziele des Fremdsprachenunterrichts: Die fremde Sprache verändert uns, und sie verleiht uns Flügel.

Aufgabe 17

> *Welche sachlichen Argumente und welche bildhaften Vergleiche würden Sie noch anführen, um Schüler zum Fremdsprachenlernen zu motivieren?*

Zielfertigkeiten des Fremdsprachenunterrichts

Fremdsprachendidaktiker äußern sich zu diesem Thema trockener, auch komplizierter. Im Mittelpunkt ihres Interesses stehen zu Recht die Zielfertigkeiten*:

– das verstehende Hören (dichterisch bei Christiane Grosz: *werden deine Ohren spitzer*),
– das Sprechen,
– das verstehende Lesen und
– das Schreiben.

Diese Zielfertigkeiten bauen auf vielen elementaren Kenntnissen und Fertigkeiten auf, auf grammatischen, lexikalischen und nicht zuletzt phonetischen (für die Arbeit an den Zielfertigkeiten sei auf die Fernstudieneinheiten *Fertigkeit Hören, Fertigkeit Sprechen, Fertigkeit Lesen* und *Fertigkeit Schreiben* verwiesen.

Phonetik, Grammatik und Lexik kann man als die wichtigsten Säulen einer Sprache bezeichnen.

Was hat der Fremdsprachenunterricht zu leisten, damit die Säulen wirklich tragen?

Lernzielbestimmungen für Grammatik und Lexik sind meist sehr präzise formuliert: Diese und jene Stoffe sind zu behandeln, so und so viele Wörter und Wendungen sind aktiv bzw. passiv zu beherrschen.

Aufgabe 18

phonetische Lernzielbestimmung in Unterrichtsmaterialien

> 1. *Schauen Sie bitte in Ihren Unterrichtsmaterialien (Lehrplänen, Lehrerhandbüchern usw.) nach. Welche Lernziele sind dort für Phonetik formuliert? Sind die Formulierungen präzise oder eher vage oder fehlen Angaben zur Phonetik ganz?*
> 2. *Versuchen Sie aus Ihrer methodischen Erfahrung heraus, selbst Lernziele für Ihre Lernergruppen zu bestimmen. Welche Differenzierungen wären dabei zu treffen?*

Zur Lernzielbestimmung des Phonetikunterrichts haben sich Fremdsprachendidaktiker, wenn überhaupt, so doch meist recht verschwommen geäußert. Klarere Auskünfte kommen von Fremdsprachenphonetikern, die die Lernzielbestimmung öfter beschäftigt hat. So unterscheidet Kelz (1976) strikt zwischen

➤ perzeptiven (Hören, Heraushören) und

➤ produktiven phonetischen Fertigkeiten (Sprechen, Aussprechen)

und beschreibt fünf Niveau- oder Kompetenzstufen, die man natürlich noch weiter untergliedern könnte – und die für viele Lernende auch Zwischenstufen darstellen. Da diese Einteilung immer wieder aufgegriffen wird, wollen wir sie auch unseren Überlegungen zunächst zugrunde legen. Diese fünf Stufen lassen sich wie folgt charakterisieren:

1. keine phonetische Kompetenz
2. Kompetenz im perzeptiven Bereich
3. Kompetenz im perzeptiven und produktiven Bereich auf einfachem Niveau
4. Kompetenz im perzeptiven und produktiven Bereich auf hohem Niveau
5. Kompetenz im perzeptiven und produktiven Bereich auf allerhöchstem Niveau

5 Kompetenzstufen

Lesen Sie die folgenden Abschnitte über die Merkmale dieser fünf Kompetenzstufen. Ordnen Sie die folgenden Lerngruppen dann einer dieser Stufen zu:

Schüler, Journalisten, Dolmetscher, Fremdsprachenlehrer, Touristen, Wissenschaftler (die nur Fachtexte lesen wollen), andere Wissenschaftler (die an Konferenzen teilnehmen wollen), Fremdsprachenlehrerstudenten, Übersetzer

Welche anderen Zielgruppen sollten Ihrer Meinung nach welche Stufe erreichen?

Aufgabe 19

Stufe 1: Keine phonetische Kompetenz

Es wird keine Kompetenz im phonetischen Bereich der Fremdsprache angestrebt. Die Lernenden wollen die Fremdsprache nur lesen, eventuell auch schreiben, wobei sie sich um Laut-Buchstaben-Beziehungen nicht weiter kümmern. Da beim stillen Lesen und auch beim Schreiben ein inneres Sprechen (Intonieren und Artikulieren) stets mitläuft, werden fremdsprachige Buchstabenfolgen nach muttersprachigen Mustern interpretiert. Innerlich klingt dieses Deutsch also sehr nach der Muttersprache Englisch, Russisch, Französisch usw. und damit stark verfremdet.

Genauso ist es, wenn deutsche Sprecher Wörter und Namen aus anderen Sprachen verwenden – wie es das Hörbeispiel 5 demonstriert. Sie hören die Beispiele zuerst in Englisch, Russisch und Französisch, dann mit deutschem Akzent gesprochen:

Hörbeispiel 5

> englisch: *Shakespeare, London, British Airways*
> russisch: *Gorbatschow, Moskwa, Kopeke*
> französisch: *Gauguin, Paris, Champagne(r)*

Stufe 2: Kompetenz im perzeptiven Bereich

Kompetenz wird nur im perzeptiven Bereich angestrebt. Das betrifft jene Lernenden, die die fremde Sprache nur hören und verstehen, aber nicht selbst sprechen wollen. Es ist heute auf Konferenzen durchaus üblich, dass man in einer Sprache spricht, die man gut beherrscht, und in dieser Sprache z. B. auch Fragen beantwortet, die in anderen, nur perzeptiv beherrschten Sprachen, gestellt wurden.

Stufe 3: Kompetenz im perzeptiven und produktiven Bereich auf einfachem Niveau

Die Lernenden wollen die Fremdsprache nicht nur verstehen, sondern sich darin auch möglichst verständlich ausdrücken können. Dabei wird ein fremder Akzent von vornherein in Kauf genommen. Man gibt sich auch phonetisch ohne Bedenken als Ausländer zu erkennen und kalkuliert Fehler ein, hofft auf Verständnis und Geduld beim Hörer.

Stufe 4: Kompetenz im perzeptiven und produktiven Bereich auf hohem Niveau

Die Lernenden wollen die Fremdsprache weitestgehend verstehen und sich phonetisch möglichst fehlerfrei äußern. Sie streben die Normen der Standardaussprache an, werden aber noch als Fremdsprachler erkannt.

Stufe 5: Kompetenz im perzeptiven und produktiven Bereich auf allerhöchstem Niveau

Die Lernenden streben an, Muttersprachler bis hin zu Dialektsprechern phonetisch zu verstehen und selbst an ihrer Aussprache nicht als Fremdsprachler erkannt zu werden. Diese erstaunliche Leistung erreichen nur wenige, aber es gibt diese Sprecher, die nicht zuletzt durch ihre erstklassigen phonetischen Fertigkeiten beeindrucken. Manche von ihnen sind zwei- oder mehrsprachig aufgewachsen, viele haben in früher Kindheit die Fremdsprache gelernt. Aber es gibt auch jene, die erst im Schulalter mit Deutsch (Englisch, Russisch, Französisch usw.) begonnen und dank ihrer Begabung und/oder fleißiger Übung das Ziel erreicht haben. Sie sind natürlich sehr zu bewundern.

Aufgabe 20
Hörbeispiel 6

> *1. Hören Sie dazu drei Beispiele (Hörbeispiel 6) auf der Kassette. Eine Brasilianerin, ein Afghane und eine Indonesierin sprechen erst kurz über sich und lesen dann eine Geschichte vor. Ordnen Sie die Sprecher den Kompezenzstufen 3, 4 bzw. 5 zu. Begründen Sie Ihre Entscheidung.*
>
> *2. Bis zu welcher Stufe möchten Sie Ihre Schüler führen?*

Die Fünf-Stufen-Einteilung von Kelz ist natürlich nur eine sehr grobe Orientierung. Innerhalb der einzelnen Stufen haben wir uns viele Zwischenstadien vorzustellen, auf die wir hier jedoch nicht näher eingehen wollen.

Vielleicht lässt sich das durch ein Bild veranschaulichen:
Eine lange Treppe oder Leiter mit mehreren Absätzen führt auf einen Turm mit einer schönen Aussicht. Nicht alle wollen die oberste Plattform wirklich erreichen, manche begnügen sich mit dem Ausblick vom ersten, vom zweiten, vom dritten Absatz. Dieses Niveau ist für sie auch ausreichend. Die anderen streben weiter, gelangen mühselig über viele einzelne Stufen zum vierten, vielleicht zum fünften Absatz, an das Ende der Treppe, genießen den Ausblick und schließlich auch zu Recht die Tatsache, dass sie wirklich oben angekommen sind.

2.2 Phonetische Interferenzen

Sprich, und ich sage dir, wer du bist.

Spricht ein Franzose Deutsch, erkennt man ihn meist an seiner Aussprache als Franzosen, den Italiener erkennt man als Italiener, den Tschechen als Tschechen usw. Umgekehrt verrät sich natürlich auch der Deutsche, der Französisch, Italienisch, Tschechisch oder eine andere Fremdsprache spricht, meist als Deutscher.

Aufgabe 21
Hörbeispiel 7

> *1. Hören Sie bitte Hörbeispiel 7 auf der Kassette und überlegen Sie, welche Muttersprache die Sprecherin hat. Notieren Sie die auffälligsten Abweichungen im folgenden Diagnosebogen. Wenn Ihnen Begriffe nicht vertraut sind, schlagen Sie bitte im Glossar nach oder sehen Sie sich die entsprechenden Bausteine im Kapitel 7 (S. 96ff.) an. (Die einzelnen Stichpunkte im Diagnosebogen werden in den entsprechenden Kapiteln der Fernstudieneinheit ausführlich behandelt.)*
>
> *2. Machen Sie auch von Ihren Schülern eine Aufnahme und analysieren Sie die Ausspracheabweichungen.*

Intonation

a) Rhythmus/Gliederung/Pausierung

☐ immer richtig   ☐ oft richtig   ☐ selten richtig

b) Melodieverlauf im Satz und besonders an Satzzeichen

☐ immer richtig   ☐ oft richtig   ☐ selten richtig

c) Akzentuierung im Wort und im Satz

☐ immer richtig   ☐ oft richtig   ☐ selten richtig

Artikulation

a) Vokale

- Quantität* (Länge und Kürze)

  ☐ richtig   ☐ etwas abweichend   ☐ sehr abweichend

- Ö- und Ü-Laute

  ☐ richtig   ☐ etwas abweichend   ☐ sehr abweichend

- E-Laute

  ☐ richtig   ☐ etwas abweichend   ☐ sehr abweichend

- Vokalneueinsatz* (Knacklaut*)

  ☐ richtig   ☐ etwas abweichend   ☐ sehr abweichend

- _____

  ☐ richtig   ☐ etwas abweichend   ☐ sehr abweichend

- _____

  ☐ richtig   ☐ etwas abweichend   ☐ sehr abweichend

b) Konsonanten

- fortis* – lenis*/stimmhaft – stimmlos

  ☐ richtig   ☐ etwas abweichend   ☐ sehr abweichend

- R-Laut (frikativ)

  ☐ richtig   ☐ etwas abweichend   ☐ sehr abweichend

- R-Laut (vokalisiert)

  ☐ richtig   ☐ etwas abweichend   ☐ sehr abweichend

- Ich-Laut und Ach-Laut

  ☐ richtig   ☐ etwas abweichend   ☐ sehr abweichend

- Hauchlaut* ([h])

  ☐ richtig   ☐ etwas abweichend   ☐ sehr abweichend

- mehrteilige Verbindungen ([pf, ts, pfl, tsv, ʃpr, ...])

  ☐ richtig   ☐ etwas abweichend   ☐ sehr abweichend

- _____

  ☐ richtig   ☐ etwas abweichend   ☐ sehr abweichend

- _____

  ☐ richtig   ☐ etwas abweichend   ☐ sehr abweichend

Der Diagnosebogen enthält hier nur jeweils einige potenzielle Fehlerschwerpunkte, die bei Lernenden verschiedener Muttersprachen zu erwarten sind; er kann durch weitere Problemlaute ergänzt werden (in Kapitel 2.6, S. 38ff., finden Sie eine Übersicht über die Vokale und Konsonanten, die Sie zugrunde legen können). Ein solcher Diagnosebogen kann für den Unterricht sehr nützlich sein. Bei Leistungskontrollen und Prüfungen (siehe Kapitel 2.8) kann er als Grundlage für die Bewertung dienen, im laufenden Schuljahr kann er Stand und Entwicklung einzelner Schüler bzw. der Gruppe doku-

Hinweis

Einsatz des
Diagnosebogens im
Unterricht

mentieren. Da man eine solche Diagnose nicht bei einmaligem Hören vornehmen kann, sind Tonaufnahmen eine Voraussetzung. Sehr empfehlenswert ist die Anlage einer Unterrichtskassette, die auch über Lernfortschritte Auskunft geben kann.

„fremder Akzent"

Bestimmte Abweichungen von den Aussprachenormen – der fremde Akzent* – verraten die Herkunft des Sprechers und oft auch, welche anderen Fremdsprachen er lernt oder spricht. Linguisten und Fremdsprachendidaktiker setzen den Begriff „fremder Akzent" eher in Gänsefüßchen und sprechen in diesem Zusammenhang meist von *phonetischen Interferenzen*, wie das auch Conrad in seinem *Lexikon sprachwissenschaftlicher Termini* tut:

phonetische Interferenzen

> „Interferenz: gegenseitige Beeinflussung von Sprachen und Dialekten auf der Grundlage von Sprachkontakten und Bilinguismus, die sich in der Übernahme lexikalischer Einheiten, grammatischer und phonetischer Einheiten und Regeln aus der einen Sprache in die andere äußert. I. kann die Entwicklung einer Sprache beeinflussen, sie ist auch beim Erlernen von Fremdsprachen zu beachten: Zum Beispiel ist die Aussprache einer beliebigen Sprache mit „fremdem Akzent" eine Erscheinung der I., ebenso wie typische grammatische Fehler, die unter dem Einfluß der Muttersprache gemacht werden. ..."
>
> Conrad (1985), 103

Es empfiehlt sich also, zunächst stets nach den Ursachen für die speziellen Ausspracheschwierigkeiten der Lernenden zu suchen. Sie liegen, so sagt es uns die Interferenzforschung, im Spannungsfeld zwischen Ausgangs- und Zielsprache.

Vergleich:
Spanisch – Deutsch
Fehleranalyse

Machen wir uns das am Beispiel der Ausgangssprache Spanisch und der Zielsprache Deutsch klar. Das Hörbeispiel 7 zeigt ganz typische Merkmale eines „spanischen Akzents" im Deutschen. Die Fehleranalyse macht deutlich, dass sich beide Sprachen nicht nur auf der Lautebene unterscheiden, sondern besonders auch in Akzentuierung* und Rhythmus* (eine gute Einführung in diese Problematik bieten die Arbeiten von Auer/Couper-Kuhlen 1994 und Völtz 1994). Spanisch, eine romanische Sprache, gehört zu den silbenzählenden* Sprachen, Deutsch, eine germanische Sprache, zu den akzentzählenden*. Das ist ein grundlegender Unterschied. Der Spanisch Sprechende hat große Schwierigkeiten, vom silbenzählenden zum akzentzählenden Rhythmus hinüberzuwechseln.

Literaturhinweis

silbenzählender Rhythmus

Im Spanischen haben die Silben* wegen der ähnlichen, einfachen Strukturen fast das gleiche Gewicht, man spricht auch von der Zeitkonstanz oder der Zeitgleichheit der Silben (silbenzählender Rhythmus). Im Deutschen dagegen werden die Silben sehr ungleich behandelt, die betonten dominieren, sie sind deutlich und werden mit großer Spannung gesprochen. Die unbetonten werden stark gerafft, man könnte auch sagen: gestaucht, manchmal verschluckt. Hier spricht man von einer Zeitkonstanz der Akzentgruppen (akzentzählender Rhythmus). Ganz einfach gesagt: Wenn man im Deutschen langsam spricht, ist die Zahl der zwischen zwei Akzenten liegenden Silben klein. Spricht man schnell, passen sehr viele Silben in diese Zeiteinheit zwischen zwei Akzenten. Es ist wie in dem bekannten Kinderlied von den Uhren. Die großen Uhren ticken langsam, die kleinen schneller und die ganz kleinen ticken noch schneller – und zwar im gleichen Zeitintervall.

akzentzählender Rhythmus

Aufgabe 22
Hörbeispiel 8

> *Hören Sie bitte das „Uhrenlied" (Cros 1991, 34) in Hörbeispiel 8. Vergleichen Sie das Ticken der Uhren. Klopfen Sie in drei Gruppen oder zu dritt oder dreimal nacheinander zum Ticken jeweils einer Uhr und sprechen Sie mit. So können Sie die zeitliche Gleichmäßigkeit und die Ungleichheit der gesprochenen Silben hinsichtlich der Sprechspannung und des Tempos gut nachvollziehen.*
>
> | Große Uhren gehen | tick | tack |
> |---|---|---|
> | kleine Uhren gehen | ticke | tacke |
> | und die kleinen Taschenuhren | ticketacke | ticketacketick |

In der gesprochenen Sprache ist eine solche vollkommene Zeitgleichheit der Akzentgruppen wie im Lied zwar nicht nachzuweisen, aber die Abstände zwischen den betonten Silben werden trotzdem als etwa zeitgleich empfunden. Kommen wir noch einmal auf das Sprachenpaar Spanisch – Deutsch zurück. Am Beispiel der gesproche-

nen und damit rhythmisch veränderten Variante eines Liedtextes können Rhythmus-
interferenzen verdeutlicht werden.

---

*Hören Sie den Anfang des Textes „Ein Mops" in Hörbeispiel 9, gesprochen
von einer spanischen und einer deutschen Muttersprachlerin. Achten Sie
besonders auf die Unterschiede bei der Rhythmisierung! Was fällt Ihnen
auf?*

Aufgabe 23
Hörbeispiel 9

> Ein Mops
> lief in die Küche
> und stahl dem Koch ein Ei.
> Da nahm der Koch den Löffel
> und schlug den Mops zu Brei.
>
> Da kamen viele Möpse
> und gruben dem Mops ein Grab
> und setzten ihm einen Grabstein,
> darauf geschrieben stand:
> Ein Mops lief in die Küche

(überliefert)

Die spanische Sprecherin betont sehr gleichmäßig fast jede zweite oder dritte Silbe. In
der dritten Zeile sieht das z. B. so aus: „und *stahl* dem *Koch* ein *Ei*". Die deutsche
Sprecherin teilt die ersten zwölf Wörter in vier Akzentgruppen mit jeweils einer
betonten Silbe, die Akzentgruppen bestehen aus unterschiedlich vielen Silben.

Die grafische Darstellung, eine Art Transkription*, soll den Unterschied zwischen
betont (fett) und unbetont (nicht fett) deutlich machen. Jede Akzentgruppe hat etwa die
gleiche Länge:

Ein**MOPS**/ ├────────────┤

liefindie**KÜCHE**/ ├────────────┤

undstahldem**KOCH**/ ├────────────┤

ein**EI**. ├────────────┤

Für einen Spanisch Sprechenden ist das schwer zu realisieren. Diese Ungleich-
behandlung der Silben ist ihm fremd, sie geht gegen seine Gewohnheit, sein „Gefieder
sträubt sich" gewissermaßen, auf diese Weise sprechen zu müssen. Aufgabe des
Lehrers ist es, ihn dazu zu bringen, den fremdsprachigen Rhythmus anzunehmen.

Der Rhythmus ist nur einer von vielen phonetischen Unterschieden zwischen Spanisch
und Deutsch, ebenso müssen die Merkmale auf anderen phonetischen Ebenen abgetas-
tet werden.

Im Folgenden soll der Versuch unternommen werden, einen groben Überblick über die
Verschiedenartigkeit von Sprachen im phonetischen Bereich zu geben. In einer Art
Raster tasten wir die phonetischen Merkmale einiger Ausgangssprachen im Vergleich
zur Zielsprache Deutsch ab (vgl. die Kurzfassungen auch für viele weitere Sprachen bei
Dieling 1992, die überarbeiteten und ausführlichen Studien bei Hirschfeld u. a. 1999).
Einige der dabei verwendeten Termini sind in den bisherigen Kapiteln noch nicht
verwendet worden, bitte sehen Sie gegebenenfalls im Glossar oder im Kapitel 7
„Phonetischer Baukasten" nach.

Wir gehen in unserem Raster von Merkmalen aus, die beim Erlernen des Deutschen zu
starken Interferenzen führen können. Wenn das Merkmal vorhanden ist, steht in der
Übersicht auf Seite 28 ein Plus, wenn nicht, ein Minus:

1. Deutsch ist keine Tonsprache, im Gegensatz zum Chinesischen, wo die Tonhö-
   he*, mit der Silben gesprochen werden, bedeutungsunterscheidend ist.
2. Deutsch hat im Gegensatz zu den silbenzählenden Sprachen, wie z. B. dem
   Französischen, einen akzentzählenden Rhythmus, d. h., es gibt sehr starke Kon-
   traste zwischen betonten und unbetonten Silben, es gibt etwa zeitgleiche, aber von
   der Silbenzahl her unterschiedlich große Akzentgruppen.
3. Im Deutschen ist der Wortakzent* distinktiv*, bedeutungsunterscheidend (*umfahren – umfahren*), im Ungarischen z. B. nicht.

4. Der Wortakzent ist im Deutschen zwar festgelegt, aber er liegt nicht auf einer abzählbaren Silbe wie im Französichen, er ist in diesem Sinne also beweglich (_Bäcker – Bäckerei_). Diese Besonderheiten führen dazu, dass Hervorhebungen sehr deutlich und unregelmäßig erfolgen.

5. Der Silbenbau ist im Deutschen kompliziert, es gibt vielfältige und umfangreiche Silbenstrukturen (_du schimpfst_). Auslautende Vokale sind seltener als z. B. in den romanischen Sprachen, Konsonantenverbindungen* können sehr komplex werden.

6. Das Deutsche ist vokalreich, 16 Vokale werden unterschieden – das Arabische z. B. kennt nur drei lange und drei kurze Vokalphoneme. Die Phonemzahl hat nichts mit der Auftretenshäufigkeit zu tun, da ist das Deutsche im Vergleich z. B. zu den romanischen Sprachen eher vokalarm.

7. Im Deutschen hat die Vokallänge* bedeutungsunterscheidende Funktion (z. B. _Staat – Stadt_), in vielen anderen Sprachen hängt die Vokallänge von der Betonung, von der Silbenstruktur und von der Lautumgebung ab – ohne dass die Wortbedeutung betroffen ist.

8. Die Kombination von Lippenrundung und Hebung der Vorderzunge (_Ö_- und _Ü_-Laute) ist eine Besonderheit, die es nur in wenigen Sprachen gibt.

9. Der Vokalneueinsatz ist typisch für das Deutsche (wie auch für das Arabische); durch die Unterbrechung des Stimmtons bei anlautenden Vokalen kommt es zu einem „abgehackten" Klang.

10. Das Deutsche ist konsonantenreich, es werden immerhin mehr als 20 Phoneme unterschieden.

11. Explosive* und Frikative am Wort- und Silbenende werden durch die Auslautverhärtung* im Deutschen „hart" ausgesprochen, z. B. _Tag_ mit [k].

12. Im Deutschen gibt es eine progressive Assimilation* der Stimmhaftigkeit, in vielen anderen Sprachen wird regressiv* assimiliert.

	D	A	C	E	F	G	I	J	R	S	U	?
1. Tonsprache	–	–	+	–	–	–	–	–	–	–	–	
2. akzentzählend	+	+	–	+	–	+	–	–	+	–	–	
3. Wortakzent distinktiv	+	–	–	+	–	+	+	–	+	+	–	
4. Wortakzent beweglich	+	+	+	+	–	+	+	+	+	+	–	
5. Silbenbau kompliziert	+	–	–	+	–	–	–	–	+	–	–	
6. vokalreich	+	–	+	–	–	–	–	–	–	–	+	
7. Vokallänge distinktiv	+	+	–	+	–	–	–	+	–	–	+	
8. Ö- und Ü-Laute	+	–	+	–	+	–	–	–	–	–	+	
9. Vokalneueinsatz	+	+	–	–	–	–	–	–	–	–	–	
10. konsonantenreich	+	+	+	–	–	–	–	–	+	+	+	
11. Auslautverhärtung	+	–	–	–	–	+	–	–	+	–	–	
12. progress. Assimilation	+	–	–	–	–	–	–	–	–	–	–	

D – Deutsch, A – Arabisch, C – Chinesisch, E – Englisch, F – Französisch, G – Griechisch, I – Italienisch, J – Japanisch, R – Russisch, S – Spanisch, U – Ungarisch

Das alles sind nützliche Informationen für die Lehrenden, die mit diesem Wissen Schwierigkeiten voraussehen und diesen im günstigen Falle vorbeugen können. Anhand der Matrix lässt sich auch erklären, warum ein Englisch Sprechender im Vergleich zu einem Japanisch Sprechenden weniger Ausspracheschwierigkeiten im Deutschen hat.

Aufgabe 24

> 1. *Versuchen Sie aus der Matrix abzuleiten, welche Ausspracheprobleme bei einem Griechisch sprechenden Deutschlernenden vorauszusagen sind. (Diese Probleme müssen nicht unbedingt auftreten, aber sie werden sich mit ziemlicher Wahrscheinlichkeit einstellen.)*
>
> 2. *Ergänzen Sie die Matrix (letzte Spalte), indem Sie eine Ihnen bekannte Sprache, die hier nicht aufgeführt ist, z. B. Ihre Muttersprache bzw. die Muttersprache Ihrer Schüler, auf ihre Merkmale hin abtasten. Sicher müssen Sie dazu entsprechende, z. B. die oben angegebene Literatur (Dieling 1992; Hirschfeld u. a. 1999) zu Rate ziehen.*

2.3 Hör- und Sprechphonetik

Ohne Hören kein Sprechen

Wenn Wolf Schneider in *Wörter machen Leute. Magie und Macht der Sprache* (1989) vom Hören als von der „vergessenen Hälfte" (der Sprache) spricht, so hat das auch für die Linguistik, speziell für die Phonetik, durchaus Gültigkeit. Phonetik wird traditionell mit Aussprache, mit Sprechen (Intonieren und Artikulieren) verbunden, das Hören aber bleibt meist im Hintergrund.

Diese Rollenverteilung lässt sich auch im Alltag beobachten: Es gibt Mundart*sprecher*, Dauer*sprecher*, Fernseh*sprecher*, Radio*sprecher*, Fraktions*sprecher*, Regierungs*sprecher*. Etabliert hat sich an vielen deutschen Universitäten das Fach *Sprech*erziehung bzw. *Sprech*wissenschaft.

Wer aber spricht schon vom Hören? Gibt es eine *Hör*erziehung, eine *Hör*wissenschaft? Immerhin begegnen uns doch gelegentlich auch Hörer: Radio*hörer* – manche sind Stamm*hörer*, manche Schwarz*hörer* – oder *Hörer* an den Universitäten, die in den *Hör*sälen sitzen.

Wie eng Sprechen und Hören, Hörer und Sprecher miteinander verbunden sind, zeigen uns Fern*sprecher* (Telefone).

Im Fremdsprachenunterricht vollzieht sich in dieser Beziehung seit längerem ein Wandel. Als unerlässliche und daher selbstverständliche Bedingung für das Sprechen, für das Kommunizieren, hat das verstehende Hören als eine der vier Fertigkeiten seinen festen Platz in der Didaktik, im Unterricht und in den Lehrmaterialien eingenommen (vgl. dazu die Fernstudieneinheit *Fertigkeit Hören* und das Themenheft „Hörverstehen" der Zeitschrift *Fremdsprache Deutsch* 7/1992).

Literaturhinweis

Hörübungen in Lehrwerken

Und was hat sich im Phonetikunterricht getan? Auch hier tauchen in den Lehrmaterialien verstärkt spezielle Hörübungen auf. Sehen Sie sich dazu die folgenden Beispiele 1 – 4 an und lösen Sie die dazugehörigen Aufgaben.

Beispiel 1

Aufgabe 25
Hörbeispiel 10

> *Hören Sie bitte Hörbeispiel 10 auf der Kassette. In drei Durchgängen wird aus jeder der folgenden Zeilen jeweils ein Wort gesprochen. Unterstreichen Sie dieses jeweils mit verschiedenen Farben.*
>
> 5. Hörübungen – Wiedererkennen:
>
> | | |
> |---|---|
> | Regen – Riegen – Rügen | Reh – roh – Ruh |
> | Segen – sagen – saugen | Tee – Tor – Tau |
> | Schnee – Schnur – Schneid | Fee – Vieh – vor |
> | weh – wo – wie | Klee – Klo – klau |
> | See – so – sie | |
>
> Grassau (1992a), 14

Beispiel 2

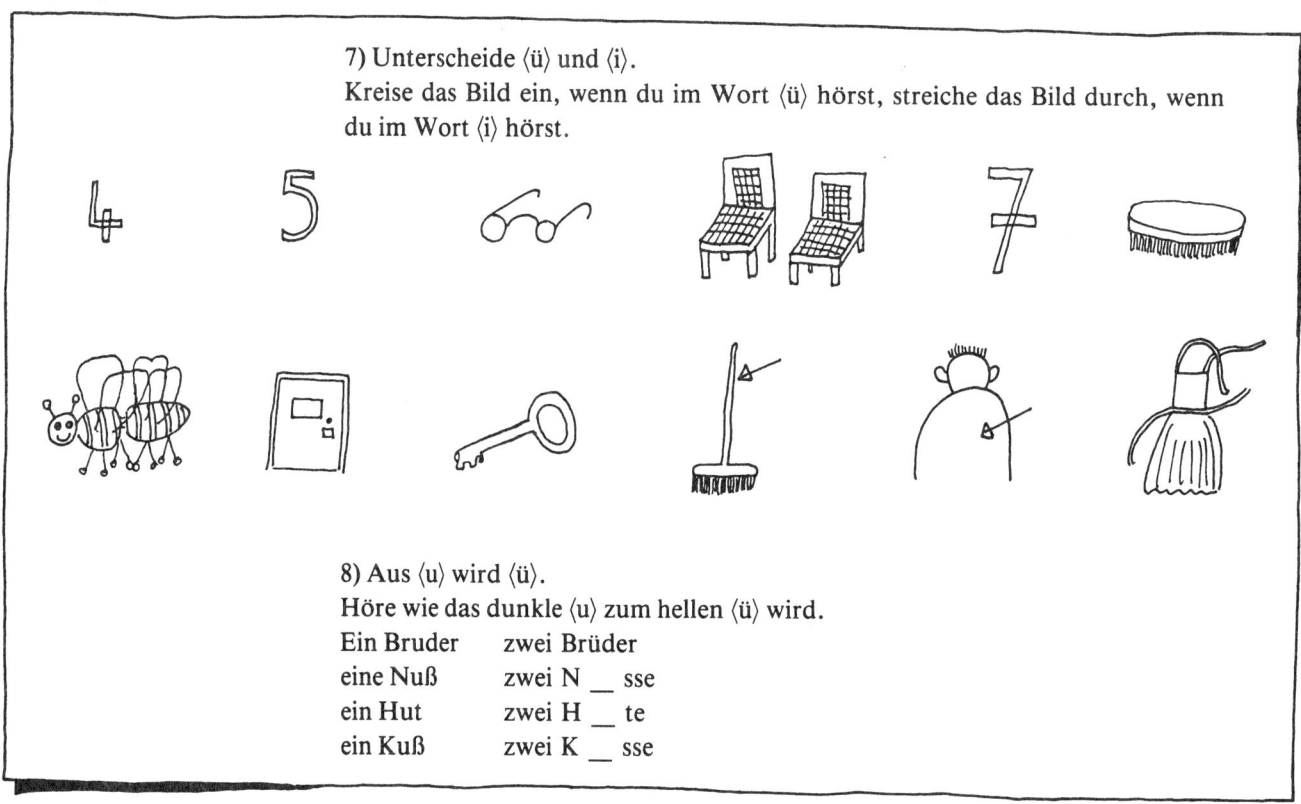

7) Unterscheide ⟨ü⟩ und ⟨i⟩.
Kreise das Bild ein, wenn du im Wort ⟨ü⟩ hörst, streiche das Bild durch, wenn du im Wort ⟨i⟩ hörst.

8) Aus ⟨u⟩ wird ⟨ü⟩.
Höre wie das dunkle ⟨u⟩ zum hellen ⟨ü⟩ wird.

Ein Bruder   zwei Brüder
eine Nuß   zwei N __ sse
ein Hut   zwei H __ te
ein Kuß   zwei K __ sse

nach: Slembek (1986), 83

Beispiel 3

Bitte hören Sie die Dialogbausteine:

1. a) Guten Tag, (→)
    haben Sie noch Zimmer frei? (↑)
    ist bei Ihnen noch was frei? (↑)
   c) Ein Einzelzimmer mit Dusche
    oder Bad. (↓)
    Ich hätte gern ein Doppelzimmer. (↓)

b) Was möchten Sie denn, (→)
    ein Einzel- oder ein Doppelzimmer? (↓)
    Einzel- oder Doppelzimmer? (↓)

Vorderwülbecke/Vorderwülbecke (1987), 7

Beispiel 4

Übung 3

Welches der drei Wörter hören Sie nicht? Unter-streichen Sie es bitte!

Eis   <u>eins</u>   einst

1 ehrt	erst	ernst
2 schreist	schreibt	schreibst
3 fällt	Fels	fällst
4 reicht	reist	reichst
5 herb	Herz	Herbst
6 Mars	Mark	Marx
7 kauft	kaust	kaufst
8 warst	warnt	warnst

Stock/Hirschfeld (1996), 174

> 1. *Worauf zielen diese phonetischen Hörübungen im Gegensatz zu Übungen zum verstehenden Hören?*
>
> 2. *Was will und kann der Lehrer mit einem solchen speziellen Hörtraining erreichen?*

Hörübungen im Phonetikunterricht haben eine Doppelfunktion. Phonetisches Hören* ist Teil der Arbeit an der Aussprache selbst und Teil der Arbeit am verstehenden Hören, denn das verstehende Hören basiert auch und nicht zuletzt auf dem phonetischen Hören (Hörverstehen und verstehendes Hören werden hier synonym verwendet):

> „Hörverstehen heißt: Laute erkennen, Wissen aktivieren, Bekanntes mit Unbekanntem verknüpfen, das Gehörte interpretieren."
>
> Solmecke (1992), 9

Edith Slembek meint, dass die phonetische Seite die entscheidende Rolle spielt. Sie formuliert recht absolut:

> „Die Schwierigkeiten des Hörverstehens liegen nicht vorrangig im Syntaktischen oder Semantischen, sondern im Phonetischen (Melodie, Akzent, Lautung)."
>
> Slembek (1995), 27

Über diesen Satz lässt sich wohl streiten. Aber vielleicht will die Autorin hier auch nur polemisch darauf aufmerksam machen, dass der phonetische Aspekt beim verstehenden Hören nicht länger ignoriert werden darf.

> 1. *Wie sehen Sie das Verhältnis von verstehendem Hören und phonetischem Hören? Würden Sie der These von Edith Slembek zustimmen oder würden Sie sie relativieren? Würden Sie ihr widersprechen?*
>
> 2. *Welche Erfahrungen haben Sie in der Praxis gemacht? Haben Schüler mit guten Leistungen im Hörverstehen gleichzeitig auch eine gute Aussprache? Haben Schüler mit einer guten Aussprache schlechte Leistungen im verstehenden Hören?*

Wenn das Hören nicht stimmt,
ist das, was gehört wird,
nicht das, was gemeint ist.

(Werbung für Hörgeräte)

Hören lernen

Hören und wiederholen Sie! Das ist die einfachste und verbreitetste Übungsform im traditionellen Phonetikunterricht. Das zeigt das folgende Beispiel:

> *Sehen Sie sich die folgende Übung an und hören Sie dazu das Hörbeispiel 14 auf der Kassette. Was sollen die Schüler lernen? Was kann man tun, wenn sie nicht richtig nachsprechen?*
>
> **Phonetik und Orthographie**
>
> **1 Intonation: Frage und Antwort**
>
> **a) Hören Sie und sprechen Sie nach.**
>
> 1. Wo ist Paris?   Paris ist in Frankreich.
> 2. Wo ist Madrid?   Madrid ist in Spanien.
> 3. Wo ist Wien?   Wien ist in Österreich.
> 4. Wo ist Zürich?   Zürich ist in der Schweiz.
>
>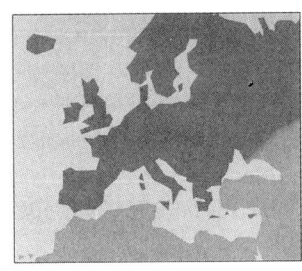
>
> nach: Eismann u. a. (1994), 216

Übungen dieser Art sind wichtig und unentbehrlich, aber die Übungsresultate sind vielfach unbefriedigend. Das hat sicher mancher Lehrer auch schon in seinem Unterricht feststellen können: Dem Schüler werden die Wörter (Sätze, Texte) richtig vorgesprochen (er hört die richtigen Beispiele von der Kassette), aber er wiederholt sie immer wieder falsch. Mechanisches Nachsprechen ist dann in der Regel nicht der richtige Weg.

Wichtig ist es deshalb, das Hören Schritt für Schritt zu trainieren, kontrollierbare Höraufgaben zu stellen, den Schüler zum Unterscheiden und Wiedererkennen zu „zwingen" (durch Ankreuzen, Zuordnen, Einsetzen usw.). Die Schüler werden dadurch sensibilisiert, sie konzentrieren sich auf die Merkmale, die sie beim Sprechen realisieren sollen. Dazu werden wir Ihnen in den folgenden Kapiteln noch konkrete Übungen vorschlagen.

Aufgabe 32

> 1. *Warum gelingt es manchem Schüler nicht, richtig nachzusprechen? Suchen Sie nach Ursachen!*
>
> 2. *Welche phonetischen Unterschiede des Deutschen können Ihre Schüler hörend nur schwer erfassen? Erklären Sie deren spezielle Schwierigkeiten durch den Vergleich Ausgangssprache – Zielsprache. (Stützen Sie sich dabei auch auf die Merkmale der Matrix auf Seite 28.*

2.4 Intonation vor Artikulation

Der Ton macht die Musik.

Aufgabe 33

> 1. *Schauen Sie sich Ihre Deutschlehrbücher an und überprüfen Sie,*
>   - *ob Übungen zur Intonation (also zu Akzentuierung, Rhythmus und Melodie) vorkommen,*
>   - *wie der Anteil zwischen Artikulations- und Intonationsübungen gestaltet ist.*
>
> 2. *Können Sie die These bekräftigen, dass in den Lehrbüchern die Phonetik im Allgemeinen und die Intonation im Besonderen vernachlässigt wird? Welche Gründe könnte es dafür geben, dass Intonationsübungen so knapp bemessen sind?*
>
> 3. *Wenn der Lehrende im Lehrbuch seiner Schüler keine Intonationsübungen vorfindet,*
>   - *verzichtet er auf entsprechende Übungen,*
>   - *sucht er in anderen Büchern danach,*
>   - *stellt er sich selbst Übungen zusammen.*
>   *Für welche Möglichkeit würden Sie sich entscheiden? Begründen Sie Ihre Entscheidung.*

Phonetikunterricht erschöpft sich im Unterrichtsalltag meist in der Arbeit an Lauten, obwohl seit langem bekannt und auch anerkannt ist, dass es eigentlich wichtiger ist, dass die Schüler die Intonation richtig beherrschen. Die Intonation spielt bei der Sprachwahrnehmung und -verarbeitung die entscheidende Rolle, und erfahrungsgemäß werden Artikulationsabweichungen vom Hörer viel eher verarbeitet und auch viel eher toleriert als Verstöße gegen den Sprechrhythmus, gegen den Wort- und Satzakzent oder falsche melodische Muster.

Der amerikanische Linguist Dwight Bolinger (1961) hat in einem sehr einprägsamen Bild die Intonation mit Wellen verglichen, die die Artikulation, das Schiff, das Vehikel, tragen:

Bleiben wir bei diesem bildhaften Vergleich: Im Phonetikunterricht wird also hauptsächlich an diesem prächtigen Schiff – der Artikulation – gebastelt, was sicher wichtig ist. Am Schiff soll möglichst alles stimmen, es muss sicher sein, sonst könnte es zerschellen, und es soll auch möglichst schön aussehen. Aber ein Schiff liegt nicht ewig im Trockendock, seetüchtig geht es auf Fahrt, bewegt sich auf den Wellen. Die Wellen – die Intonation – sind das Medium, das das Schiff trägt.

In diesem Punkt sind sich Fremdsprachenphonetiker einig, aber es hapert bei der Umsetzung. Der Lehrer, der selbst schon erkannt hat, dass es auf die Intonation besonders ankommt, findet in den gängigen Lehrwerken wenig oder wenig geeignete Übungen zur Intonation. In speziellen Lehrmaterialien zur Phonetik (siehe Kapitel 5) gibt es solche Übungsangebote, aber auch hier dominieren meist Übungen zur Artikulation.

Hinweis

An den folgenden Beispielen soll gezeigt werden, wie Intonation demonstriert werden kann (durch Technik, Brummen, Klatschen usw.); Aufgabenstellung und Inhalt der Übungen sollen uns hier noch nicht interessieren, dazu kommen wir in den Kapiteln 3 und 4.

Intonationsübungen

Hinweis

Beispiel 1

Aufgabe 34
Hörbeispiel 15

Hören Sie die gesprochene und die technisch bearbeitete Fassung des Textes in Hörbeispiel 15. Achten Sie dabei auf Betonungen, Pausen und Melodieverläufe. Können Sie das besser im gesprochenen oder im bearbeiteten Text beobachten?

Tagesablauf

Am Morgen joggt sie mit dem Hund durch den Wald, das hält gesund.
Am Vormittag geht sie in die Stadt.
Nach dem Mittagessen geht sie mit dem Kind an der Hand und dem Hund in den Park.
Am Nachmittag trinkt sie Kaffee bei einem Freund.
Am Abend geht sie ins Konzert; anschließend trifft sie noch einen Freund, der am Stadtrand wohnt.
Spät in der Nacht kommt sie nach Hause, vergißt Hund und Kind und fällt ins Bett.

nach: Cauneau (1992), 30

Beispiel 2

Aufgabe 35
Hörbeispiel 16

Hören Sie jetzt die gesprochene und eine gebrummte Fassung der Sätze in Hörbeispiel 16. Wiederholen Sie die Beispiele. Werden Betonung und Melodieverlauf hier deutlicher als im Beispiel 1?

Hören Sie die Sätze gesprochen und gebrummt.

1. Heute ist es heiß.
2. Wer hat den Film gesehen?
3. Die Maus frißt den Käse.
4. Er kauft sich eine neue Schreibmaschine.
5. Möchtest du noch eine Tasse Tee?
6. Das Kind geht in die Schule.
7. Hast du das neue Auto schon gesehen?
8. Er kommt in einer Stunde.

nach: Frey (1995), 24

Beispiel 3

Aufgabe 36
Hörbeispiel 17

Hören Sie nun bitte Hörbeispiel 17 auf der Kassette. Diesmal wird nicht gebrummt, sondern die Silbe „la" verwendet. Lösen Sie die Aufgabe und vergleichen Sie das Vorgehen hier mit den vorangegangenen Beispielen.

a) Hörtraining (Lautgruppen)
Hören Sie.
Hören Sie, und sprechen Sie nach.
Hören Sie, und markieren Sie den Akzent (la).

1. la la la la
2. la la
3. la la la la la
4. la la – la la la la la
5. la la la
6. la la la la la la la
7. la la la la la

b) Hörtraining (Sätze)
Hören Sie.
Hören Sie, und sprechen Sie nach.
Hören Sie, und markieren Sie den Akzent (bist).

1. Woher bist du?
2. Aus Wien.
3. Ich bin auch aus Wien.
4. Ach so. Und wo wohnst du hier?
5. In Rohrbach.
6. Und deine Familie?
7. Die wohnt in Salzburg.

Vorderwülbecke/Vorderwülbecke (1995), 24

Beispiel 4

Aufgabe 37
Hörbeispiel 18

In Hörbeispiel 18 geht es um den Rhythmus. Hören Sie sich die Beispiele mehrmals an und sprechen Sie (synchron) mit. Vergleichen Sie dieses Vorgehen wieder mit den vorangegangenen Beispielen.

da-da-jam-ba,   da-da-jam-ba,   da-da-jam-ba,   da-da-jam-ba

1 Mit dem Auto.
2 In den Urlaub.
3 Es kann losgehn!
4 Mit Verspätung.
5 Heute morgen.
6 Selbstverständlich.

Stock/Hirschfeld (1996), 40

Aufgabe 38

Welche der in den Beispielen 1 – 4 vorgestellten methodischen Möglichkeiten könnten Sie bei Ihren Schülern einsetzen? Welche nicht, und warum nicht? Sind Ihnen noch andere Verfahren zur Demonstration von Intonation bekannt?

Hinweis

In den Beispielen 1 – 4 werden – wie auch später in den Bausteinen zur Intonation (siehe Kapitel 7.2 – 7.6) – jeweils einzelne Elemente in den Mittelpunkt gestellt (Rhythmus, Melodie, Akzentuierung). Für Übungszwecke ist das auch wichtig. Beim Vorlesen oder freien Sprechen müssen diese Elemente aber verbunden werden, muss der Text satzübergreifend, inhalts- und hörergerecht gestaltet werden. Hier werden dann auch wieder (rhetorische) Fähigkeiten aus der Muttersprache gebraucht. Zum satzüber-

Hinweis

greifenden, hörergerechten Üben eignen sich besonders die Texte im Kapitel 9.

2.5 Lernen durch Einsicht

Köpfchen, Köpfchen!

Hören und wiederholen Sie! – ist das Grundrezept der phonetischen Schulung. Ein einfaches, ein gutes Rezept, ein Hausmittel. Wer auf diese Weise sein Ziel erreicht, ist zu beglückwünschen. Er ist begabt, hat ein gutes Ohr und kann leicht imitieren. Er braucht sich nicht besonders anzustrengen.

So lernen besonders Kinder und auch noch viele Jugendliche. Ihnen fällt es meist leicht, fremde Laute und Klänge nachzuahmen. Sie sind bereit, spielerisch damit umzugehen, einiges parodistisch zu übertreiben.

Die meisten Jugendlichen und Erwachsenen aber müssen an ihrer Aussprache arbeiten. Sie müssen ihre Sinne sorgfältig schulen:

➤ die Ohren: gezielt hören lernen (fremde Klänge und Laute erkennen und einordnen),

➤ den Tastsinn: fühlen lernen (z. B. die Stimmhaftigkeit am Kehlkopf, siehe dazu auch Kapitel 6.2),

Hinweis

➤ das Auge: sehen lernen (z. B. die Lippenrundung im Spiegel).

Diese und viele andere Möglichkeiten gibt es zur phonetischen Sensibilisierung.

Aber nicht nur die Sinne sind an der Schulung der Aussprache beteiligt, sondern auch der Kopf. Die Lernerphonetik ist wie die Lernergrammatik ein Grundstein des Fremdsprachenunterrichts. Erfahrene Fremdsprachenlehrer wissen das, sie vermitteln diese Lernerphonetik ganz selbstverständlich, sie geben geeignete Beispiele, an denen die Lernenden Regularitäten erkennen und Regeln anwenden lernen.

Lernerphonetik

Besonders Jugendliche und Erwachsene, denen es schwerer fällt, phonetisch zu hören und sich phonetisch anzupassen, brauchen als zusätzliche Orientierungshilfe Regeln, Erklärungen, auch Lautdarstellungen. Was für die Aneignung der Grammatik selbstverständlich ist, **Lernen durch Einsicht**, das sollte auch für die Phonetik Gültigkeit haben.

Vergeblich suchen Lehrer und Lernende bis heute nach einer entsprechenden Publikation, nach einer Lernerphonetik, die einfach, plausibel und lernerfreundlich ist, die durch verschiedene Phasen zum Bewusstwerden von Regularitäten und Merkmalen, zum Erkennen von Regeln führt – z. B. für die Unterscheidung von *Ich*-Laut und *Ach*-Laut (vgl. zu dem folgenden konkreten Beispiel *Baustein 14* im Kapitel 7, S. 138ff.):

Erkennen

Hinweis

1. Beispiele hören: *Buch, Bücher, lachen, lächeln, …*

2. Beispiele ordnen: *Buch, lachen, … – Bücher, lächeln, …*

3. Regel erkennen: *Nach den Vokalen …*

4. Regel formulieren

5. Regel anwenden

Heureka!

Heureka bedeutet *Ich habe gefunden, ich habe entdeckt.*

Die Schüler die Regeln selbst entdecken lassen, ist ein gutes Rezept. Solche Übungen sind in Lehrbüchern noch selten anzutreffen. Aber es lassen sich doch einige Beispiele finden.

Regeln selbst entdecken

---

1. Schauen Sie sich die Übungen zu Hörbeispiel 19 und 20 an. Lösen Sie die dazugehörigen Aufgaben. Was soll jeweils herausgefunden werden?

2. Lassen Sie Ihre Schüler entdecken, in welchen Fällen sie für die Buchstaben <b, d, g> die Laute [p, t, k] sprechen müssen. Stellen Sie dazu eine Übungssequenz zusammen. Dazu können Sie z. B. Singular und Plural von Substantiven mit <b, d, g> am Ende verwenden (Kind – … , … – Tage, …).

Aufgabe 39

Beispiel 1

Laute und Orthographie: Lange Vokale

a) Sprechen Sie bitte die Wörter mit gleichen Lauten nach!

b) Suchen Sie bitte das jeweils gemeinsame Merkmal für die Wörter in den senkrechten Spalten, und tragen Sie es oben in die Tabelle ein!

			Dehnung durch	
[a:]	Wagen	Waage	Wahl	–
[e:]	Regen	Tee	nehmen	–
[o:]	schon	Boot	wohl	–
[i:]	Tiger	–	ihm	wieder
[u:]	du	–	Stuhl	–
[ɛ:]	täglich	–	während	–
[ø:]	schön	–	Löhne	–
[y:]	süß	–	Frühling	–

nach: Mebus u. a. (1989), 121

Beispiel 2

c) Wortakzent bei zusammengesetzten Nomen

Bitte markieren Sie die Wortakzente bei den folgenden Wörtern. Vergleich im Plenum.

Beispiel:

Zimmer	Telefon	Zimmertelefon
Zimmer	Bestellung	Zimmerbestellung
Student	Zimmer	Studentenzimmer
Medizin	Student	Medizinstudent
Nationalität	Kennzeichen	Nationalitätskennzeichen
Bund	Republik	Bundesrepublik
Hotel	Zimmer	Preis	Hotelzimmerpreis

Wo ist meist der Wortakzent bei zusammengesetzten Nomen?

Vorderwülbecke/Vorderwülbecke (1987), 178

Weitere Beispiele im Sinne einer Lernerphonetik finden Sie im Kapitel 7.

2.6 Transkription

1. Sind Ihnen Transkriptionen vertraut? Verwenden Sie Wörterbücher oder Lehrmaterialien, die eine Transkription enthalten?

2. Hören Sie die Geschichte „Reise nach Phonetien" und lesen Sie mit. Was fällt Ihnen auf, womit haben Sie Probleme? Würden Sie diesen Text Ihren Schülern anbieten?

Dr. Scriptorius kommt nach vielen Jahren im Ausland nach Deutschland zurück. Aber was ist das? Überall sieht er eine fremde Schrift: fluːkhaːfən frankfʊrt, ɪntɐnatsɪoːlə ankʊnft. Eine fremde Sprache? Naɪn, das ist ja Dɔytsch, wie man ɛs spricht!

„Ja wɪssen Sie dɛnn nɪçt", sagt aɪne Frau, „wir hatten aine ʃriftrevolutsion!"

„aɪne ʃriftrevolutsion?"

„Ja, alle ʃuːlkɪndɐ habən gəʃtraikt unt gegən diː altə ʃrift demɔnstriert. Sie wollten ʃraiben, wiː man ʃpriçt."

„virkliç?"

„Ja, unt diː Regiːrung kɔnntə nɪçt allə ʃuːlɛn ʃliːßən. Diː kɪndɐ dʊrftən ja nɪçt dʊmm blaibən. alzo mʊßtə diː Regiːrʊŋ diː nɔyə ʃrift aktsɛptiːrən. diː kɪndə haːbən ain groːßəs fɛst gəmaxt, unt dan zɪnt ziː viːdɐ ɪn diː ʃuːlə gəgaŋən."

„ʊnt jɛtst hat zɪçə kainə meːɐ probleːmə mɪt dem ʃraibən."

„das ʃtɪmt. ʊnt vɪsən ziː, veːɐ bəzɔndɐs glʏklɪç vaːʔ alə auslɛndɐ."

Vorderwülbecke/Vorderwülbecke (1995), 133

Transkriptionen in Lehrbüchern und im Unterricht: *ja* oder *nein*? Das ist eine Frage, über die Schüler, Lehrer, Lehrbuchautoren und Verlagslektoren hart, manchmal erbittert streiten. Die Autoren von *Stufen internatioal* haben sich **für** die Transkription ent-schieden. Das dokumentieren sie auch mit ihrer Phantasiegeschichte: Die Transkription wurde als verbindliche Verkehrsschrift in Deutschland eingeführt, und die Kinder und die Ausländer sind besonders glücklich darüber. Es ist nicht ernst gemeint, aber ein Körnchen Wahrheit ist doch dabei.

Bevor wir abwägen, was für und was wider die Transkription im Fremdsprachen-unterricht spricht, einigen wir uns noch darauf, dass wir hier, wenn wir von Transkription sprechen, immer das am weitesten verbreitete phonetische Alphabet der *Association Phonétique Internationale* (oder der *International Phonetic Association*), *API** (oder *IPA**), meinen und „handgemachte" andere Transkriptionen, wie sie bis heute noch in Materialien verschiedener Verlage anzutreffen sind, ablehnen. Mit dieser sog. „volks-tümlichen Transkription" werden Ausspracheprobleme vorprogrammiert, der fremde Akzent wird regelrecht provoziert, wenn die Laute der Fremdsprache durch Buchstaben(werte) der Muttersprache wiederzugeben sind.

phonetisches Alphabet: API/IPA

„volkstümliche Transkription"

Die folgenden Beispiele machen das deutlich.

Aufgabe 41

Können Sie die (deutschen) Wörter erkennen?

1. Für polnische Deutschlernende:

   [najn], [dojcz], [szwarc], [zecen], [sznuːr]

---

nach: Wójczik (1986)

2. Für englische Deutschlernende:

   [owf veeder-zayen], [dee urfentlikhe(r) tawlette(r)], [prewfoonk], [bewkher], [nahkht]

---

nach: Farnes (1992)

Man kann sich gut vorstellen, dass englischsprachige Leser auf diese Art und Weise nie das *Ü* lernen, das sie für die „Prüfung" und die „Bücher" brauchen.

Und was wird deutschen Kindern angeboten, die Englisch lernen wollen?

 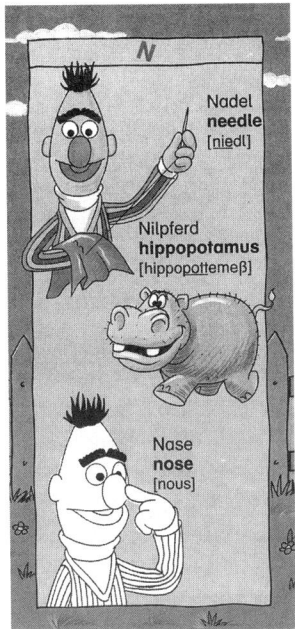 

ABC-Spaß Englisch (1993), ohne Seitenangabe

Verlage bzw. Autoren, die solche volkstümlichen Transkriptionen verwenden, vergessen, dass die Benutzer ihrer Wörterbücher und Sprachführer in einer vielsprachigen Welt aufwachsen, dass man heute mehr als eine Fremdsprache lernt. Viele Deutschlernende beherrschen z. B. schon die internationale Lautschrift und brauchen sie zudem auch für das Erlernen weiterer Sprachen.

Die der breiten Öffentlichkeit zugänglichen Medien, die Presse, die Werbung verwenden die API-Transkription ganz selbstverständlich (ungeniert!), wie die folgenden Ausschnitte zeigen:

[*So bekommen Sie die F.A.Z. in den USA.*]

Verlangen Sie einfach
[fræŋkfɜːrdə ælgəmaɪːne zaɪːdʌŋ]

© FAZ

[hyːdroː pnɔiˈmaːtik]
CITROËN XANTIA

© Citroën

froːə vaɪnaxtən ʊnt aɪn glʏklɪçəs nɔyəs jaːr

© Goethe-Institut/Beinert & Partner

[riːv]

© Rotring

[deːjuː]
Mit originellem Spot auf Kundenfang

© Daewoo

[enəˈdʒi]

© Radio Energie

Im Folgenden geben wir Ihnen die vollständige Übersicht über die Phonem-Graphem*-Beziehungen (Laut-Buchstaben-Beziehungen) im Deutschen, mit jeweils einem Beispiel. Sie können weitere Beispiele ergänzen.

internationale Lautschrift: Laut-Buchstaben-Beziehungen im Deutschen

Übersicht: Die Laute des Deutschen in internationaler Lautschrift (API)

Lautgruppe	Phoneme/Laute	Grapheme/Buchstaben	Beispiele
VOKALE			
A-Laute	[aː]	a ah aa	baden Bahn Staat
	[a]	a	Klasse
I-Laute	[iː]	i ie ih ieh	Kino sieben ihr Beziehung
	[ɪ]	i	Bitte
E-Laute	[eː]	e eh ee	Weg sehen Tee

Lautgruppe	Phoneme/Laute	Grapheme/Buchstaben	Beispiele
E-Laute	[ɛ]	e ä	stellen kräftig
	[ɛː]	ä äh	spät zählen
O-Laute	[oː]	o oh oo	Brot wohnen Boot
	[ɔ]	o	voll
U-Laute	[uː]	u uh	Buch Stuhl
	[ʊ]	u	Gruppe
Ö-Laute	[øː]	ö öh	lösen fröhlich
	[œ]	ö	Löffel
Ü-Laute	[yː]	ü üh y	Schüler früh Typ
	[ʏ]	ü y	Glück Ypsilon
reduzierte Vokale	[ə] [ɐ] [ɐ̯]	e er r	beginnen Verkäufer Ohr
Diphthonge*	[aɛ̯]	ei ai ey ay	Wein Mai Meyer Bayern
	[aɔ̯]	au	Auge
	[ɔø̯]	eu äu	heute Träume
KONSONANTEN Explosive	[p]	p pp -b	Oper doppelt gelb
	[b]	b	Ober
	[t]	t tt -d th dt	Tür bitte Hund Theorie Stadt
	[d]	d	reden
	[k]	k ck	können Zucker
		-g	Weg
	[g]	g	liegen
Frikative	[f]	f ff v	Feld hoffen Vater
	[v]	w v (q)u	Welt Visum bequem
	[s]	s ss ß	Haus Tasse reißen
	[z]	s	reisen
	[ʃ]	sch s(t) s(p)	Schule Stufe Spiel

Lautgruppe	Phoneme/Laute	Grapheme/ Buchstaben	Beispiele
Frikative	[ʒ]	j g	**J**ournalist Eta**g**e
(*Ich*-Laut)	[ç]	ch -ig	Li**ch**t Leipz**ig**
	[j]	j	**J**acke
(*Ach*-Laut)	[x]	ch	Bu**ch**
R-Laute	[r]	r rr rh	**r**ot He**rr** **Rh**etorik
	[ɐ̯]	r	Tü**r**
	[ɐ]	er	Erzähl**er**
Nasale*	[m]	m mm	**M**ann ko**mm**en
	[n]	n nn	**N**ame Ma**nn**
	[ŋ]	ng n(k)	si**ng**en Ba**n**k
Liquid*	[l]	l ll	**L**ampe he**ll**
Hauchlaut	[h]	h	**H**ut
Neueinsatz*	[ʔ]		er arbeiten
Affrikaten*	[pf]	pf	**Pf**ennig
	[ts]	z tz ts -t(ion) zz	**Z**ahl Pla**tz** rech**ts** Lek**t**ion Pi**zz**a
	[ks]	x ks gs chs	Te**x**t lin**ks** du sa**gs**t wa**chs**en

Anmerkung: Der Bogen unter dem Lautzeichen (‿) bei Diphthongen und R-Vokalisation bedeutet, dass der Laut keine eigene Silbe bilden kann, sondern zur gleichen Silbe gehört, wie der vorangehende.

Bitte transkribieren Sie mit Hilfe der Übersicht folgende Wörter:

Schule _____

Lehrer _____

Buch _____

Übung _____

Fremdsprache _____

Mit dem phonetischen Alphabet der API werden allerdings nur die Laute (Artikulation) und der Wortakzent (Hauptakzent: ' vor der Akzentsilbe, z. B. [ˈtaːɡə]) aufgezeichnet. Für die Transkription der Intonation, der Sprechtaktakzente*, der Pausen, der Melodieverläufe und anderer suprasegmentaler* Erscheinungen existiert bisher kein verbindliches System. Hier hat fast jeder Autor sein eigenes Schema entwickelt, und es herrscht eine z. T. verwirrende Vielfalt (siehe Kapitel 6.3). Erinnern Sie sich an das Bild vom Schiff, das auf den Wellen schaukelt (S. 33)? Die Intonation wird mit den

Hinweis

Wellen verglichen, die immer in Bewegung sind. Und es ist schwer, diese Bewegungen zu erfassen und zu beschreiben, Regeln dafür zu finden.

Uns soll es hier zunächst nur um die Lautschrift (API) gehen, um ihren Nutzen für den Fremdsprachenunterricht.

Einsatz der API
im Unterricht

Aufgabe 43

---

1. *Welche Gründe sprechen aus Ihrer Sicht für und gegen die Verwendung der API-Transkription im Fremdsprachenunterricht? Vergleichen Sie Ihre Überlegungen mit unserem „Pro und Kontra" unten.*

2. *Denken Sie an eigene Erfahrungen mit der Transkription! In welcher Weise hat Ihnen die Transkription geholfen, in welcher Weise hat sie Sie behindert?*

3. *Überprüfen Sie, welche Transkriptionszeichen die Wörterbücher verwenden, mit denen Sie/Ihre Schüler arbeiten. Welche weichen von der API-Umschrift ab?*

Helga Dieling (1994, 13ff.) fand bei einer Analyse von DaF-Lehrmaterialien heraus, dass von ca. 50 untersuchten Lehrwerken nur neun die Transkriptionszeichen der API verwenden. Spezielle Lehrmaterialien zur Phonetik, davon wurden 15 untersucht, stützen sich alle auf die API-Transkription.

Die Rolle der phonetischen Transkription im Fremdsprachenunterricht wird kontrovers diskutiert. Selbst wenn die Transkription in einigen Lehrbüchern vorhanden ist, bedeutet es nicht, dass sie im Unterricht wirklich genutzt, nutzbar gemacht wird.

Wägen wir das Pro und Kontra ab.

Pro und Kontra

Pro

Für die Verwendung der Transkriptionszeichen der API spricht,

➤ dass die Zeichen für sehr viele Fremdsprachen verwendet werden,
Beispiel: [iː] – dt. *viel*, engl. *feel*, frz. *fille*,

➤ dass die Laut-Buchstaben-Beziehungen eindeutig dargestellt werden können,
Beispiel: *E*-Laute in *Weg* und *weg* ([eː] – [ɛ]),

➤ dass die Schüler lernen, die notwendige Unterscheidung zwischen Lauten und Buchstaben zu treffen,
Beispiel: der Buchstabe <s>, realisierbar in den Lauten [s, z, ʃ],

➤ dass die Lernenden Abweichungen zwischen Schreibung und Aussprache klar erkennen können,
Beispiel: Schreibung <b>, Aussprache [p] in *gelb*,

➤ dass die Lernenden in die Lage versetzt werden, Aussprachewörterbücher, den *DUDEN* oder andere Wörterbücher selbstständig zu nutzen,

➤ dass die Transkription ein wichtiges Hilfsmittel ist, sich die Aussprache bewusst anzueignen (siehe dazu Kapitel 2.5.).

Hinweis

Kontra

Gegen die Verwendung spricht,

➤ dass zusätzliche Zeichen gelernt werden müssen; das ist besonders schwierig, wenn in der Ausgangssprache der Lernenden nichtlateinische Schriftzeichen verwendet werden (z. B. Russisch, Arabisch, Khmer),

➤ dass das Nebeneinander von Laut- und Schriftzeichen (Buchstaben) z. T. verwirrend wirken kann,

➤ dass die Transkription den Lernenden überfordert.

Vielleicht haben Sie ja noch weitere Argumente gefunden? Unserer Meinung nach überwiegen die Pro-Argumente ganz deutlich. Natürlich ist die Transkription nicht Selbstzweck und das aktive Transkribieren ganzer Wörter oder Texte ist nicht das Ziel eines kommunikativen Unterrichts. Die Transkription hat eine dienende Funktion, d. h., sie hilft bei der Bewusstmachung phonetischer Erscheinungen und sie sollte deshalb punktuell schon am Anfang des Fremdsprachenunterrichts eingeführt werden – z. B. für die Unterscheidung langer und kurzer Vokale. Schüler sollten die Transkription rezeptiv beherrschen. Lehrbücher, die sich um die Transkription „drücken", sollten wenigstens – als minimale Leistung in dieser Hinsicht – in den Wörterverzeichnissen durch Punkt und Strich die Länge des betonten Vokals markieren, wie es heute schon in verschiedenen Fällen getan wird (z. B. *ạrbeiten*, *schlạfen*).

2.7 Phonetischer Einführungskurs

Kurzer historischer Exkurs

Wer in älteren Fremdsprachenlehrbüchern blättert, was sehr vergnüglich sein kann, findet in Anfängermaterialien ziemlich sicher auf den ersten Seiten ein Kapitel, das in die Lautung und Schrift der neuen Sprache einführt. So ein Kapitel, das vom Umfang her kürzer oder länger ausfallen kann, wird in der Fremdsprachendidaktik meistens als **Funktion** „Phonetischer Einführungskurs" bezeichnet. Der phonetische Einführungskurs soll den Lernenden Gelegenheit geben, sich mit den Lauten und Schriftzeichen der fremden Sprache anzufreunden, deren Beziehungen zu entdecken und sich in der Aussprache und Schreibung des fremden Idioms, zunächst unbelastet von grammatischen Schwierigkeiten, zu üben und sicher zu werden. Der phonetische Einführungskurs ist also nicht gleichzusetzen mit der mancherorts noch immer praktizierten „schriftbildlosen Anfangsetappe" oder mit dem sog. „Hör-Sprech-Einstieg ohne Schrift".

Einführungskurs

1	*Lautzeichen/ Schriftzeichen*	*Übungswörter*
	[i:] — i / ie \ ih	Berlin, wir bɛrˈliːn viːr **Brief**, wie briːf viː Ihnen, ihr ˈiːnən iːr
	[ɪ] — i	**Fisch**, in fɪʃ ɪn
	[eː] — e / ee \ eh	Eva ˈeːfaˑ Tee teː **zehn**, gehen tseːn ˈgeːən
	[ɛː] — ä / äh	**Bär** bɛːr zählen ˈtsɛːlən
	[ɛ] — e / ä	**elf**, es, kennen* ɛlf ɛs ˈkɛnən Männer ˈmɛnər

* Doppelkonsonanz nach Vokalbuchstaben bedeutet: Der Vokal ist kurz.

Lindner (1979), 17

Die Tradition des phonetischen Einführungskurses ist eng mit Viëtor und der direkten Methode* verknüpft, die die mündliche Sprachbeherrschung stark in den Vordergrund rückte (vgl. dazu die Fernstudieneinheit *Methoden des fremdsprachlichen Deutschunterrichts*).

⟹

Mit der direkten Methode verschwand auch nach und nach der phonetische Einführungskurs aus dem Unterrichtsalltag. Man findet ihn nur noch selten in Büchern, die der audiolingualen* und der audiovisuellen Methode* verpflichtet sind. Mit dem Einzug der kommunikativen Didaktik* Anfang der Siebzigerjahre verschwand er nahezu ganz aus den Lehrbüchern und ist bis heute immer noch verpönt. „Globaleinstieg" war das Zauberwort, mit dem der phonetische Einführungskurs verdrängt wurde. Globaleinstieg bedeutet, gleichzeitig auf allen Ebenen – der phonetischen, der grammatischen, der lexikalischen – zu arbeiten, die Schwierigkeiten nicht zu isolieren. Mit der Rückbesinnung auf Kognition* hat möglicherweise auch der phonetische Einführungskurs wieder eine Chance.

Welche Argumente führen die Befürworter, welche die Gegner des phonetischen Einführungskurses an?

Pro und Kontra

Ergänzen Sie die folgende Liste von Argumenten der Befürworter und die der Gegner. Welche Meinung vertreten Sie?

Die **Befürworter** *sagen:*

– *Ein phonetischer Einführungskurs garantiert einen sanften Einstieg in die Fremdsprache.*

– *Er lenkt die Aufmerksamkeit auf die Phonetik und macht den Lernenden deren Stellenwert deutlich.*

– _____

– _____

Die **Gegner** *sagen:*

– *Ein phonetischer Einführungskurs ist nicht kommunikativ.*

– *Er stellt einen Zeitverlust dar.*

– _____

– _____

Aufgabe 44

---

1. *Differenzieren Sie: Unter welchen Umständen ist ein phonetischer Einführungskurs zu empfehlen, unter welchen Umständen ist er abzulehnen?*

2. *Welche Aufgaben könnte er bei Ihren Schülern erfüllen?*

3. *Was sollte ein Einführungskurs für Ihre Schüler beinhalten?*

Aufgabe 45

2.8 Leistungsbewertung

Bei mündlichen Leistungskontrollen und in mündlichen Prüfungen wird die Ausspracheleistung häufig nicht mit einbezogen, obwohl sie sehr wesentlich für den Eindruck sorgt, den der Lernende in der Fremdsprache macht. Das hat verschiedene Ursachen. Es ist zunächst oft schon sehr schwer, Fehler als solche zu erkennen und zu werten. Im Gegensatz zu einem Rechtschreibfehler, den man sehr leicht feststellen kann, gibt es zwischen „richtig" und „falsch" in der Aussprache viele graduelle Abstufungen. Die Bewertung einer Ausspracheleistung setzt eine Analyse der Abwei-

Analyse der Ausspracheabweichungen

chungen voraus, wenn man nicht den Verständlichkeitsgrad global bewerten will. Eine solche Analyse mit Tonaufnahme und Diagnosebogen, wie wir sie schon in Kapitel 2.2 (S. 24) vorgenommen haben, gibt eine genauere Grundlage für die Bewertung.

Ein weiteres Problem ist die Festlegung von Bewertungskriterien. Wovon soll man ausgehen: Von der Zahl der falsch gebildeten Laute? Vom Abweichungsgrad von der Norm? Von der Beeinträchtigung der Verständlichkeit? Es gibt kaum Publikationen, die sich mit diesen Fragen auseinander setzen. Verwiesen sei aber auf Bolton (1996); Wipf (1996); Mebus (1995) und Hirschfeld (1987). Obwohl es wichtig ist, ein gewisses Maß an Objektivität und Vergleichbarkeit zu gewährleisten, werden immer andere Gesichtspunkte in die Bewertung von Ausspracheleistungen einfließen.

Betrachten Sie bitte die folgenden Kriterien für die Bewertung von Ausspracheleistungen. Welche davon sollten berücksichtigt werden (ja), welche unter bestimmten Umständen (evtl.), welche gar nicht (nein)? Diskutieren Sie nach Möglichkeit die in den Klammern stehenden Fragen mit Kollegen.

	ja	evtl.	nein
a) **Annäherung an den Aussprachestandard** *Sind große Abweichungen vom Standard schwerwiegender als kleine?*			
b) **Schweregrad der Abweichungen** *Nicht unbedingt identisch mit a, hier geht es um die Wirkung in der Kommunikation, also: Sind Abweichungen, die die Kommunikation stärker stören, strenger zu bewerten?*			
c) **Fehlerzahl** *Sollten die Fehler – Strukturfehler/Einzelfehler – einfach gezählt werden? Viele Fehler = schlechte Zensur, wenige Fehler = gute Zensur?*			
d) **Gesamtziel der Sprachausbildung** *Sollen z. B. Lehrerstudenten strenger beurteilt werden als Schüler?*			
e) **Lernetappe/Sprachstand** *Sollen Anfänger weniger streng beurteilt werden als Fortgeschrittene?*			
f) **Alter** *Sollte man bei Kindern milder urteilen? Oder bei älteren Leuten? Oder bei allen gleich streng, es geht ja schließlich um Objektivität?*			
g) **Muttersprache** *Für Chinesen ist es schwerer Deutsch zu lernen als für Dänen – sollte man deshalb unterschiedliche Maßstäbe anlegen? Auch in sprachlich heterogenen Gruppen?*			
h) **Klassensituation** *Wenn in einer Gruppe generell sehr gute Leistungen vorherrschen – wird der Mittelmäßige dann schlechter bewertet als der Mittelmäßige in einer schlechten Gruppe, wo er vielleicht der Beste ist?*			
i) **individuelle Fähigkeiten** *Sollte man bei einem faulen Schüler, dem alles zufliegt, nicht strenger sein als bei dem fleißigen, der für die gleiche Leistung hart gearbeitet hat?*			
j) **Motivation** *Sollten nicht Fortschritte bei schwachen Schülern*			

mit einer guten Zensur honoriert werden, damit sie sich auch weiter anstrengen?			
k) Verhältnis Lehrer – Schüler *Überall gibt es sie, die Sympathischen, die „Lieb-lingsschüler"; welcher Lehrer ist ihnen gegen-über nicht großzügiger – natürlich ganz unbewusst – und gibt ihnen bessere Zensuren als den Stören-frieden?*			
l) Toleranz des Lehrers *Manche Schüler haben Glück – ihr Lehrer ist toleranter als der der Parallelklasse.*			
m) eigene Ausspracheprobleme *Wenn die Schüler die Ausspracheabweichungen ihrer Lehrer übernehmen – dürfen die dann schlecht bewertet werden?*			

Es gibt sehr unterschiedliche Bewertungsmaßstäbe, manche sind sehr streng, manche sehr milde, es wird auch oft nicht angegeben, für welche konkreten Bedingungen sie einzusetzen sind.

unterschiedliche Bewertungsmaßstäbe

Aufgabe 47

Sehen Sie sich zwei Beispiele für die Bewertung von Ausspracheleistungen an. Welches wäre für Ihre Lerngruppe besser geeignet? Warum?

3 Punkte	Aussprache und Intonation weisen keine wesentlichen Abwei-chungen von gesprochener Standardsprache auf.
2 Punkte	Aussprache und Intonation weisen einige Abweichungen auf, die aber das Verstehen nicht beeinträchtigen.
1 Punkt	Aussprache und Intonation weisen einige Abweichungen auf, die das Verstehen gelegentlich erschweren.
0 Punkte	Aussprache und Intonation weisen starke Abweichungen auf, die das Verstehen stellenweise unmöglich machen.

Bolton (1996), 137

Intonation

Hören	Sprechen
gut ausreichend schwierig	

Artikulation

Hören	Sprechen
gut ausreichend schwierig	

Mebus (1995), 30

Bemerkenswert ist, dass im zweiten Beispiel (Mebus 1995) Sprechen und Hören bewertet werden. Dabei wird in drei Bewertungsstufen festgehalten, ob ein Schüler beim Hören z. B. die Intonation gut/ausreichend/mit Schwierigkeiten erfasst oder ob er beim Sprechen gut/ausreichend/mit Schwierigkeiten artikuliert.

Jeder Lehrende sollte sich verpflichtet fühlen, die Ausspracheleistungen der Schüler zur Kenntnis zu nehmen und zu bewerten – schon um ihnen zu zeigen, dass es beim Sprechen auch auf die Aussprache ankommt, sie also zu sensibilisieren und zu motivieren. Die folgenden Gesichtspunkte können helfen, Aussprachetests vorzubereiten.

Aussprachetests

Was soll bewertet werden?

- *Fertigkeiten:* Hören, (Aus-)Sprechen, lautes Lesen, Schreiben (Diktat)
- *Bereiche:* Intonation (Akzentuierung, Rhythmus, Melodie), Artikulation (Vokale, Konsonanten)

Welche Testformen (die gleichzeitig auch Übungsformen sind) können eingesetzt werden?

- *schriftlich*: Markieren, Ergänzen, Ordnen, Transkribieren
- *mündlich*: Nachsprechen, Vorlesen, Lesen, Sprechen
- *Gesten und Körperbewegungen*

Wie soll die Bewertung erfolgen?

- *objektiv:* schriftlicher Test, Computer
- *subjektiv:* Lehrer/Prüfer, Selbstkontrolle

3 Übungstypologie

Übung macht den Meister. (Sprichwort)

Erasmus von Rotterdam (1466 – 1536), berühmter Humanist und Verfasser bekannter theologischer und wissenschaftlicher Schriften, hat sich auch mit pädagogischen Themen beschäftigt. Da finden sich u. a. Ratschläge zum Fremdsprachenlernen, speziell zum Ausspracheunterricht:

> „Man kann sich am Papagei ein Beispiel nehmen. Häufig spricht dieser Vogel einem das nach, was man ihm einübt, und er führt wiederholt das aus, was er einmal gelernt hat. Wenn er nicht gelehrsam ist, wird er mit dem Stock gezüchtigt, wenn er aber das wiederholt, was ihm gesagt wurde, bekommt er Futter als Belohnung. Man muß einen guten Lehrer hinzuziehen, der eine gute Sprache spricht; der muß wissen, wie er vorgehen soll: er muß bei Versuchen helfen, jedes Gelingen loben, aber beim Rückfall in alte Gewohnheiten häufig korrigieren."
>
> Kramer (1978), 216

„Papageienmethode"

> *Welche Empfehlungen von Erasmus von Rotterdam können noch heute aufgegriffen werden?*

Aufgabe 48

Die „Papageienmethode", die uns zunächst nur amüsiert, ist doch im Grunde durchaus ernst zu nehmen. Das Wesentliche ist enthalten. So können wir Franz Josef Zapp und Konrad Schröder (1984, XXII) nur bestätigen, die ganz nüchtern feststellen:

> „Sieht man einmal vom Bereich der Medien ab, so gibt es sicher innerhalb der heutigen Fremdsprachendidaktik keinen Ansatz, keinen methodischen Trick, den man nicht bereits vor 1789 ausprobiert hätte."

Es sind also immer wieder die alten Fragen, die uns auch in dieser Fernstudieneinheit beschäftigen, Fragen, die sich viele vor uns gestellt haben. Vielleicht gelingt es uns, einige zu beantworten.

In diesem Kapitel betrachten wir das Instrumentarium an Übungen, das uns zur Verfügung steht, und versuchen, es systematisch zu ordnen. Hinweise auf eine Typologie phonetischer Übungen sind in der didaktischen Literatur schon vereinzelt zu finden (vgl. zum Beispiel Dieling 1992; Segermann 1992; Häussermann/Piepho 1996). Im Unterricht, wie Hospitationen und Gespräche zeigten, und in Lehrwerken bzw. Materialien zur Ausspracheschulung ist von einer didaktischen Vielfalt allerdings noch nicht viel zu bemerken.

> 1. *Was assoziieren Sie mit dem Stichwort „Phonetikübung"? Welche persönlichen Erfahrungen haben Sie mit Phonetikübungen gemacht? Waren sie interessant, langweilig, peinlich, lustig?*
> 2. *Welche Übungsformen zur Phonetik kennen Sie?*
> 3. *Sehen Sie sich phonetische Übungen in Lehrbüchern an. Welche Übungsformen finden Sie dort? Listen Sie sie auf. Wie könnte man sie ordnen?*

Aufgabe 49

Wir stellen hier folgende Einteilung zur Diskussion:

Gliederung von Phonetikübungen

Hören	(Aus-)Sprechen
Vorbereitende Hörübungen	Vorbereitende Sprechübungen
– Eintauchübungen	– Einfache Nachsprechübung
– Diskriminationsübungen	– Kaschierte Nachsprechübung
– Identifikationsübungen	– Produktive Übungen
Angewandte Hörübungen	Angewandte Sprechübungen
	– Vortragen/Lesen (eigener bzw. fremder Text)
	– Frei sprechen

Diese Gliederung wird auch in den folgenden Kapiteln (3.1 und 3.2) zugrunde gelegt.

Hör- und (Aus-)Sprechübungen

Hör- und Sprechübungen ergänzen und befruchten einander, sie bilden eine dialektische Einheit. Auch wenn man selbst spricht, hört man sich, meist unbewusst, zu. Der Weg führt vom Hören zum Sprechen und vom Sprechen zum Hören.

In der folgenden Darstellung werden die Bereiche *Hör-* und *Sprechübungen* nur aus Gründen der Systematik getrennt. Im Unterricht können alle Sprechübungen als Hörübungen und alle Hörübungen als Sprechübungen genutzt werden, es kommt nur auf die jeweilige Übungsanweisung an. Das ist sogar sehr zu empfehlen, denn das in den Hörübungen vertraut Gewordene sollte in den Sprechübungen aufgegriffen und automatisiert werden.

3.1 Hörübungen

„Das Ohr ist die erste Lehrmeisterin der Sprache." (Herder)

Ein intaktes Gehör vorausgesetzt, kann jeder hören, wie jeder sehen, riechen, fühlen oder atmen kann. Aber Hören ist mehr, als einen Klang – seien es Geräusche, Musik oder Sprache – wahrzunehmen. Hören ist Erkennen, Einordnen, Interpretieren.

So wird eine Vogelstimme als Nachtigallengesang, ein Musikstück als Violinkonzert, ein Sprachklang als Sprache – Deutsch, Englisch, Swahili – erkannt. Dahinter stecken Hörerfahrungen, Hörfertigkeiten und Kenntnisse, denn nicht jeder könnte die Gehöreindrücke ohne weiteres so klassifizieren. Es gibt auch das berufsspezifische Hören, etwa wenn der Arzt einen Patienten abhört oder der Fahrer die Geräusche des Autos deutet.

Der Hörende entwickelt durch Erfahrung unterschiedliche Hörmuster, das gilt auch für die Sprache, für die Muttersprache und für Fremdsprachen. Die muttersprachigen Hörmuster (Klangbilder), die während der kindlichen Sprachentwicklung erworben werden, sind prägend. Beim Fremdsprachenlernen können sie unter Umständen den Zugang zu den fremdsprachigen Hörmustern versperren. Sie wirken wie ein Filter: Nur gewohnte, muttersprachige Klänge werden durchgelassen – die spezifisch fremden Klänge werden abgefangen. Durch ein spezielles Hörtraining ist es aber möglich, das Ohr für die fremdsprachigen Klänge zu sensibilisieren und neue Hörmuster zu etablieren:

> „*Pickering:* Ich habe mir einiges darauf eingebildet, vierundzwanzig verschiedene Vokale aussprechen zu können, aber Ihre hundertdreißig schlagen mich. Ich kann nicht den kleinsten Unterschied zwischen ihnen hören.
>
> *Higgins:* Übung macht den Meister. Zuerst ist da kein Unterschied, aber hört man länger hin, findet man sie bald so verschieden wie A und B."
>
> Shaw (1990), 22f.

Hören ist nicht gleich Hören, mindestens vier Arten kann man unterscheiden und trainieren:

a) **das verstehende Hören**, das darauf gerichtet ist, inhaltliche Zusammenhänge aufzunehmen und zu verarbeiten. (Die verschiedenen Arten des verstehenden Hörens werden in der Fernstudieneinheit *Fertigkeit Hören* behandelt.)

b) **das phonologische oder phonematische Hören***, bei dem kleinste bedeutungsunterscheidende Einheiten differenziert und identifiziert werden (z. B. *Land – Rand*).

c) **das phonetische Hören***, bei dem über die reine Bedeutungsunterscheidung hinaus bestimmte Klangmerkmale wahrgenommen werden (z. B. ob das *R* in *Rand* ein Reibe- oder ein Zungenspitzen-*R* ist).

d) **das funktionale oder analytische Hören***, das man als Lehrer beherrschen sollte, weil man damit vom Klang auf die – korrekte oder fehlerhafte -- Lautbildung schließen und somit entsprechende Korrekturhinweise geben kann.

3.1.1 Vorbereitende Hörübungen

● Eintauchübungen

Eine spezielle Art von Eintauchübungen, die manchem vielleicht ein wenig abwegig erscheint, wollen wir an den Anfang stellen.

Hörtexte zum Einfühlen in den Klang der Sprache

Es werden Texte vorgespielt oder vorgetragen, deren Klang eine suggestive Ausstrahlung hat. Der Inhalt ist dabei sekundär, er muss auch nicht unbedingt verstanden werden. Die Lernenden sollen in die Sprache eintauchen, in deren (Wohl-) Klang baden und auf diese Weise zum Nachahmen animiert werden. Erste lautübergreifende, klangliche Besonderheiten der neuen Sprache werden so erfasst, vor allem Rhythmus, Melodie, Pausen, Sprechtempo und andere intonatorische Merkmale.

Sicher eignen sich diese Übungen nicht für alle. Aber einige Erprobungsversuche bestätigen: Manche Lernergruppen sind damit zu erreichen. So haben polnische Priester in einem Deutschkurs sehr gern und mit Gewinn Bibeltexte von der Kassette gehört. Für Eintauchübungen besonders geeignet scheinen also auch Texte zu sein, die den Lernenden von der Muttersprache her bekannt sind und denen sie jetzt in der Fremdsprache neu begegnen.

Der Besuch einer fremdsprachigen Theateraufführung mit Schülern wäre auch eine Art Eintauchübung.

Aufgabe 50
Hörbeispiele 22 – 25

---

1. Was halten Sie von Eintauchübungen?

2. Welche Texte scheinen Ihnen zum Eintauchen brauchbar zu sein? Welche Texte lehnen Sie ab?

3. Hören Sie vier Textbeispiele auf der Kassette. Welche davon würden Sie für Ihre Schüler wählen, wenn Sie diese Übungsart ausprobieren wollen? Kreuzen Sie bitte an und begründen Sie warum.

   – Abzählreime (Hörbeispiel 22)
   Ja ☐   *Nein* ☐   *Warum ?* _____

   – „Erziehung", Gedicht von Uwe Timm (Hörbeispiel 23)
   Ja ☐   *Nein* ☐   *Warum ?* _____

   – „Bitte ausweisen", Prosatext (Hörbeispiel 24)
   Ja ☐   *Nein* ☐   *Warum ?* _____

   – „Wie heißt das auf Deutsch?", Lied (Hörbeispiel 25)
   Ja ☐   *Nein* ☐   *Warum ?* _____

Natürlich kann man in Eintauchübungen nicht nur den „Gesamtklang" der Sprache präsentieren, sondern auch schon spezielle phonetische Themen aufgreifen, sie vorbereiten. Die folgende Übung aus der *Phonothek* (Stock/Hirschfeld 1996, 9) sowie die Anfangsübungen zu den Bausteinen im Kapitel 7 sind Beispiele dafür.

Hinweis

Aufgabe 51
Hörbeispiel 26

Hören Sie sich den Dialog in Hörbeispiel 26 an und versuchen Sie zu bestimmen, in welchen phonetischen Schwerpunkt er einführen soll.

● Diskriminieren

fremdsprachige Laute unterscheiden

Beim Diskriminieren wird die Fertigkeit trainiert, fremdsprachige Klänge und Laute zu unterscheiden, zu differenzieren.

Beispiel

Nehmen wir an, die Lernenden haben Probleme, deutsche lange und kurze *A*-Laute zu differenzieren. Zuerst müssen sie herausfinden, dass im Deutschen diese Unterscheidung existiert, dass sie wesentlich ist und dass sie bedeutungsdifferenzierend sein kann. Das wird an Wörtern bzw. Wortpaaren erläutert.

Hören (Hörbeispiel 27) und sehen Sie sich vier Beispiele für Differenzierungsübungen an. Vergleichen Sie das Übungsmaterial: Wo werden die Unterschiede zwischen langen und kurzen A-Lauten am besten deutlich? Welche Beispieltypen halten Sie für schwierig, welche würden Sie bevorzugen?

a) Beliebige Beispiele: *Fahne – Schwamm,*
                                   an der Saale – in der Gaststätte

b) Nonsens-Wörter: *mahne – manne,*
                              baal – ball

c) Familiennamen: *Herr Kahne – Herr Kanne,*
                             Fräulein Maan – Fräulein Mann

d) Minimalpaare*:   *Staat – Stadt,*
                              kam – Kamm

Beim Diskriminieren wird die Methode der Kontrastierung genutzt, die die Unterschiede klarer hervortreten lässt. Das kann z. B. durch die Gegenüberstellung von Einzelwörtern, von Familiennamen, von Nonsens-Wörtern geschehen.

Hörtests

Durch unterschiedliche Hörtests kann geprüft werden, ob die Differenzierung bzw. Identifizierung tatsächlich gelingt (siehe auch Kapitel 7). Wir stellen Ihnen dazu nur einige ausgewählte Testformen vor. Ausführlichere Angaben zu Hörtests finden sich bei Barry 1975 und bei Lado 1971. Wir vernachlässigen hier auch den genauen Unterschied zwischen Test und Übung und gehen davon aus, dass mit Testmaterial auch geübt werden kann und umgekehrt.

Hören Sie bitte Hörbeispiel 28. Lösen Sie die Testaufgaben a) – c) und überlegen Sie, welche Testformen Sie bei Ihren Schülern einsetzen würden.

Test a)

Sie hören einen der beiden Namen. Unterstreichen Sie ihn.

1. Frau Mühler – Frau Müller   *3. Frau Möhler – Frau Möller*

2. Frau Mühler – Frau Möhler   *4. Frau Müller – Frau Möller*

Test b)

Sie hören vier Paare von Familiennamen. Sind die beiden Namen jeweils gleich (=) oder ungleich (≠)?

1. _____   2. _____   3. _____   4. _____

Test c)

Sie hören immer drei Namen. Zwei sind gleich, einer ist anders. Markieren Sie, an welcher Position (1, 2, 3) der ungleiche Name steht.

	1	*2*	*3*
1.			
2.			
3.			
4.			

Namen sind ein äußerst sensibler phonetischer Stoff. Bei Namen kommt es auch auf scheinbar minimale phonetische Unterschiede an. Hier können Abweichungen leicht zu Irrtümern und Verwechslungen führen. Deshalb müssen Namen mitunter sogar buchstabiert werden. Das hat jeder von uns schon erfahren. Bei Namen genauer hinzuhören und deutlicher zu artikulieren, ist uns zur Gewohnheit geworden, ist sozusagen natürlich. Das lässt sich für die Phonetikübung gut nutzen.

Namen haben noch einen anderen Vorteil. Sie sind Quasi-Nonsens-Material. Es gibt also keine Semantisierungsprobleme*. Verwendet man aber „echte" Wörter, schleichen sich bei Diskriminationsübungen leicht Beispiele ein, die weitab vom Wortschatzminimum rangieren. Solche Wörter müssten die Schüler dann einfach „schlucken", d. h. ohne Erklärung erst einmal hinnehmen (sonst bliebe man nämlich beim Semantisieren stecken).

Aufgabe 54
Hörbeispiel 29

1. *Hören Sie bitte Hörbeispiel 29 und lösen Sie dann die Aufgaben 1.4.1 und 1.4.2. Schätzen Sie ein: Wie schwer wäre die Übung für Ihre Schüler? Welche Wörter müssten Ihre Schüler „schlucken"?*
2. *Konstruieren Sie selbst eine Diskriminierungsübung zu den Ö- und Ü-Lauten. Verwenden Sie dafür Familiennamen.*

1.4.1
An welcher Position (1, 2, 3, 4) hören Sie das erste Wort wieder?
(Kreuzen Sie bitte an.)

	1	2	3	4
1.				
2.				
3.				
4.				
5.				
6.				

1.4.2
An welcher Position (1, 2, 3, 4) hören Sie das lange [y:]?
(Kreuzen Sie bitte an.)

	1	2	3	4
1.				
2.				
3.				
4.				
5.				
6.				
7.				
8.				

nach: Göbel u. a. (1985), 21

Hinweis

In Kapitel 7 „*Phonetischer Baukasten*" finden Sie auch zu vielen anderen Themen Diskriminationsübungen.

● Identifizieren*

fremdsprachige Laute (wieder) erkennen

Schwieriger als Laute und Klänge zu diskriminieren ist es, diese zu identifizieren, sie wieder zu erkennen. Deshalb empfiehlt es sich, beim Üben die Reihenfolge Diskriminieren – Identifizieren möglichst einzuhalten.

Beispiel

Aufgabe 55
Hörbeispiel 30

Nehmen wir an, die Lernenden haben verschiedene Diskriminationsübungen absolviert. Nun sollen sie ohne Kontrastierung einen Laut identifizieren.

1. Hören Sie Hörbeispiel 30 und lösen Sie die dazugehörige Aufgabe.

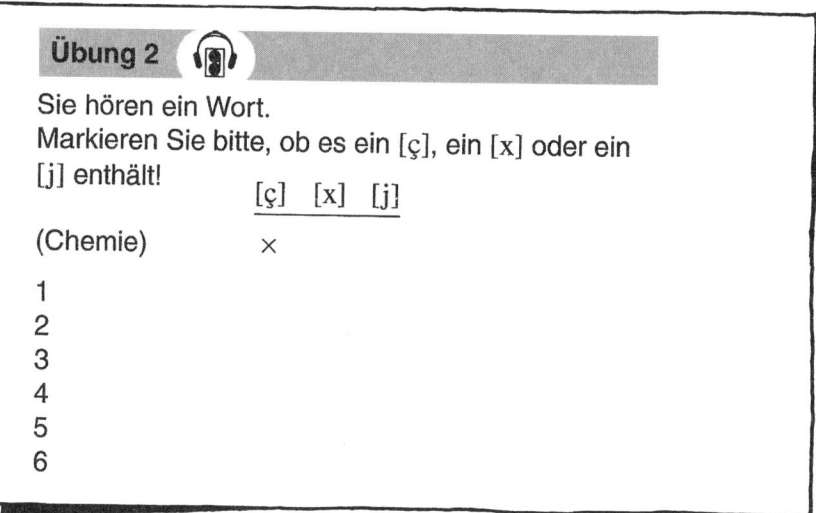

Übung 2

Sie hören ein Wort.
Markieren Sie bitte, ob es ein [ç], ein [x] oder ein [j] enthält!

	[ç]	[x]	[j]
(Chemie)		×	
1			
2			
3			
4			
5			
6			

Stock/Hirschfeld (1996), 135

2. Entwickeln Sie eine vergleichbare Übung für das Erkennen der Wortakzentsilbe.

Literaturhinweis

Schöne Vorschläge für solche Identifizierungsübungen, die auch der Spiel- und Bewegungslust von Kindern entgegenkommen, finden sich bei Slembek (1986, 79 bzw. 1995, 86, Übung 3). Ein (guter) Schüler kann dabei die Lehrerrolle übernehmen und die Wörter vorsprechen:

Hörbeispiel 31

3) Wann hört man ⟨ö⟩?
Eine Gruppe von Schülern stellt sich in einer Reihe auf. Wenn ⟨ö⟩ gehört wird, einen Schritt vorwärts gehen. Wer beim falschen Laut vorwärts geht, muß einen Schritt rückwärts gehen.

Wörter	Wetter	Wert	Wärter	kennen	können	Öfen	Affen
Öffnen	lesen	lösen	hören	Herren	können	kennen	
löten	loten	Besen	böse	Löffel	schön	Keller	

Slembek (1986), 79

Für solche Bewegungsspiele sind die Klassenräume meist zu eng, aber im Freien, beim Spazierengehen lassen sich sicher viele Varianten finden.

Arbeit mit Signalkarten

Ältere Schüler arbeiten auch gern mit Signalkarten. Jeder bekommt zwei, z. B. eine rote und eine blaue. Man verabredet: Rot ist lang, Blau ist kurz. Nun kann sich das Spiel wiederholen: *König* (rot), *Söhne* (rot), *Töchter* (blau) usw. (hier sind nur Einzelwörter möglich). Der Lehrer bekommt hierbei schnell einen Überblick, wer die Unterschiede sicher hört und wer Probleme hat.

Arbeit mit Bildern

Bei Identifizierungsübungen kann man auch Bilder verwenden. Das ist eine methodische Abwechslung. Helfende oder verwirrende Informationen aus dem Schriftbild werden ausgeschaltet. Zwei Beispiele sollen das verdeutlichen.

1. *Hören Sie bitte Hörbeispiel 32 und lösen Sie die Aufgabe. Nummerieren Sie das entsprechende Bild, wenn Sie ein Wort hören.*

2. *Stellen Sie die Wortpaare zusammen, die sich jeweils nur in einem Laut unterscheiden (Minimalpaare). Welche Paare können Ihre Schüler schlecht unterscheiden?*

Ein anderes Beispiel stammt von Edith Slembek (1986), 17:

6) Kreist das Bild ein, wenn ihr /k/ hört, streicht das Bild durch, wenn ihr kein /k/ hört.

Slembek (1986), 117

Bisher waren die Beispiele für Übungen und Tests dieser Art aus dem segmentalen* Bereich gewählt und betrafen einzelne Laute. Die Techniken können aber ebenso für den suprasegmentalen Bereich, die Intonation, genutzt werden. Beispiele dazu finden Sie im Kapitel 7, *„Phonetischer Baukasten"*, Bausteine 2 bis 5, S. 101ff.

Aufgabe 57
Hörbeispiel 34

Selbstversuch

Probieren Sie diese Prozeduren gleich einmal an sich selbst aus. Hören Sie sich den folgenden Text in Hörbeispiel 34 an. Tragen Sie dabei die Satzzeichen ein und schreiben Sie die Satzanfänge groß. Bestimmen Sie dann die Melodie an den Satzzeichen (Markierung: fallend ↘, steigend ↗, gleich bleibend →).

> *Johannes Brahms war zu einem Abendessen eingeladen die schönsten Fleischstücke von Rind Schwein und Huhn wurden aufgetragen Brahms speiste mit gutem Appetit als Nachtisch servierte ihm die Tochter des Hauses Beethoven Mozart und auch Brahms auf dem Klavier nach dem Vortrag eilte die Mutter auf den Komponisten zu und fragte gespannt großer Meister welches Stück hat Ihnen am besten gefallen ruhig antwortete Brahms das Stück vom Rind*

nach: Stock/Hirschfeld (1996), 51

Ergebnisse kontrollieren

Die in Kapitel 3.1.1 vorgestellten Übungsbeispiele waren in der Regel mit einer Aufgabe verbunden, deren Ergebnis der Lehrer – oder der Schüler selbst – mit der richtigen Lösung vergleichen kann. Wir halten das für sehr wichtig: Das identifizierende und diskriminierende Hören sollte immer kontrolliert werden. Es genügt nicht, Beispiele nur hören zu lassen und die Schüler dann vielleicht zu fragen, ob sie richtig gehört haben. Sicher sagen alle Ja, weil sie das glauben.

Im Gruppenunterricht kann man mit einfachen Gesten Kontrollmöglichkeiten schaffen, bei der selbstständigen Arbeit mit der Kassette gibt es schriftliche Kontrollformen.

Aufgabe 58

Sehen Sie sich die Beispiele aus Kapitel 3.1.1 noch einmal an. Welche schriftlichen Kontrollmöglichkeiten für Hörübungen werden genutzt? Kennen Sie noch andere Formen? Schreiben Sie sie hier auf:

– Ankreuzen _____

– _____

– _____

– _____

– _____

– _____

3.1.2 Angewandte Hörübungen

Definition

Diskriminations- und Identifikationsübungen sind vorbereitende Übungen. Sie sind, wie Sie schon bemerkt haben, für phonetische Zwecke konstruiert. Die angewandten, d. h. kontextualisierten Übungen bilden die Brücke zu jenen Hörübungen, bei denen es nicht mehr um phonetische Details, sondern in erster Linie um den Inhalt geht (verstehendes Hören). Das zeigt sich auch in den Übungsanweisungen, in denen meist globalere Aufgaben formuliert sind, also keine, die speziell auf das Üben phonetischer Erscheinungen ausgerichtet sind.

Sehen Sie sich drei Beispiele für angewandte Hörübungen an und lösen Sie die dazugehörigen Aufgaben. Welche Übungsformen wären für Ihre Schüler geeignet?

1. Hören Sie die folgenden Sätze aus „Die Suche" (Hörbeispiel 36) und sprechen Sie sie nach.

1. Sind Sie müde? ↗	Ja, ich bin müde. ↘
2. Schlafen Sie? ↗	Nein, ich schlafe nicht. ↘
3. Sind Sie Student? ↗	Ja, ich bin Student. ↘
4. Sind Sie musikalisch? ↗	Nein, ich bin nicht musikalisch. ↘

Eismann u. a. (1994), 216

2. Hören Sie das Diktat aus „Stufen 1" (Handbuch) (Hörbeispiel 36) und schreiben Sie mit.

....

....

....

nach: Vorderwülbecke/Vorderwülbecke (1986), 44

3. Hören Sie nun ein Beispiel für Lückendiktate aus „Die Suche" (Hörbeispiel 37). Ergänzen Sie bitte die fehlenden Buchstaben.

Orthographie: „a" oder „ah"?

✏ **Schreiben Sie.**

1. „Ihre F____rk____rten, bitte", s____gt der M____nn. 2. „Ich h____be keine."
3. „Moment m____l, das kostet 60 M____rk". 4. „Ich bez____le, ____ber ich h____be
eine Fr____ge: 5. W____s kostet eine K____rte für die Str____ßenb____n?"

Eismann u. a. (1994), 219

Das Notieren, Ergänzen und Nachsprechen sind hier Kontrollformen (Rückmeldung), wobei die Auskünfte, ob adäquat gehört wird, nicht immer zuverlässig sind, da Abweichungen, die beim Nachsprechen und Aufschreiben auftreten, nicht notwendig durch falsches Hören bedingt sein müssen, sondern auch andere Ursachen haben können.

Nennen Sie Ursachen für Fehler beim Nachsprechen und Aufschreiben, die nicht auf Hörschwierigkeiten zurückzuführen sind.

Angewandte Hörübungen können auch umfangreicher sein als die oben angeführten Beispiele. Texte, Dialoge, Lieder, die einen bestimmten, vorher durch Diskrimination und Identifikation geübten phonetischen Schwerpunkt aufgreifen und gleichzeitig zum Hörverstehen hinführen, eignen sich ausgezeichnet für die selbstständige (kassettengestützte) individuelle Arbeit.

Viele junge Leute konsumieren über Kopfhörer pausenlos Musik, das kann man z. B. auf sehr langen Bahnfahrten beobachten. Es könnten sehr gut auch deutschsprachige Lieder und Songs gehört werden, die ins Ohr gehen, die also wieder und wieder abgespielt werden. Begeistern Sie Ihre Schüler doch dafür, auch deutschsprachige Musik zu hören. Und warum nicht auch gesprochene Texte, die wirklich faszinieren?

Ein schönes Beispiel für Hörtexte dieser Art gibt Anne Vorderwülbecke (1995, 6/7) mit den *Gesprächen mit Lunija*. Das Hörbeispiel 38 enthält den ersten Dialog zwischen José und Lunija.

Aufgabe 61
Hörbeispiel 38

> *Hören Sie bitte den Dialog in Hörbeispiel 38. In welcher Unterrichtsphase und in welcher Zielgruppe würden Sie einen solchen Hörtext einsetzen?*

„Hörstoff"?

Hörtexte finden

Jeder, der mehr lesen will, als im Lehrbuch steht, findet reichlich Material. Lesestoff ist da, aber Hörstoff? Nicht einmal das Wort gibt es. Sagen wir also: Hörtexte. Wie steht es um Hörtexte? Ja, das Angebot ist größer geworden, es gibt zu fast allen Lehrmaterialien Kassetten, es gibt sehr viele Märchen, Gedichte und Lieder, und es gibt schöngeistige Literatur auf Kassette (z. B. für Autofahrer) und auf CD. Aber steht diese Vielfalt allen Deutschlehrern zur Verfügung? Nein, wohl nicht, aber in den Katalogen des Goethe-Instituts kann man für unterschiedliche Lerngruppen geeignete Materialien finden.

3.2 (Aus-)Sprechübungen

3.2.1 Vorbereitende Sprechübungen

● Einfache Nachsprechübung

Die häufigste Ausspracheübung ist die einfache Nachsprechübung, für viele Autoren immer noch **die** Phonetikübung schlechthin. Ein Mehr ist (leider, obwohl diese Übungsform auch nicht fehlen darf) oft gar nicht vorgesehen. Das Muster, vom Lehrer vorgesprochen, von der Tonkassette, vom Video oder vom Computer abgespielt, wird von den Lernenden wiederholt.

nachsprechen

Auch bei einfachen Nachsprechübungen sollte man nicht zu ganz beliebigem Material greifen, sondern mehrere Gesichtspunkte berücksichtigen.

Aufgabe 62
Hörbeispiel 39

> *Hören Sie sich die Nachsprechübungen zu den A-Lauten im Hörbeispiel 39 an. Worin unterscheiden sich die Beispiele in a) und b)? Welche Übung ist für Deutschlernende günstiger?*
>
> *a) mit dem Fahrrad, auf der Straße, in die Stadt, bis zum Rathaus*
> *b) Kanne, schlafen, ab, Hand*

Schüler, die in der Lage sind, sich auf diese einfache Art die fremde Aussprache anzueignen, sind zu beglückwünschen. Sie haben ein gutes Ohr und sind imitatorisch begabt. Sie brauchen auch keine weiteren Hilfen.

Meist aber sind einige Anstrengungen nötig. Das Nachsprechen gelingt in der Regel erst, wenn das Gehör in der Fremdsprache (schon) „funktioniert". Probleme treten auch auf, wenn das Muster (der Lehrer) eine Ausspracheform präsentiert, die der Schüler lieber nicht lernen sollte. Oder wenn zu viele unbekannte Wörter verwendet werden, über die der Schüler stolpert. Der Schritt vom Hören zum Nachsprechen ist also manchmal etwas steinig und schwierig.

im Chor sprechen
synchron mitsprechen

Wir möchten hier noch auf zwei weitere Übungsmöglichkeiten hinweisen: auf das Chorsprechen und auf das synchrone Mitsprechen.

Aufgabe 63

> *Welche Vor- und Nachteile hat Ihrer Meinung nach das Chorsprechen beim Üben der Aussprache?*

Dem Chorsprechen vergleichbar ist das synchrone (halblaute) Mitsprechen – mit dem Lehrer oder mit dem Sprecher der Kassette. Es ermöglicht den Vergleich mit dem Muster besser als das Nachsprechen (im Chor). Vor allem lassen sich suprasegmentale Merkmale sehr gut und direkt vergleichen: das Sprechtempo, Pausen, Betonungen, Melodieverläufe. Das synchrone Mitsprechen setzt voraus, dass man den Text mehrmals gehört und sich die Klangmerkmale schon eingeprägt hat.

Wenn das Nachsprechen (oder Mitsprechen) dann gut gelingt, muss der nächste Schritt – zum Sprechen, zum Lesen – gegangen werden. Auch das ist nicht ohne Schwierigkeiten, denn das Muster fehlt und es soll nicht mehr einfach reproduziert, sondern produziert werden. Dadurch verteilt sich die Konzentration auf sehr verschiedene Bereiche und die Aussprache verschlechtert sich wieder. Deshalb gibt es verschiedene Versuche, die Schüler über sanfte Schwierigkeitssteigerungen zur möglichst sicheren freien Anwendung zu führen.

- ## Kaschierte Nachsprechübung

Eine solche sanfte Schwierigkeitssteigerung stellt die kaschierte Nachsprechübung, eine Art Drillübung, dar.

<table>
<tr><td>

Worin unterscheidet sich die folgende – kaschierte – Nachsprechübung von den auf Seite 56 beschriebenen? Welche zusätzlichen Anforderungen werden an den Schüler gestellt?

Wann hast du frei? Am Sonntag?	– Ja, am Sonntag.
Wann hast du Ferien? Im April?	– Ja, im April.
Wann kommst du aus der Schule? Mittags?	– Ja, mittags.
Wann gehst du zum Training? Um fünf?	– Ja, um fünf.

</td></tr>
</table>

Aufgabe 64
Hörbeispiel 40

Ein schönes Beispiel für die kaschierte Nachsprechübung ist das Spiel von der „Bärenjagd" aus der *Rhythmuslokomotive* (Endt/Hirschfeld 1995, 50). Hier wird ein Text nicht einfach nachgesprochen, sondern das Nachsprechen wird „getarnt": Es wird variiert, gespielt, es werden Begleitbewegungen und -geräusche gemacht.

<table>
<tr><td>

Hören Sie bitte Hörbeispiel 41 von der Kasette. Versuchen Sie jetzt, nachdem Sie die „Bärenjagd" angehört haben, selbst mitzumachen. Überlegen Sie, ob und wann Sie diese Übung in Ihrem Unterricht einsetzen würden.

</td></tr>
</table>

Aufgabe 65
Hörbeispiel 41

- ## Produktive Übungen

Bei den produktiven Übungen werden die Lernenden aufgefordert, Erfragtes selbstständig zu finden, also produktiv und kreativ zu werden. Die Anforderungen steigen gegenüber den Nachsprechübungen weiter an.

Einfachste produktive Übungen nutzen die Verbindung von lexikalischen bzw. grammatischen und phonetischen Veränderungen, die für das Deutsche typisch sind. Übungsthema können z. B. die *R*-Laute sein, vor allem das vokalisierte *R* im Auslaut nach langem Vokal. Anstatt Paare im Plural und Singular vorzugeben, werden die Schüler aufgefordert, den Singular zu ergänzen. Hören Sie dazu das Hörbeispiel 42 auf der Kassette.

einfache produktive Übungen

die Tiere – _____		die Uhren – _____	
die Papiere – _____		die Meere – _____	
die Türen – _____		die Tore – _____	

Hörbeispiel 42

57

Aufgabe 66

> *Entwickeln Sie eine ähnliche Übung für den Wechsel von [s] und [z].*

Der Lernende hat hier nicht mehr nur nachzuahmen bzw. zu variieren, sondern er muss produktiv werden, sein Gedächtnis anstrengen, sein Wissen anwenden, Gelerntes wiedergeben.

Hinzu kommt – in unserem konkreten Beispiel – die Schwierigkeit, auch den Artikel richtig zu nennen (*das Tier*). Die Suche nach dem richtigen Artikel kann schon eine Ablenkung von der phonetischen Schwierigkeit bedeuten. Das ist gewollt, denn mit dieser Übung ist bereits das freie Sprechen angepeilt, wo stets verschiedene Aspekte zusammenkommen und sich die Konzentration verteilt.

Produktive Übungen können von solchen einfachen Umformungen bis zum Ergänzen/ Ersetzen von Wörtern oder Sätzen, zur Beantwortung von Fragen oder Übernehmen eines Dialogparts reichen. Anregungen dazu finden Sie im folgenden Beispiel und im Kapitel 7.

Aufgabe 67
Hörbeispiel 43

1. In dieser Übung (Hörbeispiel 43) geht es um die Differenzierung von [k] und [g]. Lösen Sie die Aufgabe und sprechen Sie die Sätze.

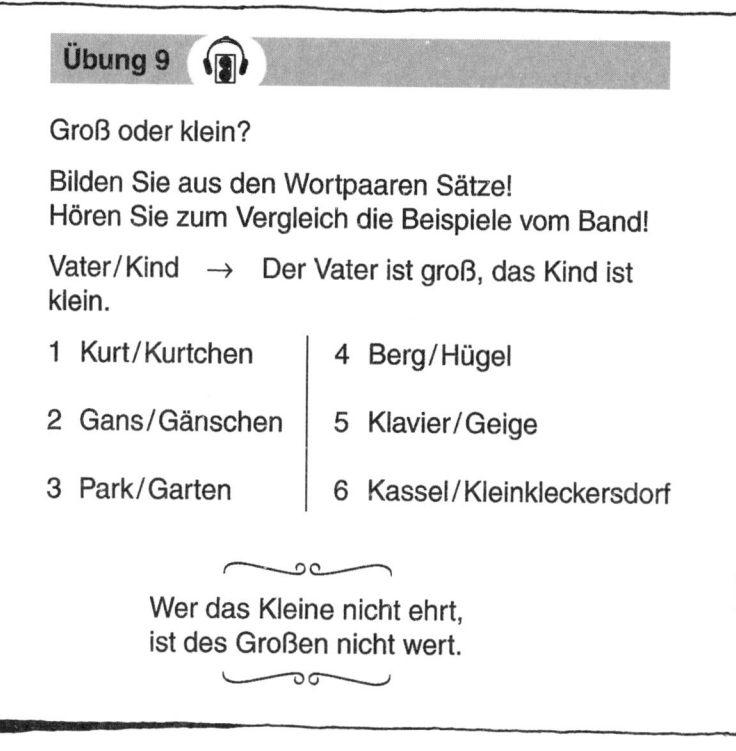

Übung 9

Groß oder klein?

Bilden Sie aus den Wortpaaren Sätze!
Hören Sie zum Vergleich die Beispiele vom Band!

Vater/Kind → Der Vater ist groß, das Kind ist klein.

1 Kurt/Kurtchen	4 Berg/Hügel
2 Gans/Gänschen	5 Klavier/Geige
3 Park/Garten	6 Kassel/Kleinkleckersdorf

Wer das Kleine nicht ehrt,
ist des Großen nicht wert.

nach: Stock/Hirschfeld (1996), 117

2. Finden Sie weitere Beispiele.

3.2.2 Angewandte (Aus-)Sprechübungen

Sprachunterricht heute ist vorwiegend **Sprech**unterricht.

Fremdsprachendidaktiker und -methodiker bemühen sich ebenso wie Lehrer und Schüler, das Sprechen vorrangig zu entwickeln, denn das ist der Wunsch und das Ziel vieler: Die fremde Sprache möglichst fließend zu sprechen. So existiert ein reiches Angebot an theoretischen Beiträgen zum Sprechen, und auch in Lehrmaterialien finden Lehrer und Schüler viele Anregungen und reichlich Material zur Entwicklung der Sprechfertigkeit. (Hier sei auch auf die Fernstudieneiheit *Fertigkeit Sprechen* hinge-wiesen.)

Nur selten wird in diesem Zusammenhang aber reflektiert, dass Sprechen eben auch Aussprechen ist und dass nicht wenige Lernende gerade damit ihre Schwierigkeiten haben. *Wir können Sie so schlecht verstehen*, hat mancher ausländische Student bedauernd nach seinem ersten Seminarvortrag zu hören bekommen, und wenn es schlimm kam, ist er wegen seiner Aussprache durchgefallen und hat deshalb keinen Seminarschein bekommen (vgl. Eggers 1992, 143ff.).

In diesem Kapitel geht es nun, wie schon in Kapitel 3.1.2, um Übungen, die sich an elementare phonetische Hör- und Sprechübungen anschließen, die eine Brücke bauen zum Vorlesen, zum Vortragen, zum freien Sprechen. Auch hier steht noch die Entwicklung von Aussprachefertigkeiten im Mittelpunkt, also noch nicht das Gestalten eines Textes, seine inhalts- und hörerbezogene Interpretation. Aber die Übungsanweisungen sind nun globaler, sie bereiten komplexe Sprachtätigkeiten vor und sind nicht mehr nur auf den phonetischen Schwerpunkt ausgerichtet.

Auf der Ebene des Lesens und Vortragens denken wir an Briefe, Zeitungstexte, Gedichte oder Prosa, auf der Ebene des Sprechens an Erzählen, Berichten, Beschreiben usw.

In den folgenden Abschnitten wollen wir Beispiele für angewandte (Aus-)Sprechübungen geben und auf Probleme aufmerksam machen, die bei Deutschlernenden in der Anfangs- und in der Mittelstufe auftreten.

● **Vortragen/Lesen**

> *Lesen lernen*
>
> Lettern sehen.
> Laute hören.
> Den Lettern Stimme geben.
>
> Silben stottern.
> Wörter stammeln.
> Sätze bauen.
>
> Abschnitte hinter sich lassen.
> Seiten überfliegen.
> Bücher verschlingen.
>
> Überlesenes nachlesen
> Nachgelesenes überdenken.
> Überdachtem zustimmen
> oder widersprechen.

Manz (1991), 287

Als unser Kollege Nirath Meunmany, ein junger Wissenschaftler aus Laos, bei seinen Untersuchungen (1992) herausfand, dass seine Probanden (Laoten) beim Vorlesen deutscher Texte mehr phonetische Fehler machten als beim freien Sprechen, wunderten wir uns alle sehr. Wir hielten Lesen für schwierig, aber wir hielten es immer für einfacher, als frei zu sprechen. Nun waren wir belehrt.

Vorderwülbecke (1992a, 133) hält ein Erklärungsangebot für die Schwierigkeit des Vorlesens bereit. Sie ist doppelter Art:

> „Kodieren und Dekodieren, die bei den klassischen Fertigkeiten Hören, Sprechen, Lesen, Schreiben immer getrennt sind, fallen beim Vorlesen zusammen."

Dass Vorlesen eine wichtige Gebrauchsform und nicht allein eine nützliche sprachliche Übung ist, weiß man seit langem. Aber es ist nicht allein eine Mittlerfertigkeit*, es wird nicht nur für Kontroll- und Übungszwecke gebraucht. Es kommt auch im Alltag recht häufig vor, dass jemand etwas vorzulesen hat: eine Adresse, ein Telegramm, einen Brief, ein Protokoll, eine Geschichte, auch ein Gedicht. In dieser Auffassung bestätigt uns Abercrombie (1974, 198):

> „Lautes Lesen ist weiter verbreitet, als man zunächst annehmen möchte."

59

Es gibt also genug Gründe, das vorbereitete wie das unvorbereitete Vorlesen im Unterricht fleißig zu üben. Sicher darf das Lesen nicht im Vordergrund oder Mittelpunkt stehen, es ist nur eine der zu entwickelnden Fertigkeiten. Außerdem sollten die Texte interessant und für den mündlichen Sprachgebrauch relevant sein – was literarische Texte nicht ausschließt!

Rückverweis

Bei der (phonetischen) Erarbeitung eines Textes (siehe Seite 61 *Arbeit am Text*) kann man verschiedene Eintragungen vornehmen. So ist es hilfreich, phonetisch schwierige Stellen, an denen man z. B. gerade gearbeitet hat, zu markieren. Auch sollten Pausen, Akzente und die Melodieverläufe vor den Pausen möglichst immer eingetragen werden (siehe Seite 61 *Arbeit am Text*). Beim Vortragen oder Vorlesen sollten sich die Schüler an einen oder mehrere Hörer wenden, also vom Blatt aufsehen (an den geeigneten Stellen) und den Blickkontakt suchen.

Eigener Text

Hat's geschrieben, kann's nicht lesen, ist ein dummer Esel gewesen. (Schülerspruch)

eigene Texte vorlesen

Einen Text, den man selbst in seiner Muttersprache geschrieben hat, wirkungsvoll vorzulesen, ist nicht leicht. Wie viel schwieriger ist diese Aufgabe in der Fremdsprache zu lösen! Eggers (1992, 143ff.) hat mitgeteilt, dass viele ausländische Studenten daran scheitern, ihre eigenen Referate zu verlesen. Hier will er Hilfe anbieten, und er entwickelt ein spezielles Sprechausdrucksprogramm, das die Lernenden befähigen soll, diese Aufgabe erfolgreich zu lösen. Intonationsübungen bilden den Schwerpunkt des Trainingsprogramms. Tonhöhenbewegungen, die Gliederung von Äußerungen und Akzentuierungen werden besonders geübt.

Aufgabe 68
Hörbeispiel 44

> 1. *Hören Sie einige Sätze (Hörbeispiel 44), die eine brasilianische Deutschlernende über das Goethe-Institut geschrieben hat. Sie liest ihren Text selbst vor. Notieren Sie, welche phonetischen Abweichungen vorkommen.*
>
> 2. *Welche anderen Probleme treten außerdem auf?*

Fremder Text

fremde Texte vorlesen

Hinweis

Eine weitere Schwierigkeitssteigerung stellt das Vorlesen geeigneter – bekannter und nicht bekannter – fremder Texte dar, wobei Fehler im grammatischen und lexikalischen Bereich hier wohl auszuschließen sind. Besonders geeignet sind sicher literarische Texte, besonders Gedichte (siehe Kapitel 4.2.4). Die vorzulesenden Texte müssen inhaltlich genau erfasst und wiedergegeben werden.

Didaktiker haben viele Methoden ausgeklügelt, mit denen das Textverständnis (verstehendes Lesen) überprüft werden kann: Multiple-Choice, Fragen beantworten, Textwiedergabe u. a. Eine klassische Form wird aber oft vergessen, nämlich das Vorlesen des Textes. Beim Vorlesen zeigt sich, ob und was der Lernende vom Text wirklich verstanden hat. Gleichzeitig wird das Vorlesen zum Prüfstein der erreichten phonetischen Fertigkeiten:

➤ *Rhythmus*
Wie weit gelingt es dem Lernenden, einen fremden Rhythmus zu realisieren? (den der fremden Sprache und den des fremden Autors)

➤ *Gliederung, Akzentuierung*
Erkennt der Lernende die inhaltlich zusammengehörenden rhythmischen Gruppen, macht er die Pausen an der richtigen Stelle – oder „zerhackt" er den Text in einzelne Wörter, womöglich in einzelne Silben? Erkennt er die Akzentwörter?

➤ *Sprechmelodie*
Gelingt es dem Lernenden, die Melodie adäquat zu realisieren?

➤ *Laute, Lautfolgen*
Welche Laute und Lautfolgen bereiten dem Lernenden beim Lesen Probleme?

Die Aufzählung belegt, dass beim Vorlesen das ganze Bündel phonetischer Fertigkeiten ins Spiel kommt.

Aufgabe 69
Hörbeispiele 45 – 48

1. *Hören Sie bitte folgende Sequenzen auf der Kassette. Deutschlernende lesen vor:*
   - *einen Brief von Bekannten (Hörbeispiel 45),*
   - *ein Gedicht von Brecht (Hörbeispiel 46),*
   - *eine Anekdote über Goethe (Hörbeispiel 47),*
   - *den Wetterbericht aus der Zeitung (Hörbeispiel 48).*
2. *Können Sie die Muttersprachen der Sprecher erkennen (siehe auch Kapitel 2.2)? Notieren Sie, welche phonetischen Abweichungen besonders auffallen. Verwenden Sie dazu den Diagnosebogen aus dem Anhang 15.4, S. 198.*
3. *Lassen Sie Ihre Schüler einen kurzen Text auf Tonband lesen. Hören Sie sich die Aufnahmen zu Hause an. Zu welchem Ergebnis kommen Sie?*

Rückverweis

Arbeit am Text

Gestaltungsmerkmale erarbeiten

Es gibt verschiedene Möglichkeiten, sich die phonetischen oder Gestaltungsmerkmale eines vorzulesenden Textes zu erarbeiten. Wenn man die Sprache schon gut beherrscht und Erfahrungen mit der Textvorbereitung hat, genügt es, bestimmte Eintragungen im Text nach eigenem Ermessen vorzunehmen: Pausen einzuzeichnen (z. B. kurze Pause |, längere Pause ||), Akzentwörter zu markieren (durch Unterstreichen), Melodieverläufe zu kennzeichnen ($\rightarrow, \searrow, \nearrow$), Laute, die Probleme bereiten können (z. B. *R*-Laute, lange Vokale, der *Ich*-Laut, das *H*), zu unterstreichen. Das kann natürlich auch durch entsprechende Aufgaben des Lehrers in der Gruppe erfolgen.

Ist der Sprachstand noch nicht so hoch oder gibt es Schwierigkeiten mit dem lauten Lesen, kann über einen Zwischenschritt die Aufmerksamkeit der Lernenden auf die sprecherische Umsetzung gelenkt werden. Der zu lesende Text kann, wenn er auf Kassette vorliegt, zur Einstimmung mehrmals vorgespielt werden. Selbstverständlich kann ihn der Lehrer auch vorlesen, dabei ist aber nicht gesichert, dass die Gestaltungsmerkmale immer gleich bleiben. Der Lernende ist also erst einmal Hörer, er kann Stimmungen und Bedeutungen, aber eben auch Klangmerkmale besser erfassen als nur über den gelesenen Text. So können dann wiederum die entsprechenden Eintragungen in den Text erfolgen (siehe oben). Das Eintragen von Gestaltungsmerkmalen setzt mehrmaliges Hören voraus. Das hat einen nicht zu unterschätzenden Nebeneffekt: Durch diese konzentrierte Übungsphase und das häufige Wiederholen werden nicht nur Begriffe und Wendungen aus dem Text, sondern auch Rhythmen und Klänge gut eingeprägt und sind für lange Zeit abrufbar.

Nach einer solchen Übungsphase können auch Texte ohne Hörbeispiel in Angriff genommen werden.

● Frei sprechen

Alle, auch Schüler, die ihre Fremdsprachenkenntnisse praktisch anwenden wollen, müssen phonetisch verständlich sprechen können, das ist in fast jeder Alltagssituation notwendig. Daneben gibt es besondere Anlässe zur freien Rede: Begrüßung, Gratulation, Dank usw. Nehmen wir an, diese Formen werden im Sprachunterricht geübt, dann fehlt doch sehr oft der phonetische Aspekt. Aussprecheabweichungen werden häufig bagatellisiert. Dafür mag der Lehrer gute Gründe haben. Er ist froh, dass der Schüler spricht, er will ihn nicht unterbrechen, und er will keine Hemmungen erzeugen.

Korrekturmöglichkeiten

Die Korrektur kann und soll deshalb besser **im Nachhinein** erfolgen, auf der Basis von Notizen (z. B. Abweichungen auf Folie sammeln, ab und zu gemeinsam mit den Schülern auswerten), besser noch mit Hilfe von Ton- und/oder Videoaufzeichnungen, die Lehrer und Schüler gemeinsam analysieren und diskutieren können. Hier kann auch der Diagnosebogen (siehe Kapitel 2.2, S. 25 und Anhang 15.4, S. 198) helfen.

Rückverweis
Hinweis

Was in der freien Anwendung noch nicht gelingt, muss unter Umständen aufs Neue im

Detail geübt werden (also zurück zu vorbereitenden Sprechübungen). Manchmal hilft auch der einfache Hinweis auf Abweichungen und die Korrektur, manchmal das eigene kritische Hinhören und Hinsehen (Monitoring).

Aufgabe 70
Hörbeispiele 49 – 51

> 1. Hören Sie die folgenden Sequenzen auf der Kassette. Je eine Deutschlernende (aus Brasilien, Spanien und Polen)
>   - gratuliert zum Geburtstag (Hörbeispiel 49),
>   - erzählt vom Wochenende (Hörbeispiel 50),
>   - spricht über sich (Hörbeispiel 51).
> 2. Was würden Sie mit diesen Deutschlernenden besonders üben?

Man sollte nicht vergessen, dass viele Menschen auch in der Muttersprache Probleme haben, frei zu sprechen, zumal in einer ungewohnten Situation. Vorbereitende Ausspracheübungen können helfen, Unsicherheiten abzubauen, sie machen aber aus einem zurückhaltenden Menschen natürlich keinen brillanten Redner.

4 Integration der Phonetik in den Unterricht

Nachdem in Kapitel 3 phonetische Übungstypen, Übungsformen, Aufgabenstellungen und ihre Progression behandelt wurden, schließen sich nun einige spezifische Fragen der Vermittlung und inhaltlichen wie didaktischen Verknüpfung mit anderen Bereichen an. Dabei soll deutlich werden, dass Phonetik kein isoliertes Fach ist, sondern Teil der verschiedenen Komponenten des Sprachunterrichts.

4.1 Für Phonetik motivieren und sensibilisieren

> „Die wichtigste Voraussetzung, sich eine gute Aussprache anzueignen, ist, daß man das im Innersten wirklich will."
>
> Johansson 1994, 30; aus dem Schwedischen übertragen

Jeder Lehrer weiß, wie viel davon abhängt, ob ein Schüler für ein bestimmtes Fach motiviert ist oder ob er es als lästige Pflicht empfindet, Mathematik, Physik oder eben Fremdsprachen, z. B. Deutsch, zu lernen.

Wer mit Interesse, vielleicht mit Vergnügen dabei ist, lernt die Sprache leichter und hat bessere Ergebnisse aufzuweisen. Das gilt auch für spezielle Gebiete, in unserem Falle für Phonetik. Wer auf eine gute Aussprache Wert legt, der hat es leichter, das oft mühselige Training durchzustehen. Wer dagegen gleichgültig ist, empfindet Phonetikübungen und -korrekturen als lästig, womöglich als peinlich.

Schön, wenn die Schüler von Anfang an mitgehen, dann kann man sich alle Vorarbeit sparen.

Wie aber kann man Schüler gewinnen, die sich uninteressiert, wenn nicht gar ablehnend verhalten, was Phonetik betrifft, die über Aussprache – auch in der Muttersprache – vielleicht noch nicht weiter nachgedacht haben, die dafür überhaupt nicht sensibilisiert sind?

<table>
<tr><td>

1. Überlegen Sie, wie man Schüler mit einer solchen Einstellung motivieren kann. Diskutieren Sie mit Kollegen über unsere Vorschläge unten.

2. Welche der Anregungen finden Sie interessant? Warum?

3. Welche würden Sie lieber nicht ausprobieren? Warum nicht?

</td><td>

<u>Aufgabe 71</u>

</td></tr>
</table>

Anregungen, wie man Schüler für Phonetik motivieren kann:

Anregungen
zur Motivation

➤ Sprechen Sie mit den Schülern über das Thema *Aussprache* (in der Muttersprache und in der Fremdprache) und versuchen Sie, deren Einstellung zu erfahren. Spielt die Aussprache für die Schüler eine Rolle oder ist sie ihnen egal?

➤ Animieren Sie die Schüler, ihre unterschiedlichen Meinungen zu begründen.

➤ Welche Fremdsprache klingt in ihren Ohren freundlicher, welche unfreundlicher?

➤ Spielen Sie den Schülern deutsche Ton- oder Videoaufnahmen (z. B. die Hörbeispiele 22–25 oder Beispiele aus Kapitel 9) vor und fordern Sie sie heraus, sich über den Klang zu äußern:
  – Wie klingt dieses Deutsch in Ihren Ohren?
  – Klingt es hart, angenehm, sympathisch, unsympathisch?

➤ Finden sich die Schüler bereit, sich mit dem fremden Klang anzufreunden, ihn zu übernehmen?

➤ Machen Sie Ihren Schülern deutlich, dass der spezifische fremdsprachige Klang imitiert werden muss, dass sie da „einsteigen" müssen. Wem das nicht gelingt, der spricht Deutsch möglicherweise mit einem starken fremden (englischen, russischen, portugiesischen …) Akzent.

➤ Fordern Sie die Schüler auf, Deutsche nachzumachen, die die Sprache der Schüler als Fremdsprache sprechen (vgl. auch Hörbeispiel 3). Versuchen Sie gemeinsam herauszufinden, was typisch für die Deutschen ist (wie Deutsche Amerikanisch, Russisch, Englisch usw. sprechen). Versuchen Sie, die Schüler zu animieren, diese Rolle (des Deutschen) zu übernehmen (Rollenspiel).

➤ Loben Sie die Schüler auch für gute Ansätze bei ihren Versuchen.

➤ Machen Sie ihnen mit einfachen Mitteln und anschaulich deutlich, wie Laute gebildet werden. Was machen die Lippen, die Zunge, der Unterkiefer? (Selbstbeobachtung, siehe dazu auch Kapitel 6.3)

➤ Lassen Sie die Schüler Wörter und kurze Sätze stumm artikulieren und andere Schüler erraten, was gesagt wurde. *(Ich stehe hinter einer Glaswand. Sie sehen mich, hören mich aber nicht.)*

➤ Sagen Sie Ihren Schülern, dass es wichtig ist, auf die Aussprache zu achten. Eine gute Aussprache bringt Vorteile, sie öffnet Herzen und Türen. Erzählen Sie ihnen z. B. die folgende wahre Geschichte:

> Ein junger Wissenschaftler aus Asien, der sich drei Jahre in Deutschland aufgehalten hat, um seine Dissertation zu schreiben, bewirbt sich bei seiner Rückkehr als Mitarbeiter an der deutschen Botschaft und wird anderen Bewerbern vorgezogen. Grund: Er hat von allen Bewerbern die beste Aussprache. Er äußert sich selbst dazu in einem Brief: Nun hat sich doch die große Mühe wirklich gelohnt. Phonetik macht sich also doch bezahlt.

4.2 Phonetik integrieren, nicht isolieren

Kurze Stundenabschnitte, fünf bis zehn Minuten, speziell für Ausspracheübungen zu reservieren, hat sich im Unterricht bewährt.

Phonetikübungen zu Beginn einer Unterrichtsstunde als eine Art Lockerungsübungen zum „Eintauchen" und „Warmmachen" können nützlich sein. Dazu eignen sich auch Zungenbrecher, wie sie z. B. das Lehrwerk *So isses* (Bimmel u. a. 1991) für jede Lektion anbietet. Ein solcher Einstieg signalisiert: Loslassen, Spaß machen, entspannte Atmosphäre. Fehler sind erlaubt.

> *1. Hören Sie die folgenden Zungenbrecher (Hörbeispiel 52) auf der Kassette. Sprechen Sie sie zuerst einmal nach und dann ohne Muster selbst – immer schneller.*
> – *Die Katze tritt die Treppe krumm.*
> – *Zwischen zwei Zwetschgenzweigen zwitschern zwei Schwalben.*
> – *Klitzekleine Kinder können keinen Kirschkern knacken.*
> *2. Was sollte man beim Einsatz von Zungenbrechern beachten?*

Eingeleitet werden kann die Stunde auch mit Eintauch-Hörübungen oder einem gezielten Hör- und/oder Sprechtraining zu einem bestimmten Stoff, der noch nicht beherrscht wird, etwa Wortakzent, Ü-Laute, Assimilation.

Phonetik ist nicht Kosmetik

So ein Einstieg motiviert und sensibilisiert. Vor allem aber ist es wichtig, die Phonetik in die verschiedenen Phasen der Stunden mit einzubeziehen. Phonetik ist kein „Extra", kein Schnörkel, Phonetik ist immer präsent, beim Hören, beim Sprechen und auch beim Lesen und Schreiben.

Laut und Schrift sind die „Hüllen", die materiellen Erscheinungsformen der Sprache. Die Hülle muss intakt sein, sonst werden die Inhalte verzerrt, verschüttet. Das passiert, wenn die Rede rein phonetisch nicht mehr verstanden wird (wie wenn eine Handschrift unleserlich wird – die Nachricht kann nicht mehr entschlüsselt werden.)

Phonetische Übungen sollten deshalb immanenter Bestandteil der sprachlichen Übungen sein, sie lassen sich gut mit grammatischen oder lexikalischen Übungen, mit

Lese-, Sprech- und Schreibübungen verbinden. Den Schülern muss dabei gar nicht immer bewusst werden, dass sie auch oder gerade Phonetik üben.

Hier bieten sich zahlreiche Verknüpfungen an, die in den nächsten Kapiteln aufgegriffen werden.

4.2.1 Phonetik und Orthographie

*Sprich **nicht**, wie du schreibst.*

Schriftinterferenz der Herkunftssprache

Sprachen, die das lateinische Alphabet verwenden, sind mehr oder weniger lauttreu. Die finnische Orthographie ist sehr lauttreu, die deutsche nur bedingt, aber Laute und Buchstaben sind sich im Deutschen doch näher als beispielsweise im Englischen oder Französischen. Die Schriftinterferenz sorgt für manchen Fehler. Es ist deshalb im Fremdsprachenunterricht generell wichtig, das Verhältnis zwischen Aussprache und Schreibung bewusst zu machen.

Für viele Lernende ist es überhaupt ein Aha-Erlebnis, dass Laute und Buchstaben sich nicht oder nur zum Teil decken und dass in den verschiedenen Sprachen die Laut-Buchstaben-Beziehungen unterschiedlich funktionieren, zum Beispiel

geschrieben	gesprochen
<oo>	ist deutsch [oː], englisch aber [uː]
<z>	ist deutsch [ts], englisch aber [z]
<Zoo>	ist also deutsch [tsoː], englisch [zuː]

Aufgabe 73

> 1. *Wir nehmen an, dass Ihre Schüler bestimmte Ausspracheschwierigkeiten haben, die orthographiebedingt sind, dass sie also bestimmte Buchstaben oder Buchstabenfolgen phonetisch falsch umsetzen. Listen Sie einmal solche Fälle auf.*
>
> 2. *Versuchen Sie, die Ursachen für orthographiebedingte Fehler genauer zu bestimmen. Sie können z. B. dadurch bedingt sein, dass die Schüler*
>   - *ihre muttersprachigen Muster auf das Deutsche anwenden,*
>   - *andere fremdsprachige Muster auf das Deutsche anwenden,*
>   - *die deutschen Muster noch nicht beherrschen, z. B. wenn sie die lateinischen Buchstaben neu erlernen müssen.*

Laut-Buchstaben-Beziehungen im Deutschen

Als Deutschlehrer wissen Sie, dass die Laut-Buchstaben-Beziehungen des Deutschen etwas kompliziert sind. Das soll auf geeignete Weise auch den Schülern bewusst gemacht und vermittelt werden, z. B. bei der Einführung des Alphabets in den ersten Lektionen oder in einem phonetischen Einführungskurs. Im Sinne einer Lernerphonetik wäre es empfehlenswert, auch bei diesem Thema auf das selbstständige Erkennen und Formulieren von Regeln zu setzen.

Beispiel <a>

Im Deutschen gibt es einen Buchstaben <a>, aber zwei *A*-Laute:
ich habe (lang), *du hast* (kurz), *wir haben* (lang), *sie hat* (kurz). Die Vokallänge ist manchmal auch bedeutungsunterscheidend, z. B.:

> *Wir rasten* [raːsten] *an die Quelle.*   (Wir liefen sehr schnell an die Quelle.)
> *Wir rasten* [rasten] *an der Quelle.*   (Wir machen dort eine Pause.)

Die Zeitungsschlagzeile *Wildgänse rasten auf Hiddensee* zwingt den Leser des Lokalblattes, der mit Wildgänsen nicht so gut Bescheid weiß, wohl erst eine Sekunde zum Nachdenken: Was also mach(t)en die Wildgänse auf der Insel?

Beispiel <sch>

<s>, <c> und <h> sind drei Buchstaben, aber in (<sch>) stehen sie für einen Laut [ʃ]:

> *ein **sch**warzes **Sch**af*

Beispiel <s>

Das <s>, ein Buchstabe, steht für zwei verschiedene *S*-Laute: *Susanne* ([z], stimmhaft – lenis*), *Hans* ([s], stimmlos – fortis*). Es steht auch für [ʃ], z. B. in *Stefanie*. Zu diesem Thema haben Eismann u. a. (1994, 217, Ü 3) eine schöne Hörübung anzubieten.

Aufgabe 74
Hörbeispiel 53

Hören Sie bitte Hörbeispiel 53 auf der Kassette. Lösen Sie die Aufgabe a) und überlegen Sie, auf welche Besonderheiten in den Laut-Buchstaben-Beziehungen Sie Ihre Schüler aufmerksam machen müssten. Formulieren Sie dann die Regeln für die Schreibmöglichkeiten von [ʃ] entsprechend Aufgabe b) und c).

Phonetik: Konsonanten „sch" und „s"

a) **Was hören Sie? „sch" oder „s"?** *Kreuzen Sie an* ✗.

	sch	s		sch	s		sch	s
Beispiel: schlafe	✗	☐						
schreibe	☐	☐	Schein	☐	☐	schön	☐	☐
Start	☐	☐	Spion	☐	☐	Student	☐	☐
Sprache	☐	☐	Stadt	☐	☐	schnell	☐	☐
Chef	☐	☐	Sie	☐	☐	Spiel	☐	☐
sein	☐	☐	charmant	☐	☐	Straße	☐	☐

b) **Ordnen Sie.**
Ich höre „sch": schlafe ..._____
Ich höre „s": _____

c) **Hören und Schreiben:** *was ist charakteristisch?*
Ich höre „sch" und schreibe: s(t) ..._____

Eismann u. a. (1994), 217

Eine Übersicht mit den Laut-Buchstaben-Beziehungen im Deutschen, die immer verfügbar sein sollte (z. B. als Poster in der Klasse), kann als Orientierungshilfe sehr nützlich sein.

Rückverweis

Hier einige Ausschnitte (siehe dazu die vollständige Übersicht in Kapitel 2.6, S. 38ff.):

Laut	Buchstabe	Beispiel	Laut	Buchstabe	Beispiel
[aː]	a	das Glas	[eː]	e	der Meter
	aa	der Saal		ee	der Tee
	ah	die Fahne		eh	zehn
[a]	a	die Tasse			

Aufgabe 75
Buchstaben-Laut-Beziehungen im Deutschen

Kehren Sie die Sache nun einmal um. Stellen Sie – evtl. auch gemeinsam mit Ihren Schülern – eine Übersicht über die Buchstaben-Laut-Beziehungen für die Buchstaben <e, s, ch> (mit jeweils mehreren Beispielen) zusammen. Sie können das auch für andere, für Ihre Schüler interessantere Buchstaben tun oder für das ganze Alphabet. Lassen Sie Ihre Schüler Poster gestalten und dekorieren Sie damit den Unterrichtsraum.
Beispiel:

Buchstabe	Laut	Beispiel
e	[eː]	*Weg, ...*
	[ɛ]	*weg, ...*
	[ə]	*habe, ...*

(Die komplette Liste der Buchstaben-Laut-Beziehungen im Deutschen finden Sie im Anhang 15.2., S. 196.)

Die Laut-Buchstaben-Beziehungen ebenso wie die Buchstaben-Laut-Beziehungen der Zielsprache werden als Lernstoff von vielen Lehrbuchautoren nicht thematisiert. In einigen Lehrwerken finden sich aber auch hierfür Beispiele, z. B. in *Sprachbrücke 2* (Mebus u. a. 1989, 152, Ü 3):

1. *Hören Sie bitte Hörbeispiel 54 und lösen Sie die Aufgaben 1 und 2.*

2. *Überprüfen und verändern Sie die Beispiele und Regeln (2, 3, 4) im Hinblick auf die neue Rechtschreibung (dann wird <ß> nur noch nach langen Vokalen und Diphthongen geschrieben (z. B. „Fuß"), nach kurzen Vokalen steht <ss> (z. B. „Fluss")).*

♪1 Der Laut [s]: Grundregeln der Orthographie

1. Zwischen zwei Vokalen schreibt man ____, wenn der vorangehende Vokal kurz ist.

2. Zwischen zwei Vokalen schreibt man ____, wenn der vorangehende Vokal lang ist oder ein Diphthong ist.

3. Am Ende schreibt man ____, wenn das Wort auch in veränderter Form einen [s]-Laut enthält.

4. In den konjugierten Formen von Verben mit [s]-Laut schreibt man ____, wenn auch der Infinitiv einen [s]-Laut enthält.
Man schreibt ____, wenn der Infinitiv einen [z]-Laut enthält.

5. Am Ende schreibt man ____, wenn das Wort in veränderter Form einen [z]-Laut enthält.

	am Anfang	in der Mitte	am Ende	✎	Regel
[s]	–	ich esse Essig	–	ss	1
		wir aßen außen			2
	–	Fluß Fuß ich eß		ß	3
		er reißt er läßt			4
	Skelett	er reist	Haus	s	4 5 6

6. Wörter mit [s]-Laut am Anfang des Wortes schreibt man mit ____.

> Niemals eß' ich Essig.
> Eß' ich Essig,
> eß' ich Essig mit Salat.

♪2 s, ss oder ß? Welche Regel paßt?

Mau__ (Mäuse): Regel *5*, / mü__en, Ta__e: Regel __, / er mu__te (müssen), er wu__te (wissen): Regel __, / sie lie__t (lesen): Regel __, / Grü__e, Stra__e, drau__en: Regel __, / Pa__ (Pässe), er ma__ (messen), er stie__ (stoßen): Regel __.

Mebus u. a. (1989), 152

Diktate

Kontrovers wird heute diskutiert, ob das Diktat eine nützliche Übungsform sei. Lange Zeit nahezu verpönt, besinnen sich Didaktiker und Lehrer heute wieder auf das Diktat, und auch wir halten Diktate für durchaus nützlich (vgl. dazu die Fernstudieneinheit *Fertigkeit Schreiben*).

Diktate sind wichtig zur Festigung und Kontrolle orthographischer Kenntnisse, helfen aber auch die Laut-Buchstaben-Beziehungen zu vertiefen (Laute/Wörter werden so gesprochen und/aber so geschrieben).

Diktate sind kontrollierte Hörübungen, in denen die Schüler ihr ganzes sprachliches Wissen und Können einsetzen und überprüfen, auch das phonetische.

Lückendiktate

Besonders zu empfehlen sind Lückendiktate (siehe dazu auch Kapitel 3.1.2). Sie können zur Lexikkontrolle, aber auch zum Einüben bestimmter phonetisch-orthographischer Schwerpunkte, wie z. B. <*s, st, ts, sp, ss, ß*>, dienen. Denkbar ist z. B. auch, dass in einem Diktattext alle Namen eingesetzt werden müssen, was besonders aufmerksames Hinhören verlangt.

Edith Slembek (1986, 83, Ü 6) bietet ein Lückendiktat an, in dem nur ein Buchstabe (in diesem Fall identisch mit dem Laut) ergänzt werden muss.

Aufgabe 77
Hörbeispiel 55

1. *Hören Sie das Hörbeispiel 55 auf der Kassette und lösen Sie die Aufgabe.*

2. *Welche Vorteile hat das Lückendiktat gegenüber Diktaten von ganzen Wörtern, Sätzen oder Texten?*

3. *Zu welchem der in Kapitel 3.1, S. 48ff. unterschiedenen Übungstypen gehört dieses Diktat?*

6) Höre genau: heißt es ⟨ü⟩ oder ⟨i⟩?
Schreibe den entsprechenden Buchstaben auf.

K _ ste

_ gel

K _ rsche

Fr _ chte

T _ r

v _ erzehn

Br _ lle

f _ nfzehn

Slembek (1986), 83

Diktate von der Kassette/vom Computer

Diktate von der Kassette/
vom Computer

Obwohl das Lückendiktat viele Vorteile hat, schadet es aus phonetischer Sicht nicht, ab und zu auch Sätze oder Texte aufschreiben zu lassen. Viele Schüler haben Probleme mit dem Erkennen von Pausen und Melodieverläufen (Satzzeichen), von Wortgrenzen, aber auch mit dem Erkennen ganzer Wörter oder Zahlen. Durch ein Diktat lernen sie, auf diese Dinge besonders zu achten. Bewährt haben sich dabei Diktate von der Kassette oder per Computer für die selbstständige Arbeit. Mit einem dazugehörigen Schlüssel können die Schüler ihre Diktate korrigieren. Das ist doppelt vorteilhaft: Der Leistungsdruck ist gemildert, und beim selbstständigen Korrigieren wird nochmals intensiv geübt – eine gute Gelegenheit, das autonome Lernen zu pflegen. Sie sollte nicht ausgelassen werden.

Diktattexte korrespondieren meist lexikalisch, grammatisch und auch thematisch mit dem aktuellen Lernstoff. Sie können aber auch – wie oben beschrieben – auf einen phonetisch-orthographischen Schwerpunkt zugeschnitten sein. Im folgenden Beispiel geht es um die Aussprache und Schreibung des Murmelvokals*, d. h. des reduzierten *E* in unbetonten Silben, wie z. B. in *bearbeitete* (Stock/Hirschfeld 1996, 97, Ü 13):

Aufgabe 78
Hörbeispiel 56

1. *Hören Sie den Text in Hörbeispiel 56 mehrmals und/oder mit Pausen und schreiben Sie ihn auf.*

2. *Welche Schwierigkeiten könnten bei den Schülern auftreten?*

> 3. *Welche Vorteile haben Diktate von der Kassette gegenüber solchen, die vom Lehrer „live" vorgelesen werden?*
>
> 4. *Was kann man mit solchen Hörtexten noch anfangen?*

Dieses Diktat ist, wie Sie bemerkt haben, für fortgeschrittene Lernende entworfen worden und für Ihre Schüler vielleicht zu schwierig. Einfachere Beispiele finden Sie im Kapitel 7 *„Phonetischer Baukasten"* und in der *Materialsammlung* in Kapitel 9.

Hinweis

4.2.2 Phonetik und Grammatik

Bei der Arbeit an der Grammatik ergeben sich viele Möglichkeiten, auch auf Phonetik einzugehen. Solche Verknüpfungen können für beide Disziplinen durchaus dienlich sein (vgl. Hirschfeld 1995b, 13ff.).

Beispiel: Pluralformen

Bei der Gegenüberstellung von Singular- und Pluralformen lassen sich sehr oft unterschiedliche Laute feststellen.

Gegenüberstellung
Singular – Plural

Aufgabe 79
Hörbeispiel 57

> *Bilden Sie zu den folgenden Wörtern den Singular bzw. Plural. Hören Sie anschließend die Beispiele (Hörbeispiel 57) auf der Kassette und sprechen Sie sie nach. Welche phonetischen Veränderungen stehen im Mittelpunkt von a) bis d)? Ergänzen Sie jeweils weitere Beispiele.*
>
> *a) Haus* – _____ *Maus* – _____ *Gras* – _____
>
> *b) Bilder* – _____ *Kinder* – _____ *Hemden* – _____
>
> *c) Uhr* – _____ *Ohr* – _____ *Tür* – _____
>
> *d) Mutter* – _____ *Tochter* – _____ *Bruder* – _____
>
> *e)* _____
>
> *f)* _____

Es bietet sich hier an zu vermitteln, dass eine Reihe von Pluralbildungen durch Umlaut erfolgt, dass sich auslautende Konsonanten verändern u. Ä.

Die Umlautbildung könnte z. B. für eine Übung zu den *Ü*- und *Ö*-Lauten (siehe Bausteine 7.8 und 7.9, S. 121ff.) genutzt werden. Man kann geeignete Beispiele auch gemeinsam mit den Schülern suchen. Sie werden dann schnell herausfinden, dass manchmal, aber durchaus nicht immer, umgelautet wird: Es heißt zwar *das Schloss – die Schlösser*, aber *der Schlosser – die Schlosser*, es heißt *die Kuh – die Kühe*, aber *der Hund – die Hunde*.

Hinweis

Und auch wenn der Umlaut im Plural – im folgenden Beispiel das *Ä* – nun wirklich steht, geht es nicht streng analog zu. Marianne Löschmann (zitiert nach Stock u. a. 1986, 19f., Beiheft für Lehrkräfte, Vokale) hat diese Unregelmäßigkeiten zu einem hübschen Gedicht angeregt:

> „Es heißt das Rad – die Räder
> und das Bad – die Bäder,
> doch bei Zahn heißt es Zähne
> und bei Hahn – die Hähne.
>
> Warum heißt es Gläser und Gräser,
> aber die Späße und nicht die Späßer?
> Die Sprache macht halt ihren Spaß,
> sie hält nicht immer analogisches Maß."

Löschmann, in:
Stock u. a. (1986), 19f.

Beispiel: Verbformen

Auch bei der Konjugation ergeben sich phonetische Veränderungen. Die Vokale ändern sich (*gehen – ging – gegangen*), es entstehen Konsonantenhäufungen (*leben – lebst*), *Ich-* und *Ach*-Laut wechseln (*sprechen – sprach*) und vieles mehr. Die *Phonothek*, die den Zusammenhang zwischen Grammatik und Lexik systematisch aufgreift, enthält folgende Übung:

Aufgabe 80
Hörbeispiel 58

1. Hören Sie Hörbeispiel 58 auf der Kassette und lösen Sie die dazugehörige Aufgabe.

Wir üben die Auslautverhärtung.
Sie hören Verben von der Kassette. Wiederholen Sie sie und ergänzen Sie die Stammformen!

Beispiel: *leben*   →   *leben – lebte, gelebt*

1. loben   4. geben

2. lieben   5. schreiben

3. glauben   6. bleiben

Verwenden Sie die Verben in kurzen Sätzen!

nach: Stock/Hirschfeld (1996), 106

2. Ergänzen Sie weitere Verben, z. B. solche mit <g>.

Beispiel: Wortbildung

Wortbildungsübungen lassen sich mit vielen phonetischen Themen verbinden. So können z. B. durch Antonymbildung mit *un-* die Akzentuierung (*genau – **un**genau*) oder durch Kompositabildung Konsonantenhäufungen (*Textstelle*) geübt werden, es können aber auch schwierige Laute mehrfach in einem Wort zusammengeführt werden, so dass sich die Übungsintensität erhöht.

Aufgabe 81
Hörbeispiel 59

1. Hören Sie Hörbeispiel 59 auf der Kassette und lösen Sie die Aufgabe.

Bilden Sie Komposita mit dem Grundwort *Weg*-!
Vergleichen Sie mit der Lösung vom Band und sprechen Sie nach!
Beispiel: *See*   →   *der Seeweg*

1. gehen   4. Recht

2. bremsen   5. Leben

3. neben   6. Verkehr

Welche Wege kennen Sie noch?

nach: Stock/Hirschfeld (1996), 61

2. Gestalten Sie eine ähnliche Übung mit Verben, denen „weg-" vorangestellt wird (z. B. „weggehen").

Das waren nur wenige Beispiele, die zeigen sollten, wie sich Phonetik mit Grammatik- und Lexikarbeit verbinden lässt, es gibt sehr viel mehr Möglichkeiten.

Aufgabe 82

Finden Sie weitere Beispiele für die Verbindung von Grammatik und Phonetik. Schauen Sie dazu auch in den Bausteinen, Kapitel 7, nach. Zu vielen Themen gibt es dort solche Übungen.

4.2.3 Phonetik und Lexik

Vokabeln, die ein Schüler nicht oder nur schwer aussprechen kann, stehen ihm nicht frei zur Verfügung. Wörter mit schwieriger Aussprache werden nicht selten „umschifft" (Vermeidungsstrategien).

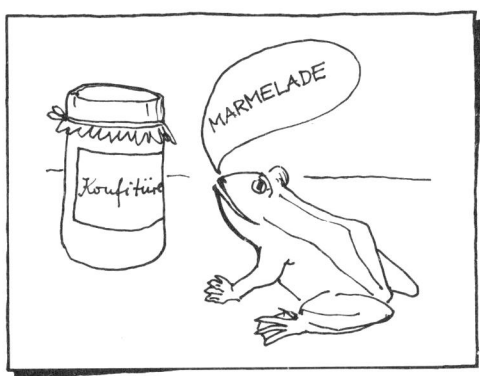

Solch ein Fall wird in dem Kalauer vom Frosch beschrieben, der nicht *Konfitüre* sagen kann, weil er ein so breites Maul hat. Aber er weiß sich doch zu helfen: Er verlangt einfach *Marmelade*.

Aber nicht immer ist ein passendes Äquivalent da, wie in diesem Fall. Die Scheu vor Aussprachefehlern behindert das Sprechen. Mancher schweigt lieber, als dass er sich „blamiert". Neue Wörter müssen also auch phonetisch eingeprägt werden, besonders Wörter mit schwieriger Aussprache.

Aussprache neuer Wörter

Bei Vokabeleinführungen im Anfangsunterricht sollte die Einheit von semantischer, grammatischer und phonetischer Komponente präsentiert werden. Die Lernenden müssen Gelegenheit bekommen, sich die neuen Wörter hörend und nachsprechend auch phonetisch anzueignen. Hier können Kassetten gute Dienste leisten. Hinweise auf bestimmte phonetische Merkmale, auf den Akzent, auf Vokallänge, auf Auslautverhärtung u. a. sind hilfreich, zum Beispiel:

die Apotheke, -n; der Akzent liegt auf dem ersten E, es ist lang.

Hier könnte auch sparsam mit Transkriptionen gearbeitet werden:

der Weg zur Apotheke: Hinweis auf langes *E* ([eː]).

Minimalpaare

Minimalpaare

Mit Minimalpaaren kann der Lehrer an vielen Beispielen deutlich machen, dass es auch „auf den kleinen (phonetischen) Unterschied" ankommt, zum Beispiel:

Heißt Pauls Freundin Anna oder Hanna?

Heißt der Lehrer Bühler oder Biehler?

Heißt der Dichter Hebel oder Hebbel?

Heißt der Film „Ein bekanntes Geschenk" oder „Ein pikantes Geschenk"?

Gehen wir ins Beet oder ins Bett?

Wird das Auto den Baum umfahren oder umfahren?

Geht es jetzt um einen Test oder einen Text?

Niemand will ernsthaft behaupten, dass solche Fehler wirklich sehr oft zu sprachlichen Missverständnissen führen. Die Laute und Wörter sind immer in einen Kontext eingebettet, der den Sinn erhellt. Sonst würden auch Homonyme – etwa *wieder/wider* – die Verständigung beeinträchtigen. Außerdem kann man immer nachfragen und richtig stellen.

Aber solche Fehler wirken störend, irritierend, manchmal rufen sie Emotionen hervor und manchmal machen sie das Gesagte doch auch unverständlich. Besonders in Verbindung mit anderen Fehlern – etwa grammatischen oder syntaktischen – kommt es zu Verzerrungen, die die Sprachverarbeitung verzögern und die Kommunikation erschweren können.

Mit Hilfe von Minimalpaaren, etwa

Hanna – Anna,	*Beet – Bett,*
Bühler – Biehler,	*umfahren – umfahren,*
Hebel – Hebbel,	*Test – Text*
bekannt – pikant,	

lassen sich Unterschiede gut herausarbeiten. Sie helfen dabei, die Lernenden für phonetische Feinheiten zu sensibilisieren. Außerdem macht es auch Spaß, mit dieser „Wortchemie" zu spielen, und manches Beispiel wird zum Aha-Erlebnis. Es motiviert, auch auf scheinbare Kleinigkeiten besser zu achten. Lehrer und Schüler sollten solche leicht zu verwechselnde Wörter sammeln, Listen anfertigen, Zeichnungen machen, etwa: *Kirche – Kirsche, Hose – Rose.*

Um Wortschatzproblemen aus dem Wege zu gehen, empfehlen sich für die Arbeit mit Anfängern auch Familiennamen: *Mühler – Müller, Rothe – Rother, Kast – Karst, …*

zusammengesetzte Substantive

Beispiel: Zusammengesetzte Substantive

Die Schüler müssen lernen, dass zusammengesetzte Substantive auf dem Bestimmungswort betont werden.

Aufgabe 83
Hörbeispiel 60

> *Sehen und hören Sie sich die folgenden Übungsbeispiele (Hörbeispiel 60) an. Formulieren Sie bitte für Ihre Schüler die dazugehörige Übungsanweisung.*
>
> 1. *Der Lehrer gibt das Bestimmungswort vor und lässt die Komposita mit dem Grundwort „Ernte" bilden.*
>
>   der Apfel – die Apfelernte
>   die Kartoffel, der Tee, der Kaffee, die Banane, die Zitrone
>
> 2. *Das Grundwort „Kuchen" wird vorgegeben, nun muss das Bestimmungswort selbst gefunden werden.*
>
>   der Kuchen – der Apfelkuchen
>   Zucker, Quark, Pflaumen, Schokolade, Kirsche
>
> 3. *Die Wortkette (für Fortgeschrittene oder mit Vorgabe der Beispiele): Ein Schüler sagt „Schule", der nächste ergänzt „Hof", sagt also „Schulhof", dann folgen „Pause", „Zeichen", „Stunde", „Plan".*

Diminutivformen

Beispiel: Diminutivformen -*lein* und -*chen*

Die folgende Übung ist entnommen aus Göbel u. a. (1985), 28.

Hörbeispiel 61

Sprecht nach!			
kleine Rosen	– Röslein	kleine Rosen	– Röschen
kleine Dosen	– Döslein	kleine Dosen	– Döschen
kleine Hosen	– Höslein	kleine Hosen	– Höschen

Göbel u. a. (1985), 28

Aus solch einer Nachsprechübung kann auch leicht eine produktive Übung werden, zum Beispiel durch ein Fragespiel: *Wie heißt es, wenn es klein ist?*

Aufgabe 84
Hörbeispiel 62 + 63

> 1. *Sehen und hören Sie sich auf der Kassette die folgenden Beispiele an. Formulieren Sie für Ihre Schüler eine Aufgabenstellung dazu. Welche phonetischen Merkmale werden geübt? (Hörbeispiel 62)*
>
>   ein kleines Haus   – ein Häuschen
>   ein kleiner Schrank   –
>   ein kleiner Strumpf   –
>   eine kleine Jacke   –
>   ein kleiner Topf   –
>   eine kleine Suppe   –
>
> 2. *Was kann man mit den gebildeten Wortgruppen noch machen? Zum Beispiel kann man sie in einen Kontext einbetten: über eine Kinderzeichnung sprechen, aus einem Kinderbuch vorlesen, … Welche Kontexte fallen Ihnen außerdem ein? Hören Sie ein weiteres Beispiel (Hörbeispiel 63) auf der Kassette.*

4.2.4 Phonetik und Poetik

Seitdem die Literatur in den Sprachunterricht zurückgekehrt ist, wird sie auch gern für Phonetikübungen genutzt. Wir geben Ihnen dafür wieder ein Beispiel.

Aufgabe 85
Hörbeispiel 64

R. O. Wiemer:

empfindungswörter

aha die deutschen
ei die deutschen
hurra die deutschen
pfui die deutschen
ach die deutschen
nanu die deutschen
oho die deutschen
hm die deutschen
nein die deutschen
ja ja die deutschen

Krusche/Krechel (1984), 27

Wie könnte man an diesem Gedicht arbeiten? Formulieren Sie bitte Übungsanweisungen für Ihre Schüler.

Man kann darüber streiten, ob Dichtung für Ausspracheübungen zu „schade" ist. Wir meinen, nein. Wir plädieren dafür, Gedichte und auch andere literarische Texte im Ausspracheunterricht als Übungsmaterial zu verwenden. Deshalb findet sich auch eine Reihe solcher Texte unter den *Bausteinen* im Kapitel 7 und in der *Materialsammlung* in Kapitel 9.

Gedichte und Phonetik

Hinweis

Aufgabe 86

1. *Erinnern Sie sich bitte noch einmal an Ihre Schul- und Studienzeit: Welche deutschen Gedichte haben Sie da gelernt?*

   Welche haben Ihnen gefallen, welche mochten Sie nicht? Welche Gedichte behandeln Sie heute auch mit Ihren Schülern?

2. *Schlagen Sie im Kapitel 7 und in der Materialsammlung in Kapitel 9 nach:*

   Verschaffen Sie sich einen Überblick, welche Autoren dort mit literarischen Texten vertreten sind. Welche dieser Texte halten Sie für Ihre Schüler für inhaltlich und didaktisch günstig, welche lehnen Sie ab?

3. *Was spricht dafür, literarische Texte für den Ausspracheunterricht zu nutzen? Suchen Sie Argumente.*

Eine mögliche **Argumentation** für den Einsatz literarischer Texte im Phonetikunterricht könnte so lauten:

Literarische Texte eignen sich gut zum Vortragen, viele sind direkt zum Vortragen bestimmt (siehe Kapitel *Vortragen/Lesen*, S. 59ff.). Auch der Muttersprachler, der ein Gedicht vortragen oder einen Text vorlesen möchte, übt in der Regel daran. So ist es eigentlich „natürlicher", an einem künstlerischen Text zu arbeiten als an einem Alltagstext, etwa einem Zeitungstext, der meist nur still gelesen, zur Kenntnis genommen und dann zur Seite gelegt wird.

literarische Texte
Rückverweis

Bei einem literarischen Text kann und soll man sich länger aufhalten. Bei längerem Verweilen, sei es auch bei einer Ausspracheübung, enträtselt, erschließt sich der Text. Im Gegensatz zu „normalen" Lehrbuchtexten, die sich bei Wiederholung schnell abnutzen und langweilig werden, können literarische Texte mit der Zeit interessanter werden, aufleben.

Auch lernpsychologische Gründe sprechen für den Einsatz literarischer Texte. Es ist für den Schüler motivierender, an Texten zu arbeiten, die nicht für Unterrichtszwecke „erstellt" sind, sondern an (literarischen) Originaltexten. Damit fühlt sich der Lernende als Fremdsprachler ernst genommen, er ist seinem erstrebten Ziel, dem „wirklichen" Deutsch, ein Stück näher gerückt. Literarische Texte, vor allem Gedichte, prägen sich leichter ein und haften, auch mit ihren Klangmerkmalen, länger im Gedächtnis.

konkrete Poesie

Selbstverständlich ist, dass solche Texte sorgfältig ausgewählt werden müssen, dass sie nicht mit unbekannten Vokabeln überfrachtet sein dürfen und dass sie auf die aktuelle Lernstufe zugeschnitten sind. Aber wer sucht, der findet. Auch in der „konkreten Poesie" gibt es eine ganze Reihe von Texten, die für die Arbeit an der Aussprache geeignet sind.

Aufgabe 87
Hörbeispiel 65

Hören Sie sich das Gedicht von Uwe Warnke (Hörbeispiel 65) auf der Kassette an. Welche phonetischen Themen lassen sich hier üben?

```
Mit MOZART durch die Woche

         MOzart

         DIzart

         MIzart

         DOzart

         FRzart

         SAzart

         SOzart

         MOzart
```

Warnke (1990), 25

Aufgabe 88
Hörbeispiel 66

Hören Sie sich das folgende Gedicht von Ernst Jandl (Hörbeispiel 66) auf der Kassette an. Es wird in zwei Versionen gesprochen, das zweite Mal von Ernst Jandl selbst. Wie würden Sie mit Ihren Schülern an diesem Gedicht arbeiten? Welche Arbeitsschritte wären Ihrer Meinung nach günstig? Auf welche phonetischen Besonderheiten würden Sie eingehen?

ottos mops

ottos mops trotzt
otto: fort mops fort
ottos mops hopst fort
otto: soso

otto holt koks
otto holt obst
otto horcht
otto: mops mops
otto hofft

ottos mops klopft
otto: komm mops komm
ottos mops kommt
ottos mops kotzt
otto: ogottogott

Jandl (1990), 82

Scherling (1999)

Mehr über Poesie im Unterricht können Sie bei Krusche/Krechel (1984): Anspiel. Konkrete Poesie im Unterricht Deutsch als Fremdsprache und bei Krechel (1983): Konkrete Poesie im Unterricht des Deutschen als Fremdsprache nachlesen, der auch speziell phonetische Gedichte vorstellt.

Literaturhinweis

4.2.5 Phonetik und Musik

Musik hat traditionell im Fremdsprachenunterricht ihren festen Platz. Lieder gehören von Anfang an dazu. Das bestätigt ein Blick in Lehrbücher ganz unterschiedlicher Zeiten. Von Viëtor bis heute: auf Lieder hat kaum ein Lehrbuchautor verzichtet.

Lieder

Die meisten Schüler haben das dankbar aufgenommen.

---

1. Denken Sie bitte wieder an Ihre eigene Schulzeit und an Ihre Studienzeit zurück. Welche Lieder haben Sie gelernt? Welche Lieder haben Sie bevorzugt?

2. Welche deutschen Lieder mögen Ihre Schüler?

3. Was wird mit dem Singen eigentlich bezweckt? Ein Grund ist: Singen macht Spaß. Welche Gründe gibt es noch?

4. Welchen speziellen Gewinn bringt das Singen für die Aussprache? Worauf muss man achten?

5. Hören Sie das Lied „Sportschausong" (Hörbeispiel 67) auf der Kassette (der Text ist von einem niederländischen Schüler). Schlagen Sie mögliche Arbeitsschritte dazu vor.

Aufgabe 89
Hörbeispiel 67

Die folgenden Beispiele, als Anregung zum Ausprobieren gedacht, sind sprachspielerisch bestimmt und auch phonetisch reizvoll.

Hörbeispiel 68

Laurentia, liebe Laurentia mein

Laurentia, liebe Laurentia, mein,
wann werden wir wieder zusammen sein?
Am Montag.
Ach, wenn es doch erst wieder Montag wär
und ich bei meiner Laurentia wär, Laurentia wär!

Laurentia, liebe Laurentia, mein,
wann werden wir wieder zusammen sein?
Am Dienstag.
Ach wenn es doch erst wieder Montag, Dienstag, wär ...

... usw. bis Sonntag

Laurentia ist ein Kreisspiel und fast schon eine sportliche Übung. Bei *Laurentia* sowie bei den Namen der Wochentage gehen die Mitspieler in die Knie (alle unterstrichenen Wörter markieren die Kniebeugen.)

Bei den zahlreichen Wiederholungen kommen die Mitspieler auf eine ganze Menge Kniebeugen. Der Sinn der Übung ist aber nicht der Muskelkater vom nächsten Tag, sondern vielmehr das spielerische Einprägen des Satzakzents und das Unterstützen der rhythmischen Merkmale durch Körperbewegungen.

Hören Sie sich auf der Kassette (Hörbeispiel 69 + 70) zwei weitere Beispiele für den Einsatz von Liedern im Phonetikunterricht an.

Hörbeispiel 69
Original

Drei Chinesen mit dem Kontrabaß

Drei Chi - ne -sen mit dem Kon - tra - baß
sa - ßen auf der Stra - ße und er - zähl - ten sich was. Da
kam die Po - li - zei: Ja, was ist denn das?
Drei Chi - ne -sen mit dem Kon - tra - baß.

Borries u. a. (1991), 13

Der Text des Liedes wird nun „verdreht": Man singt das Lied, indem man die Vokale austauscht, z. B. alle durch *I*:

> Dri Chinisin mit dim Kintribiss
> sißin if dir Strißi
> ind irziltin sich wis,
> di kim di Pilizi,
> ji wis ist dinn dis,
> dri Chinisin mit dim Kintribiss.

Mit allen anderen Vokalen und den Diphthongen geht es auch:

Hörbeispiel 69
Variante *A, Ü, AU*

> Dra Chanasan mat dam Kantrabass …
> Drü Chünüsün müt düm Küntrübüss …
> Drau Chaunausaun maut daum Kauntraubauß …
> usw.

Nonsens kann Spaß machen, und er hat auch in diesem Fall einen tieferen Sinn, denn man kann auf diese Weise alle Vokale „durchschmecken".

Auf der Mauer, auf der Lauer *Mündlich überliefert*

Auf der Mau - er, auf der Lau - er, sitzt 'ne klei - ne Wan - ze,

auf der Mau - er, auf der Lau - er, sitzt 'ne klei - ne Wan - ze.

Sieh dir mal die Wan - ze an, wie die Wan - ze tan - zen kann.

Auf der Mau - er, auf der Lau - er, sitzt 'ne klei - ne Wan - ze.

Man singt den Vers einmal ganz durch, bei der ersten Wiederholung läßt man bei den Worten „Wanze" und „tanzen" das „e" bzw. das „en" am Ende weg. Bei der nächsten Wiederholung läßt man das „z" weg, anschließend das „n" usw., bis die Worte ganz verschwunden sind. Dann kann man wieder anfangen aufzubauen . . .

Wanze	tanzen
Wanz	tanz
Wan	tan
Wa	ta
W	t

Kröher (1989), 79

Auch hier besteht der Witz darin, dass mit dem Text sprachspielerisch verfahren wird. Wer sich beim Singen verhaspelt, muss ein Pfand geben und natürlich auch auslösen. Das ist dann schon wieder ein neues Spiel.

Phonetik und Musik – das umfasst nicht nur die Arbeit mit Liedern. Rhythmische Instrumentalmusik kann beispielsweise das Sprechen begleiten, klassische Musik kann für entspannendes Hören von Texten mit bestimmten phonetischen Schwerpunkten sorgen. Und Musik dient – wie man im *Dialog mit Lunija* (Hörbeispiel 38) hören konnte – auch in anderen Unterrichtsphasen der Entspannung und Konzentration, nicht zuletzt unter suggestopädischem Aspekt.

4.2.6 Phonetik und Kinetik*

Sprechen bewegt etwas. Sprechen ist mit Bewegung verbunden. Sprechen ist Bewegung.

Primäre Sprechbewegungen

Zunächst denkt man an die Sprechbewegungen im engeren Sinne. Bewegt werden die Stimmlippen, das Gaumensegel, das Zäpfchen, die Zunge, der Unterkiefer, die Lippen (vgl. den *Sagittalschnitt* im Anhang 15.1). Das ist ein hochkompliziertes Zusammenspiel aller beteiligten Organe, das vom Gehirn gesteuert wird. Röntgenfilme und Computersimulationen führen uns das sonst Unsichtbare vor Augen. Diesen Versuch unternehmen z. B. Hirschfeld (1992, Video) und Franke (1996, Computer). Sicher ist es noch ein langer Weg, bis Lehrmittel dieser Art überall auf der Welt im Unterrichtsalltag ankommen. In der Lehreraus- und -weiterbildung werden sie aber schon genutzt.

Bewegungen der Sprechorgane

Die primären Sprechbewegungen laufen in jeder Sprache in ganz spezifischer Weise ab. Die Aussprache einer fremden Sprache zu erlernen, bedeutet auch, vielleicht vor allem, ihre Sprechbewegungen zu erlernen.

Aufgabe 90

Sagen Sie den Satz: „Der Ton macht die Musik."

Sehen Sie dabei in den Spiegel. Beobachten Sie die Lippenform und die Mundöffnung.

Konzentrieren Sie sich auch auf die Bewegungen der Zunge.
Wie bewegt sich die Zunge, wenn Sie „Ton" und „Töne" sagen?

Die Sprechbewegungen der Zielsprache ergeben sich nicht immer über einfaches Hören und Nachahmen. Besonders bei schwierigen Lauten empfiehlt es sich, die Sprechbewegungen zu analysieren, die Lippenbewegungen mit dem Spiegel zu kontrollieren (siehe dazu Kapitel 6.1), die Bewegungen der Zunge, der Lippen durch Bilder, womöglich durch bewegte Bilder zu veranschaulichen (siehe dazu Kapitel 6.3). Dabei leisten noch immer die Tafeln von Hans-Heinrich Wängler (1964) gute Dienste.

Hinweis

Aufgabe 91

*Sehen Sie sich die beiden Abbildungen von Wängler genau an. Worin unterscheiden sich **Ich-Laut** und **Ach-Laut**? Welche anderen beiden deutschen Laute werden (fast) genauso gebildet?*

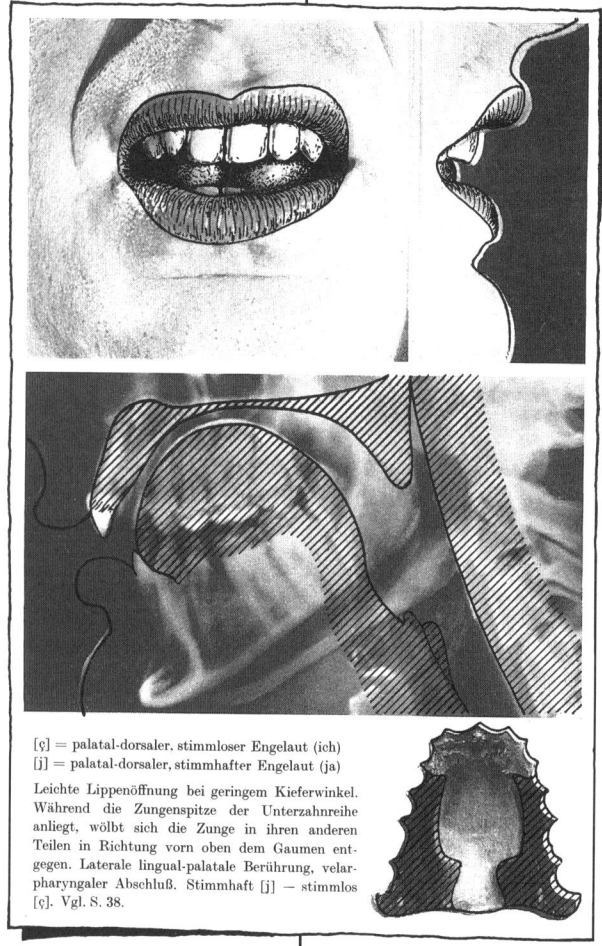

[ç] = palatal-dorsaler, stimmloser Engelaut (ich)
[j] = palatal-dorsaler, stimmhafter Engelaut (ja)

Leichte Lippenöffnung bei geringem Kieferwinkel. Während die Zungenspitze der Unterzahnreihe anliegt, wölbt sich die Zunge in ihren anderen Teilen in Richtung vorn oben dem Gaumen entgegen. Laterale lingual-palatale Berührung, velarpharyngaler Abschluß. Stimmhaft [j] — stimmlos [ç]. Vgl. S. 38.

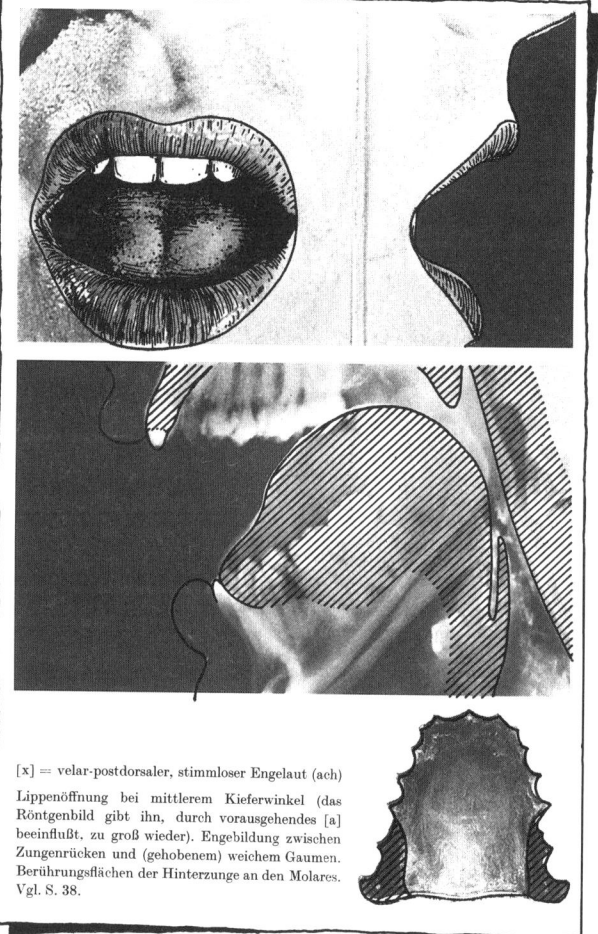

[x] = velar-postdorsaler, stimmloser Engelaut (ach)

Lippenöffnung bei mittlerem Kieferwinkel (das Röntgenbild gibt ihn, durch vorausgehendes [a] beeinflußt, zu groß wieder). Engebildung zwischen Zungenrücken und (gehobenem) weichem Gaumen. Berührungsflächen der Hinterzunge an den Molares. Vgl. S. 38.

Wängler (1964), Tafel 10 (Ich-Laut) und Tafel 11 (Ach-Laut)

Die Übung mit dem frechen Drachen von Eismann u. a. (1994, 221, Ü 2) kann durch Wänglers Tafeln gestützt werden.

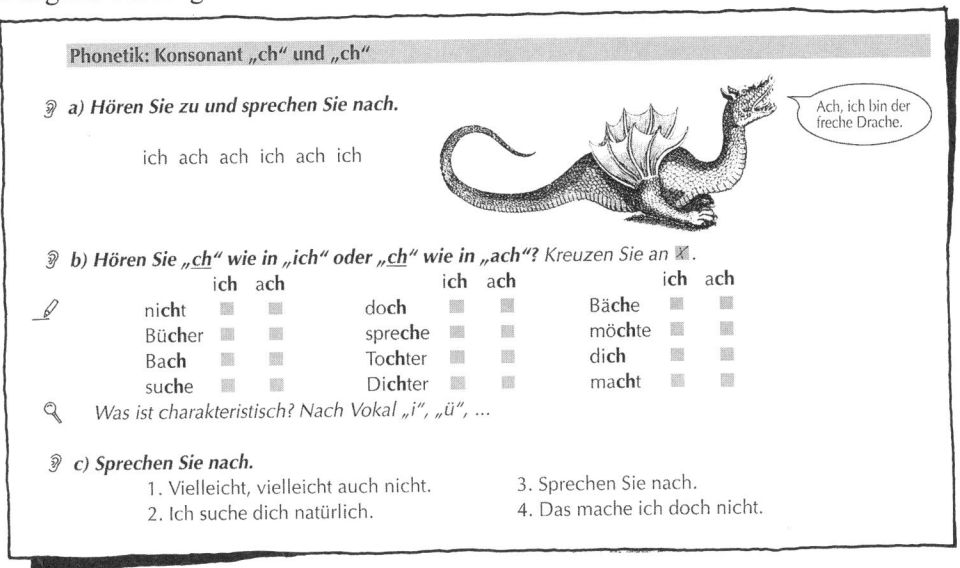

Eismann u. a. (1994), 221

Sekundäre Sprechbewegungen

Körpersprache

Uns interessieren aber nicht nur die Sprechbewegungen im engeren Sinne, die die Laute erzeugen, sondern auch die Bewegungen des Körpers, die das Sprechen begleiten: Mimik, Gestik, Körperbewegungen. Eigentlich spricht immer der ganze Mensch.

Aufgabe 92

> 1. *Schauen Sie sich eine Gesprächsrunde im Fernsehen mit abgestelltem Ton an. Achten Sie dabei auf die Bewegungen, die das Sprechen der einzelnen Teilnehmer begleiten.*
>   *Welche Gemeinsamkeiten und Unterschiede bemerken Sie?*
> 2. *Simulieren Sie mit Ihren Kollegen eine Gesprächsrunde. Versuchen Sie dabei, alle begleitenden Bewegungen zu unterdrücken. Was stellen Sie fest?*

Das kleine Experiment hat gezeigt, dass die sekundären Sprechbewegungen dazugehören, dass sie das Sprechen unterstützen, dass sie über gelegentliche Klippen, auch über Versprecher, hinweghelfen.

Je nach Temperament, aber auch je nach kulturellem Hintergrund, ist die Bewegungslust beim Sprechen unterschiedlich ausgeprägt. Das kann man sich anhand der Illustration, die der *Rhetorik* von Klaus Jentzsch (1992) entnommen ist, ganz gut ausmalen.

Jentzsch (1992), 136

Sitzordnung in der
Klasse

Dass die sekundären Bewegungen eng mit dem Sprechen verbunden sind und für das Sprechenlernen auch sehr hilfreich sein können, wird im Unterricht häufig noch zu wenig beachtet. Sehr oft entstehen schon durch eine ungünstige Sitzordnung Hemmungen. Auf diesen Umstand weist auch Helma Behme (1993, 18) ausdrücklich hin, die sich mit der Theorie und Praxis des Sprechspiels beschäftigt; sie schlägt eine Lösung vor, die für den Ausspracheunterricht ebenfalls sehr zu empfehlen ist. Auch wenn diese Sitzordnung im Unterrichtszimmer wahrscheinlich nicht so realisiert werden kann, so sollte sie doch wenigstens als Zielvorstellung Beachtung finden:

„Zur Sitz- und Schreibmöglichkeit

Die Stühle der Teilnehmer sind in Kreis- oder Ovalform ohne Tische angeordnet, so daß jeder in der Gruppe jeden sehen kann. Jedes Gruppenmitglied bringt zum Kurs Schreibpapier und einen Stift mit, um sich kurz etwas notieren zu können (z. B. Spielideen, neue oder falsch benutzte Wörter bzw. Ausdrücke). Da Tische die Bewegungsmöglichkeiten optisch-räumlich und physisch begrenzen, ist es beim Sprechspielen ratsam, das Schreibpapier kurz auf das Knie zu legen und eine Schreibunterlage zu benutzen. Außerdem unterstützen Tische das Distanz- oder Hierarchieverhalten. Der Leiter ist als Amtsperson üblicherweise durch einen Tisch von den anderen getrennt. Das Sprechen, und nicht das Schreiben, steht im Vordergrund der Spielhandlung: Für das Reden brauchen die Mitglieder auch gestische Bewegungsfreiheit. Während des Spiel- bzw. Gruppenprozesses sitzt der Leiter mit in der Runde und wechselt von Übung zu Übung den Stuhl und damit den Partner zur rechten und linken Seite, um äußerlich Kontakt mit möglichst verschiedenen Gruppenmitgliedern aufzunehmen. Die Teilnehmer können dies auch so machen, wenn sie es möchten."

Behme (1993), 18

Rückverweis

Welcher Lehrer geht weiter? Wer lässt die Schüler aufstehen (so dass die Atemluft freier strömen kann), wer lässt sie herumgehen, Kreisspiele machen, Laurentia tanzen (siehe dazu Kapitel 4.2.5, S. 75)?

Gewiss, dafür ist das Klassenzimmer oft zu klein. Aber es kann anders genutzt werden, und auch ein Turnsaal, eine Spielwiese, ein Schulhof eignen sich bestens für phonetische Spiele. Ein Tamburin, ein Triangel, eine Trommel oder ein anderes Rhythmusinstrument sind wichtige Requisiten für Übungen dieser Art.

Hand- und
Körperbewegungen

Hand- und Körperbewegungen können ganz bewusst eingesetzt werden, um phonetische Merkmale des Deutschen herauszuarbeiten, z. B. lässt sich mit einem Lächeln (breit gezogenen Lippen) der *Ich*-Laut besser bilden, Melodieverläufe oder die Vokallänge und -kürze können durch begleitende Handbewegungen sichtbar gemacht, Spannungsunterschiede bei den Konsonanten durch geballte (gespannt) oder geöffnete (ungespannt) Fäuste unterstützt werden.

Aufgabe 93

> *Welche Bewegungen sind Ihrer Meinung nach geeignet, um die großen Spannungsunterschiede zwischen betonten und unbetonten Silben im Deutschen bewusst zu machen und zu üben?*

Besonders bei Kindern sollten solche Bewegungen unbedingt einbezogen werden. Ganze Sprechstücke, in denen Aussprache und Bewegung eine Einheit bilden und sich gegenseitig unterstützen, können vom Lehrer choreographiert werden, wie es die wunderbaren Beispiele von Andreas Fischer (1995, 1996) zeigen.

interkulturelle
Gesichtspunkte

Zu berücksichtigen sind bei all dem natürlich auch interkulturelle Gesichtspunkte. Manche Bewegungen, Gesten, Zeichen können bei Lernenden bestimmter Kulturkreise nicht verwendet werden.

4.2.7 Phonetik und Sinn

Adam Bahr kam ganz langsam nach Jaffa.
Die Rhön ist ein ödes Gebirge.

Unsinn

Solche und ähnliche haarsträubende Sätze sind bis heute in phonetischen Übungsbüchern anzutreffen. Sie haben die Phonetik bei manchem in Verruf gebracht und viele abgeschreckt, sich überhaupt weiter mit solchem Unsinn zu befassen.

Vom Spaß am Nonsens

Nun kann man sich über Nonsens dieser Art ja auch amüsieren, kann darin wetteifern, selbst solche Sätze mit Lauthäufungen zu ersinnen. Da ist man dann bei einem amüsanten Sprachspiel angelangt, das Schülern sogar Spaß machen kann. Es muss ja nicht unbedingt, wie im oben zitierten Beispiel von der *Rhön*, unsinnige landeskundliche Information enthalten.

Hören Sie dazu einige Proben, die das Lehrwerk *Sprachbrücke 1* (Mebus u. a. 1987, 97, Ü 2 a) zu bieten hat, auf der Kassette an.

Hörbeispiel 71

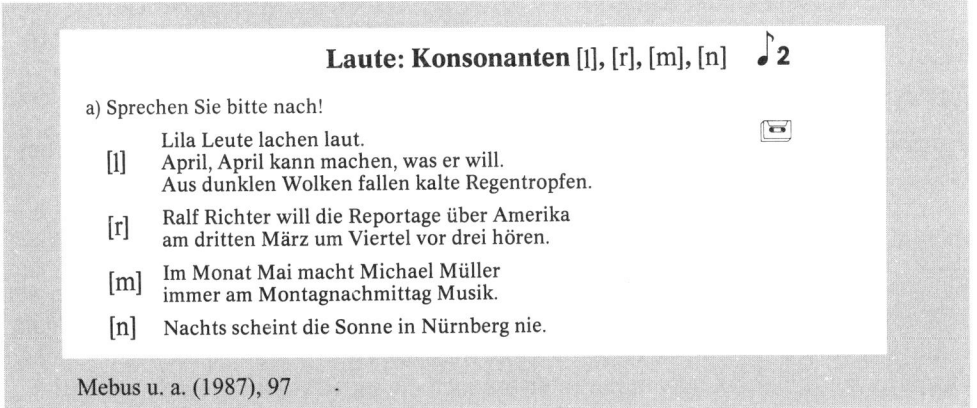

Oder auch so etwas: *Sauerkraut auf meiner Haut, frisch zerkaut, das erbaut.*

Vielleicht haben Sie und Ihre Schüler noch bessere Ideen.

Vom Spaß am Sinn

Im Übrigen gilt auch für die Phonetik, dass möglichst an sinnvollen Beispielen – die für die Sprechwirklichkeit gebraucht werden – geübt wird und dass die Übungen kommunikativ* gestaltet werden. Jede phonetische Übung soll die Kompetenz des Lernenden fördern, und sie kann auch, wo möglich, sein Wissen erweitern. Wir haben herausgefunden, dass z. B. landeskundliches Wissen im engeren wie im weiteren Sinne auch in phonetischen Übungen aufgegriffen werden kann.

So können z. B. Wortakzent-Übungen sehr gut auf der Grundlage geographischer Namen (z. B. Städtenamen, Namen der Bundesländer) gestaltet werden. Eine Karte sollte bei Übungen dieser Art nicht fehlen.

Aufgabe 94
Hörbeispiel 72

1. *Hören Sie bitte Hörbeispiel 72 und ordnen Sie die folgenden Städtenamen nach der Akzentsilbe. Suchen Sie dann weitere passende Beispiele.*

   Neuruppin, Greifswald, Kaiserslautern, Tübingen, Hannover, Schwerin

   1. Silbe: _____

   2. Silbe: _____

   3. Silbe: _____

2. *Sehen Sie sich die Übungen mit geographischen Namen im Baukasten Kapitel 7 an.*
   Entwickeln Sie ähnliche Übungsvarianten für Österreich und die deutschsprachige Schweiz.

3. *Entdecken Sie weitere Möglichkeiten, an der Karte Phonetik zu üben, z. B.*

   – *Städte mit kurzem Ü:* München, ...

   – *Städte mit langem Ü:* Duisburg, ...

   – *Flüsse mit langem E:* Weser, ...

   – *Flüsse mit kurzem E:* Elbe, ...

   usw.

4.3 Phonetik individualisieren

„Kein Mensch erfährt und nimmt gleich auf wie der andere. Keiner hört gleich, sieht gleich, vergleicht gleich."

Härtling, 1994, 20

Rückverweis

Fragt man Schüler, was sie von phonetischen Übungen halten, bekommt man ganz unterschiedliche Anworten. Die Skala reicht von schrecklich, langweilig, nervend, bis wichtig, ganz lustig, prima, toll, spitze, klasse (siehe dazu auch Kapitel 1.1).

Rückverweis

Neben dem sprachlichen Hintergrund, der z. B. für chinesische Schüler andere, auch größere phonetische Schwierigkeiten als für niederländische Deutschlernende hervorruft (siehe Kapitel 2.2) und neben den Lerntraditionen in den jeweiligen Kulturkreisen gibt es doch auch große individuelle Unterschiede.

Jeder Schüler lernt anders, und jeder lernt auch die Aussprache anders. Dem einen fliegt sie zu, der andere muss sie sich erobern. Wie kann man jenen helfen, die mehr Zeit und mehr Übung brauchen? Und wie kann man jene unterstützen, die ehrgeizig sind und möglichst perfekt sein wollen?

Spezielle Phonetikkurse gibt es meist nur in der Lehreraus- und -fortbildung, in der Schule und in Sprachkursen ist die Phonetik in den Unterricht integriert, was ganz richtig ist. Aber sie kommt vielfach doch zu kurz. Da zudem in sprachlich heterogenen Gruppen die Arbeit an speziellen Interferenzen eigentlich nicht möglich ist, müssen andere Wege gefunden werden.

Schüler individuell fördern

Für die individuelle Förderung sind z. B. phonetische Übungen in Computerprogrammen oder auf Kassetten, die zu Hause oder in einer Phonothek durchgearbeitet werden, eine gute Alternative. Die Schüler können sie beliebig oft durchgehen, sie können das Arbeitsmaß und das Tempo selbst bestimmen. Vorsicht ist allerdings bei Schülern geboten, die phonetische Merkmale beim Hören (noch) nicht erkennen und unterscheiden können. Hier besteht die Gefahr, dass die vorgegebenen Muster falsch wiederholt und Fehler automatisiert werden. Ohne Vorbereitung (durch den Lehrer) sollte man solche Aufgaben nicht stellen.

selbstständiges Lernen unterstützen

Selbstständiges Lernen wird erleichtert, wenn zu den Tonaufnahmen Arbeitsblätter mit Regeln und kontrollierbaren Höraufgaben vorliegen und die (Nach-)Sprechaufgaben schrittweise schwieriger werden.

Zu empfehlen ist, die Schüler zu Hause selbst Tonaufnahmen machen zu lassen. Sie können an den Aufnahmen so lange arbeiten, bis sie meinen, dass sie das Bestmögliche geleistet haben. So wie der Lehrer schriftliche Arbeiten mit nach Hause nimmt, kann er – vielleicht stattdessen – auch Kassetten mit mündlichen Leistungen zu Hause in aller Ruhe abhören und beurteilen. Übrigens nehmen die Schüler diese Arbeitsform meist gern an. Sie gehen spielerisch damit um. Ohne den Druck der Klasse zu spüren, können sie sich vor dem Mikrofon ganz locker ausprobieren und ihren Beitrag wie ein Heft abliefern.

Aufgabe 95

1. Haben Sie an sich selbst oder mit Ihren Schülern die obige Methode schon einmal erprobt?

   a) Mit welchem Erfolg?

   b) Welche Unterstützung brauchen die Schüler bei dieser Arbeit?

2. Wie stellen Sie sich Korrekturen an der Aussprache in der Lehreraus- und -weiterbildung vor?

   Welche Formen der Arbeit würden Sie bevorzugen, und warum?

   – Gruppenkonsultation

   – Einzelkonsultation

   – selbstständige Arbeit in der Phonothek

5 Lehr- und Lernmaterialien sowie Literatur zur Phonetik

Lehrer stützen sich bei ihrer Arbeit im Wesentlichen auf die Lehrwerke, mit denen sie unterrichten. Der Aufbau dieser Bücher, das Angebot an Texten, Übungen, Bildern, Erläuterungen, Tests usw. bestimmen das Lehren und Lernen: Was wird besonders gründlich behandelt, was wird weggelassen? Worauf kann verzichtet werden?

Im Allgemeinen kann man nicht davon ausgehen, dass Lehrwerke ausreichend Übungsangebote zur Phonetik machen (vgl. Aufgabe 2, S. 9). Als Lehrender ist man also aufgefordert, Lücken im Lehrmaterial zu schließen. Es ist unter den harten Bedingungen des Unterrichtsalltags sicher nicht einfach, sich Übungen, die die Schüler dringend brauchen, selbst auszudenken. Vieles ist dabei zu berücksichtigen – einige Anregungen und konkrete Vorschläge finden Sie im Kapitel 7, Texte verschiedener Art im Kapitel 9. Solche, aus dem Unterricht heraus entwickelten, „selbst gemachten" Übungen machen den Schülern übrigens viel Spaß, sie sind oft anregender und motivierender als Lehrbuchübungen. Das gilt auch und vielleicht ganz besonders für phonetische Übungen.

Lücken in Lehrwerken

Hinweis

Zunächst wollen wir jedoch das Vorhandene sichten. Wie ist es um das aktuelle Angebot an Materialien für den Phonetikunterricht bestellt?

5.1 Kriterien für die Auswahl und Analyse von Phonetikmaterialien

Für die Beurteilung, d. h. für die Auswahl und Analyse von Materialien, kann man verschiedene Kriterien ansetzen. Sie hängen von den Bedingungen und Erwartungen ab, die der Benutzer aus seiner Lehr- oder Lernsituation ableitet. Folgende Fragen sind für die Analyse von Phonetikmaterialien wesentlich (vgl. Dieling 1994, 13ff.):

Hinweis

a) Sind die Materialien lehrwerkintegriert oder separat (s. Kapitel 5.2.1 und 5.2.2)?

b) Werden die Ausgangssprachen einbezogen oder ist das Material ausgangssprachenneutral?

c) Werden Lernstufe (Anfänger, Fortgeschrittene) und Lernalter (Kinder, Jugendliche, Erwachsene) berücksichtigt oder sind Inhalt und Methoden undifferenziert?

d) Ist das Material mediengestützt (Kassette, Video, Computer) oder gibt es nur schriftliche Vorlagen (Arbeitsblätter, Buch)?

e) Sind fachliche und didaktische Hinweise für den Lehrer vorhanden (z. B. im Lehrerhandbuch) oder nicht?

f) Wird die Zielsprachenphonetik systematisch eingeführt und behandelt oder sind einzelne Schwerpunkte ausgewählt?

g) Sind Übungen zur Intonation (Rhythmus, Gliederung, Akzentuierung, Melodie) enthalten oder gibt es nur Übungen zu den (zu einzelnen) Lauten?

h) Ist das Vorgehen im Schülermaterial kognitiv fundiert (Erklärungen, Abbildungen, Regeln, Termini) oder wird auf Imitation gesetzt?

i) Werden die Laut-Buchstaben-Beziehungen systematisch dargestellt?

j) Wird die internationale Transkription (API) verwendet oder nicht?

k) Gibt es ein Hörtraining (kontrollierbare Hörübungen) oder werden Höraufgaben ohne Kontrollmöglichkeit gestellt?

l) Sind die Übungsaufgaben kreativ-produktiv (z. B. durch die Verbindung mit Grammatik- und Lexikübungen) oder beschränken sie sich auf Hören und Nachsprechen?

m) Sind die Übungen kommunikativ angelegt (situativ, thematisch, Verwendung von Alltagslexik) oder handelt es sich vorwiegend um Einzelwörter oder „phonetische Konstruktionen" (Zungenbrecher, Nonsens)?

n) Werden phonetische (regionale, situative, emotionale) Varianten einbezogen oder findet sich in den Hörbeispielen ausschließlich ein „neutraler" Sprechstil?

o) Werden landeskundliche und interkulturelle Gesichtspunkte (im sprachlichen Material der Übungen bzw. in außersprachlichen Verhaltensweisen) einbezogen?

Aufgabe 96

> *1. Welche der obigen Kriterien sind für Sie wesentlich?*
>
> *2. Analysieren Sie nun das Lehrmaterial, mit dem Sie arbeiten, nach allen bzw. nach den für Sie wesentlichen Kriterien.*

5.2 Das aktuelle Angebot

Nimmt man das Angebot der Verlage in Deutschland zu Phonetik in Deutsch als Fremdsprache unter die Lupe, hat man zunächst drei Gruppen zu unterscheiden:

1. in Lehrwerke integrierte Materialien zur Phonetik,
2. spezielle Lehrmaterialien zur Phonetik,
3. Publikationen über Phonetik und Phonetikunterricht.

Aufgabe 97

> *1. Welche Vor- und Nachteile haben integrierte und separate Materialien zur Phonetik?*
>
> *2. Welche Titel aus der Literaturliste (siehe Kapitel 13.1 und 13.2) wären für Sie interessant?*
>
> *3. Welche Publikationen über Phonetik und Phonetikunterricht sind Ihnen zugänglich? Welche davon benutzen Sie auch?*

5.2.1 Phonetik in Lehrwerke integriert

In den Lehrwerken, die in den 70er- und 80er-Jahren in deutschen Verlagen publiziert wurden, sind phonetische Übungen relativ selten anzutreffen. Eine Analyse ergab, dass von fünfzig untersuchten Lehrwerken aus dem Zeitraum 1980 – 1992 nur knapp ein Drittel phonetische Übungen überhaupt anzubieten hatte, wobei Qualität und Reichhaltigkeit des Angebots sehr unterschiedlich sind (vgl. dazu ausführlicher Dieling 1994). Das gilt auch für die in den 90er-Jahren erschienenen Lehrwerke, die inzwischen fast ohne Ausnahme auch Teile bzw. einzelne Übungen zur Phonetik enthalten.

Aufgabe 98

> *1. Welche der im Literaturverzeichnis angegebenen Lehrwerke (Kapitel 13.3) sind Ihnen bekannt?*
>
> *2. Analysieren Sie eins davon, das Sie selbst nicht im Unterricht verwenden, nach den Kriterien von Kapitel 5.1, S. 83f. Vergleichen Sie das Ergebnis mit der Analyse Ihres eigenen Lehrwerks (vgl. Aufgabe 96).*
>
> *3. Welche phonetischen Übungen aus anderen Lehrwerken setzen Sie im Unterricht mit Ihren Schülern ein?*

5.2.2 Spezielle Lehrmaterialien zur Phonetik

Auf Lehrmaterialien, die sich der Phonetik direkt zuwenden und die auch spezielle Themen für bestimmte Adressatenkreise (hinsichtlich der Ausgangssprache, des Sprachstandes, des Lernalters, des Kurszieles) darstellen und behandeln, sind die Lehrer besonders angewiesen, da die Phonetik innerhalb der Lehrwerke nicht immer ausreichend behandelt wird. Die speziellen Lehrmaterialien stehen als Fundus zur Verfügung, als ein Angebot an all jene, die mit der Phonetik Schwierigkeiten haben und deshalb zusätzliche Übungen brauchen, sowie an jene, die von Berufs wegen oder aus anderen Gründen auf eine erstklassige Aussprache besonderen Wert legen und mit Ehrgeiz daran arbeiten wollen (Deutschlehrer, Dolmetscher, Journalisten u. a.). Sie sind aber teilweise durchaus für den Einsatz im Unterricht mit Schülern geeignet, manche speziell dafür vorgesehen (vgl. Göbel u. a. 1991, Endt/Hirschfeld 1995).

Aufgabe 99

> 1. *Kennen Sie einige der im Literaturverzeichnis (Kapitel 13.2) aufgelisteten Materialien? Berichten Sie über Ihre persönlichen Erfahrungen, die Sie mit ihnen gemacht haben.*
>
> 2. *Analysieren Sie eins davon nach den Kriterien von Kapitel 5.1, S. 83f.*
>
> 3. *Welche weiteren speziellen, auch kontrastiven Lehrmaterialien sind Ihnen bekannt? Welche können Sie empfehlen? Ergänzen Sie gegebenenfalls die Liste.*

5.2.3 Publikationen über Phonetik und Phonetikunterricht

Während es zur Grammatik und zum Grammatikunterricht eine Flut von Publikationen gibt, fällt das Angebot zur Phonetik und zum Phonetikunterricht vergleichsweise mager aus. Dem Lehrer, der sein phonetisches Grundwissen erweitern und auffrischen möchte, sei neben einem Aussprachewörterbuch auch eine Reihe von Publikationen zur deutschen Phonologic und Phonetik, zur kontrastiven Phonetik, zur Didaktik des Ausspracheunterrichts empfohlen, die im Literaturverzeichnis (Kapitel 13.1) genannt werden.

Aufgabe 100

> 1. *Ergänzen Sie die Literaturhinweise in Kapitel 13 um Titel,*
>   - *aus denen Sie selbst Ihr phonetisches Grundwissen geschöpft haben,*
>   - *die Ihnen bei Ihrer Arbeit als Nachschlagewerke bei Aussprachefragen dienen,*
>   - *die die Ausgangssprachen Ihrer Schüler berücksichtigen,*
>   - *die Sie Ihren Kollegen empfehlen würden.*
>
> 2. *Zu welchen Themen wünschen Sie sich Beiträge in Fachzeitschriften?*
>
> 3. *Steht Ihnen für Ihre Arbeit eines der in den Literaturhinweisen (Kapitel 13.1) angegebenen Aussprachewörterbücher zur Verfügung?*

5.3 Desiderata

Mancher Lehrer hat in den Lehrmaterialien phonetische Übungen womöglich gar nicht vermisst. Mancher hat versucht, die Angebote, soweit vorhanden, zu nutzen, hat aber entdeckt, dass seine Schüler vielleicht anderes Material brauchen. Mancher hat festgestellt, dass er zu einem bestimmten Zeitpunkt ein bestimmtes Material braucht, es ihm aber gerade nicht zur Verfügung steht.

Wir wollen das an einem Beispiel deutlich machen:

Hinweis

Ein Lehrer unterrichtet, sagen wir, Französisch Sprechende, die, wie viele andere auch, mit dem Neueinsatz der Vokale Probleme haben (siehe dazu Kapitel 7.11, Baustein 11). Er arbeitet, nehmen wir an, mit dem Lehrwerk *Sprachbrücke 1* (Mebus u. a. 1987), einem Buch, das zu jeder Lektion anregende Phonetikübungen bereithält, aber der Neueinsatz wird erst in der Lektion 6, S. 88, thematisiert.

♪ 2 **Laute: Knacklaut [ʔ]**

[ʔ]	am Abend [ˈʔam ˈʔaːbənt], **nicht:** [ˈʔam‿aːbənt] heute abend [hɔøtə ˈʔaːbənt], **nicht:** [hɔøtə‿aːbənt]	Sprechen Sie bitte nach!

Onkel **A**lbert aus **A**merika **üb**t abends immer **A**rabisch.
Heute abend beende ich die ersten Briefe an Beamte in **A**ustralien.

3 Laute: Konsonant [h]/Knacklaut [ʔ]

 Üben Sie bitte!   haben – Abend, hier – ihr, Haus – aus

Sprechen Sie bitte nach!

Mebus u. a. (1987), 88

Was kann der Lehrer tun?

Umgang mit dem Phonetikangebot in Lehrwerken

Soll er bis zur Lektion 6 warten und die Fehler erst einmal unberücksichtigt lassen? Da haben sie sich vielleicht schon so weit verfestigt, dass das Einüben dieses Problemlautes, der in der Schrift gar nicht auftaucht, außerordentlich erschwert ist.

Soll er auf die Übungen in der Lektion 6 vorgreifen? Da beherrschen die Lernenden noch nicht die Vokabeln und die Grammatik, die in den Übungen dort verwendet werden. Sie könnten also nur formal abgearbeitet werden.

Aufgabe 101

Was kann der Ausweg aus diesem Dilemma sein? Lesen Sie unsere Lösungsvorschläge. Welche halten Sie für praktikabel? Bei welchen sehen Sie Probleme?

Lösung 1

Denkbar wäre, dass der Lehrer immer wieder auf den phonetischen Einführungskurs des Lehrwerks – falls vorhanden – zurückgreift, der intonatorische und lautliche Themen sehr einfach darstellt und auf einer ganz elementaren Stufe übt. Er könnte die Sequenzen mit neuen Wörtern und Formen auffüllen, die inzwischen beherrscht werden.

Lösung 2

Der Lehrer verwendet Übungen aus anderen Deutschlehrwerken für die gleiche Stufe, die das Problem früher behandeln.

Lösung 3

Der Lehrer stützt sich auf ein Angebot lehrwerkunabhängiger Materialien und wählt aus, was er für seine Schüler braucht.

Lösung 4

Es wird auf kontrastive Übungsangebote für spezielle Ausgangssprachen zurückgegriffen, z. B. phonetische Übungen für Polnisch Sprechende, für Arabisch Sprechende, für Griechisch Sprechende ...

Lösung 5

Übungen werden adaptiert, z. B. wird unbekannte Lexik durch bekannte ersetzt.

Betrachten wir das vorhandene Angebot an Lehr- und Lernmaterialien sowie an Publikationen über Phonetik, bleiben viele Wünsche offen (vgl. Hirschfeld 1994 b, 21 ff.). Gebraucht werden:

➤ spezielle, auf Lexik und Vorgehensweise abgestimmte Ergänzungsmaterialien zu vorliegenden, an sich bewährten und empfehlenswerten Lehrwerken sowie

➤ lehrwerkunabhängige Phonetikmaterialien für spezielle Zielgruppen, die also ausgangssprachliche Besonderheiten, Sprachstand und Ausbildungsziel besonders gut berücksichtigen können.

Diese Lehrmaterialien sollten bestimmte Ansprüche erfüllen.

Aufgabe 102

Sehen Sie sich bitte noch einmal das Kapitel 5.1, S. 83f. an. Welchen der dort genannten Anforderungen sollten neu zu entwickelnde Materialien unbedingt gerecht werden?

6 Andere Unterrichtsmittel

Außer den gedruckten Materialien (Büchern, Heften, Zeitschriften, Arbeitsblättern usw.), die im Sprachunterricht – und auch im Phonetikunterricht – bis heute immer noch den ersten Platz unter den Unterrichtsmitteln einnehmen, spielen viele andere Medien ebenfalls eine wichtige Rolle. Hier wären vor allem Audio- und Videokassetten zu nennen, die außerordentlich nützlich, im Phonetikunterricht heute nahezu unentbehrlich erscheinen. Es gibt inzwischen auch schon einige Computerprogramme, die all diese Komponenten miteinander verbinden (vgl. Franke 1996). Aber auch andere, oft viel einfachere Mittel, können in manchen Fällen gute Dienste leisten.

Aufgabe 103

> 1. *Welche speziellen Unterrichtsmittel stehen Ihnen für den Phonetikunterricht zur Verfügung und welche benutzen Sie? Auf welche könnten Sie verzichten? Warum?*
>
> 2. *Gehen Sie die Vorschläge in Kapitel 6.1 – 6.4 durch.*
>   - *Welche der dort genannten Mittel haben Sie in Ihrem Unterricht schon selbst erprobt?*
>   - *Welche dieser Unterrichtsmittel können Sie empfehlen? Welche scheinen Ihnen für Ihre Lerngruppen ungeeignet zu sein? Welche würden Sie gern ausprobieren?*

6.1 Gegenstände

Kennen Sie auch die Sage von Demosthenes (384 – 322 v. Chr.)?

Mit Kieselsteinen im Mund absolvierte der berühmte Grieche am tosenden Meer seine Ausspracheübungen, bevor er als Redner in Athen Erfolg hatte.

Experimente mit Kieselsteinen wollen wir uns und unseren Schülern besser ersparen. Doch wie wäre es mit **Semmeln, Breze(l)n, Brot**?

Eine Variante der Demosthenes-Methode hat Evelyn Frey (1995) entwickelt, sie wird als **Phago-Phonetik** bezeichnet.

Die Schüler sollen mit möglichst vollem Mund sprechen, und zwar Zungenbrecher, also Sätze, die schon mit leerem Mund schwer zu artikulieren sind. Semmeln, Breze(l)n, Brot, nicht Schokolade (!) erweisen sich dafür als Mittel besonders geeignet.

Frey beobachtete, dass die Lernenden mit Hilfe dieser Übungen ein sichereres Gefühl für die neuen Sprechbewegungen bekamen und dadurch Fortschritte erreichten.

Aufgabe 104

> 1. *Probieren Sie diese Methode, wie in den folgenden Übungen beschrieben, zuerst selbst, dann mit Ihren Schülern aus.*
>
> 2. *Welche Einwände könnte man unter Umständen dagegen erheben?*
>
> *Hier einige Zungenbrecher:*
>
> > 1. Fischers Fritz fischt frische Fische,
> >   frische Fische fischt Fischers Fritz.
> >
> > 2. In Ulm und um Ulm und um Ulm herum.
> >
> > 3. Brautkleid bleibt Brautkleid und Blaukraut bleibt Blaukraut.
> >
> > 4. Zwischen zwei Steinen zischen zwei Schlangen."
> >
> > nach: Frey (1995), 31
>
> *Weitere Zungenbrecher finden Sie in Aufgabe 72, S. 64.*

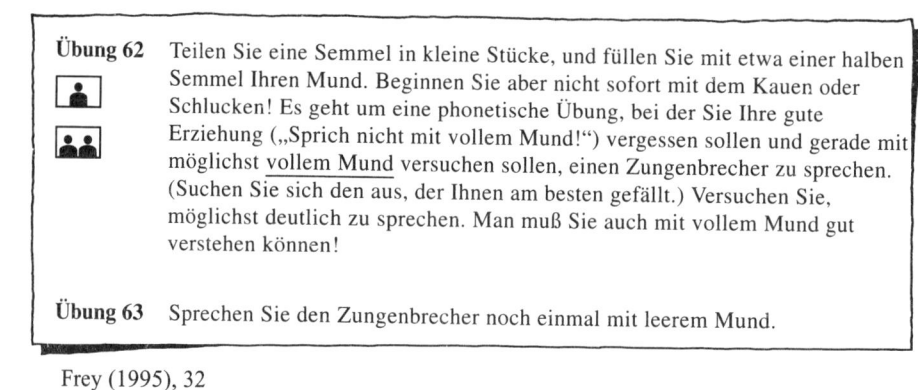

Übung 62	Teilen Sie eine Semmel in kleine Stücke, und füllen Sie mit etwa einer halben Semmel Ihren Mund. Beginnen Sie aber nicht sofort mit dem Kauen oder Schlucken! Es geht um eine phonetische Übung, bei der Sie Ihre gute Erziehung („Sprich nicht mit vollem Mund!") vergessen sollen und gerade mit möglichst <u>vollem Mund</u> versuchen sollen, einen Zungenbrecher zu sprechen. (Suchen Sie sich den aus, der Ihnen am besten gefällt.) Versuchen Sie, möglichst deutlich zu sprechen. Man muß Sie auch mit vollem Mund gut verstehen können!
Übung 63	Sprechen Sie den Zungenbrecher noch einmal mit leerem Mund.

Frey (1995), 32

Ein Taschenspiegel

In gewissen Fällen wird es nützlich, vielleicht notwendig sein, die Bildung eines bestimmten Lautes oder einer Lautgruppe näher zu betrachten. Um sich die äußerlich sichtbaren Sprechbewegungen bewusst zu machen, nimmt man die Laute gewissermaßen unter die Lupe. Dazu kann man sie auch vorübergehend isolieren.

Beispiele:

Bei den *Ö*- und *Ü*-Lauten verweist der Lehrer auf die notwendige Lippenrundung. Er spricht die Laute vor und zeigt, dass bei den *E*- und *I*-Lauten diese Rundung fehlt:

Ö – E: lösen – lesen, Zölle – Zelle, Ü – I: Bühne – Biene, Küste – Kiste

werden gegenübergestellt. Dabei können die Unterschiede (rund/nicht rund) zu Übungszwecken gern ein wenig übertrieben werden.

Sehen und hören wir uns dazu folgende Übungen bei Slembek (1986, 79, Ü 1, 2) (Hörbeispiel 73) an:

Hörbeispiel 73

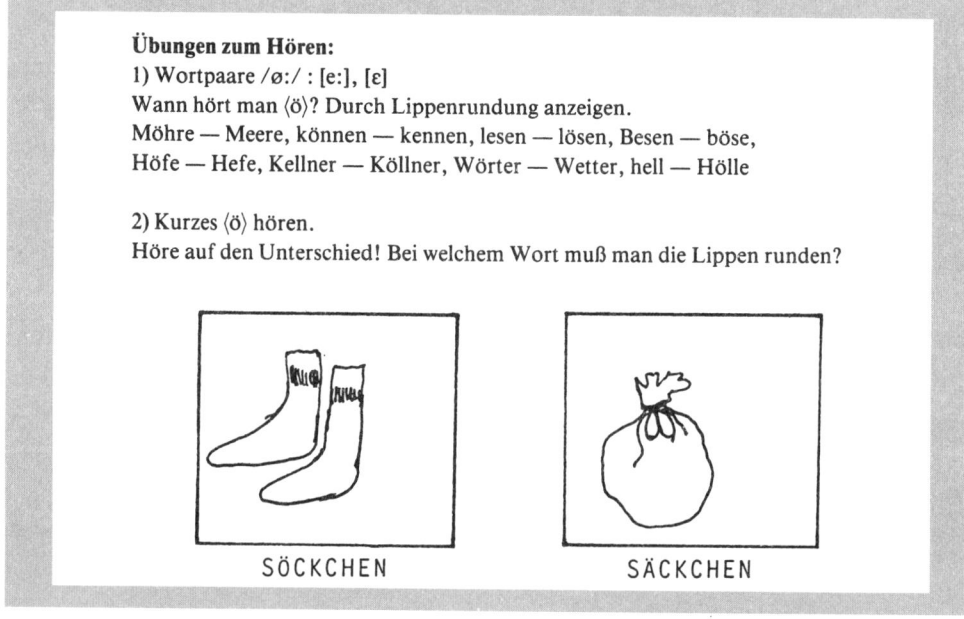

Übungen zum Hören:
1) Wortpaare /ø:/ : [e:], [ɛ]
Wann hört man ⟨ö⟩? Durch Lippenrundung anzeigen.
Möhre — Meere, können — kennen, lesen — lösen, Besen — böse,
Höfe — Hefe, Kellner — Köllner, Wörter — Wetter, hell — Hölle

2) Kurzes ⟨ö⟩ hören.
Höre auf den Unterschied! Bei welchem Wort muß man die Lippen runden?

SÖCKCHEN   SÄCKCHEN

Slembek (1986), 79

Die ursprüngliche Hörübung wird zur Nachsprechübung, die Lippenbewegungen werden mit dem Spiegel kontrolliert.

Um die Lippenbewegungen des Gegenübers – des Lehrers, der Mitschüler – mit den eigenen zu vergleichen und sich selbst zu kontrollieren, benutzt der Lernende einen Spiegel.

Achtung! Dieses Spiel mit dem Spiegel kann ganz zweckmäßig sein und sogar Spaß machen, aber nicht für alle ist die Methode geeignet. Für manche Asiaten wäre diese Prozedur äußerst peinlich. Für sie ist die Mundpartie als erogene Zone tabu. Sie wird lieber hinter einem Fächer versteckt, als „frech" ins Blickfeld gerückt.

Ein Blatt vor den Mund nehmen

Kein Blatt vor den Mund nehmen bedeutet, seine Meinung frei und ungeschminkt zu äußern. Im Phonetikunterricht kann es u. U. didaktisch nützlich sein, ein Blatt vor den Mund zu nehmen.

Beispiel:

Der Lehrer will die Unterschiede zwischen [p, t, k] (fortis) und [b, d, g] (lenis) herausarbeiten. Die Schüler sollen zwischen

> *packen – backen, tanken – danken, Kern – gern*

deutlich unterscheiden lernen.

Zu Übungszwecken ist es durchaus legitim, ein wenig zu übertreiben und die Fortisexplosive [p, t, k] stark zu behauchen. Davon bewegt sich das Blatt, wenn es dünn und nicht zu weit von den Lippen entfernt ist.

Am besten arbeitet man mit Einzelwörtern, z. B. mit Namen:

> *Paul! Peter! Theo! Paula! Petra! Thea!*

Diese Namen emphatisch und behaucht auszusprechen, klingt vielleicht ein wenig theatralisch, ist aber als emotionale Variante ganz akzeptabel.

Eine Kerzenflamme

Ein wenig umständlicher ist es, die Behauchung mit Hilfe einer Kerzenflamme zu demonstrieren, die flackert, wenn behaucht wird, und die sich nicht bewegt, wenn die Behauchung fehlt.

Die Schüler suchen selbst hierbei die „Flackerwörter":

> *Tanne, Paket, Papier, Pappe, Puppe, Kaffeekanne*

(Manchmal muss es zweimal flackern.) Sie unterscheiden „Flacker- und Nichtflackerwörter":

> *Kunst – Gunst, können – gönnen, Könner brauchen Gönner*

Auch hierbei wird zunächst wieder spielerisch übertrieben; die Übertreibung wird später aber zurückgenommen, denn [p, t, k] werden im Deutschen nicht generell, sondern nur gelegentlich (besonders unmittelbar vor einem betonten Vokal) behaucht.

6.2 Taktile Hilfen

Wer nicht hören will, muss fühlen. (Sprichwort)

Variieren wir hier den Satz und sagen:

Wer nicht hören **kann**, d. h., wem es nicht ohne weiteres gelingt, scheinbar minimale Unterschiede herauszuhören, der soll versuchen, sie mit den Händen zu fühlen.

Tatsächlich können die Hände helfen, phonetische Abläufe bewusst zu kontrollieren. Mit den Händen kann man also das Sprechen (Artikulieren) bei sich selbst fühlen.

Mit den Handflächen

Das [h] ist für manchen ein schwieriger Laut, z. B. für Sprecher romanischer oder slawischer Sprachen.

Vielleicht hilft hier das „Hauchspiel". Man simuliert, kalte Hände zu wärmen, hält sie vor den Mund, haucht in die Handflächen, spürt den Hauch auf der Haut, kommt so spielerisch zum Hauchlaut:

> *H, Hanna, H, Hedda, H, Heinrich, Heinrich Heine*

Das Wortmaterial kann und sollte auch hier von allen beigesteuert werden.

Mit Minimalpaaren kann man Hauch und fehlenden Hauch verdeutlichen:

> *Hanna – Anna, Hedda – Edda, Heike – Eike* usw.

Übrigens: Mit der Kerzenflamme und dem Spiegel geht es auch.

Man kann auch die Hand – mit der Innenseite nach unten – an das Kinn legen und die Unterscheidung von *Ich*-Laut [ç] und *Sch* [ʃ] spürbar machen: Beim *Ich*-Laut geht ein deutlicher Lufthauch auf die Handoberfläche, bei *Sch* geht die Luft darüber hinweg und ist kaum zu spüren.

Mit den Fingerspitzen

Mit den Fingerspitzen lässt sich die Resonanz der Stimmlippen am Kehlkopf ertasten, z. B. beim stimmhaften *S* [z]:

> *Sofie, Sarah, Susi*

Dagegen fehlt die Resonanz beim stimmlosen *S* [s]:

> *Klaus, Hasso, Julius*

Auch der *Ich*-Laut ist durch Fingerspitzenkontakt am Kehlkopf bewusst zu machen. Der Unterschied ist spürbar bei der Gegenüberstellung von *Ich*-Laut und [j]. Wenn wir die Stimme, das Summen „ausschalten" oder flüstern, dann entsteht aus dem [j] ein *Ich*-Laut.

Ein Finger am Mittelkinn

Hinweis

Der *Ich*-Laut [ç], der allgemein als schwieriger Laut gilt, kann auch mit Hilfe dieser Methode eingeführt werden.

Hier empfiehlt es sich, von einer Darstellung der Lautbildung auszugehen (siehe auch Kapitel 6.3). Der Schüler sieht: Die Zungenspitze befindet sich im engen Kontakt mit den unteren Schneidezähnen. Er versucht, diese Zungenposition nachzuvollziehen. Unterstützend wirkt dabei ein Finger am Mittelkinn, der von außen die Stelle markiert, an der sich die Zungenspitze innen befindet. Druck erzeugt Gegendruck – die Position wird so eher erfühlt und eingeprägt.

Der Finger am Mittelkinn bzw. die Fingerspitze an der Unterlippe kann auch helfen, ungerundete* (z. B. *I*- und *E*-Laute) von gerundeten* Vokalen (*O*-, *U*-, *Ö*-, *Ü*-Laute) zu unterscheiden. Bei den ungerundeten Vokalen wird die Unterlippe an die Zähne gedrückt, bei den gerundeten gemeinsam mit dem Finger nach vorn bewegt.

6.3   Bildliche Darstellungen

Veranschaulichung im Phonetikunterricht? Ist das nicht ein Widerspruch in sich? Phonetik ist etwas, was man hört und eigentlich nicht sieht. Eher müsste man wohl hier von „Veranhörlichung" sprechen. Allein, das Wort existiert nicht.

Sprache sichtbar zu machen, sie zu visualisieren, ist ein alter Traum der Phonetiker, und die Experimentalphonetik* hat auf diesem Gebiet schon sehr viel geleistet. Doch sind diese Art Aufzeichnungen für den Sprachunterricht kaum geeignet, weil sie von Laien nicht interpretiert werden können, wie es uns das folgende Beispiel zeigt.

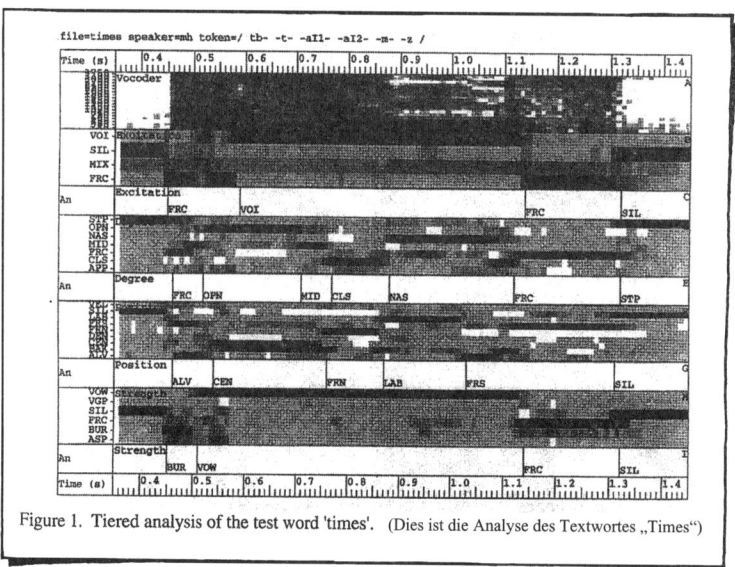

Figure 1. Tiered analysis of the test word 'times'.   (Dies ist die Analyse des Textwortes „Times")

Huckvale (1995), 283

Diese Art Abbildungen eignet sich gut für die Ausbildung in Experimentalphonetik, aber kaum als Hilfsmittel für den Fremdsprachenunterricht. Hier stützt sich der Lehrer zweckmäßig auf andere, einfachere Darstellungen, er benutzt z. B. Markierungen, Transkriptionszeichen, Abbildungen, Schemata u. a.

Die Intonation veranschaulichen

Für die Intonation steht bis heute kein einheitliches Transkriptionssystem zur Verfügung. So existiert in den Lehrmaterialien ein buntes Nebeneinander von ganz unterschiedlichen Markierungen, um Akzente, Melodieverläufe und Pausen bildlich darzustellen.

Sehen wir uns dazu einige Beispiele an.

Aufgabe 105

1. *Prüfen Sie die unterschiedlichen Angebote, die in den Hörbeispielen 74 – 77 gemacht werden, und lösen Sie die dazugehörigen Aufgaben.*

2. *Welche Markierungen könnten für Ihre Schüler hilfreich sein? Welche Markierungen lehnen Sie ab?*

Hörbeispiel 74

Prosodie-Kurs (4)

1
Analyse

DER TON (Wiederholung und Ergänzung)

Sprechen Sie die folgenden Sätze mit den Tönen, so wie sie angegeben sind:

Geld hilft nicht gegen die Armut. ↘

Wer auf den Geldbeutel zielt, → trifft das Herz nicht. ↘

Zähl nicht das Geld, → eh du es im Sack hast. ↘

Wie sind Sie Millionär geworden? ↘

Wechseln Sie französisches Geld? ↗

Sie wollen französisches Geld wechseln? ↗

Wenn wir Glück haben, → knacken wir den Tresor in 25 Minuten. ↘

Wieviel Zinsen muß ich bezahlen? ↘

Möchten Sie einen Kredit aufnehmen? ↗

Wir lösen alle Geldprobleme. ↘

Häussermann u. a. (1992), 102

---

1. Intonation (I)

Sprechmelodie

Beim Sprechen geht die Stimme nach oben und nach unten.

a) Hören Sie zweimal.
Markieren Sie die Intonation wie im Beispiel.

1. 2. 3.

4. 5. 6.

b) Hören Sie zweimal wie in a), und brummen Sie nach.
c) Hören Sie jetzt den Dialog.

1. Ent^schul_dige, wie ^heißt _du? Ent|schul|dige, wie |heißt| du?

2. Asi_ye. Asi|ye.

3. Bist du aus _Grie^chenland? Bist du aus |Grie|chenland?

4. ^Ne_i_n, ich bin ^Tür_kin. Ne\in, ich bin |Tür|kin.

5. Ist Asiye dein Fa^mi_lienname? Ist Asiye dein Familienname?

6. Asiye ist mein ^Vor_name. Asiye ist mein Vorname.

Vorderwülbecke/Vorderwülbecke (1995), 17

	Tiefton	*Hochton*
Ich will heute in die Óper gehen.	· · · · · · ´ – · · ·	· · · · · · ´ – · · · *(nicht ins Kino)*
Er verkauft sein Áuto. (-----!)	· · · · ´ – ·	· · · · ´ – · *(das hätte ich nicht gedacht!)*
Sie kommt heute zu mír.	· · · · · ´ –	
Sie kommt héute zu mir.		· · – ´ · · · *(nicht morgen)*

Johansson (1994), 12

Übung 12

Sie hören Äußerungen, in denen normaler und
großer Melodiefall gegenübergestellt werden.
Sprechen und summen Sie bitte nach!

Großer Melodiefall (↘) bei:
• kontrastiver Akzentuierung,
• emphatischer Akzentuierung,
• erregten oder gefühlvollen Äußerungen.

Nun <u>geh</u> schon. - Nun <u>geh</u> schon!

1
2
3
4
5
6

Nun geh schon!
Ich will aber nicht gehen.
Das gefällt mir nicht.
Nun beeile dich doch!
Das ist ja wunderbar.
Ich freue mich.

Stock/Hirschfeld (1996), 47f.

Die Artikulation veranschaulichen

Viele Phonetiklehrbücher arbeiten mit Lautbeschreibungen, die durch bildliche Darstellungen illustriert werden, wie die beiden folgenden Beispiele zeigen.

Aufgabe 106

1. *Schauen Sie sich die Darstellungen an und versuchen Sie, die Lautbildung mit Hilfe der Beschreibung und der Abbildungen nachzuvollziehen.*

2. *Helfen Ihnen selbst diese und ähnliche Abbildungen, schwierige Laute besser zu erfassen?*

3. *Würden Sie Abbildungen dieser Art in Ihrem Unterricht verwenden?*

Beispiel 1

[e:] **7.2.6.1. Gespannt-langes *e***

Lautbeschreibung

Das gespannt-lange *e* ist ein mittelhoher Vorderzungenvokal. Die Zunge wölbt sich daher im vorderen Bereich gegen den harten Gaumen, jedoch nicht so stark wie beim [i:]. Der Zahnreihenabstand ist relativ klein, jedoch etwas größer als beim [i:]. Ein leichter Lippenbreitzug (Mundwinkel nach außen) ist möglich. Der vordere Zungenrand hat Kontakt mit den unteren Schneidezähnen. Das Gaumensegel ist gehoben. [e:] wird mit relativ großer Artikulationsspannung und mit großer Präzision gesprochen.

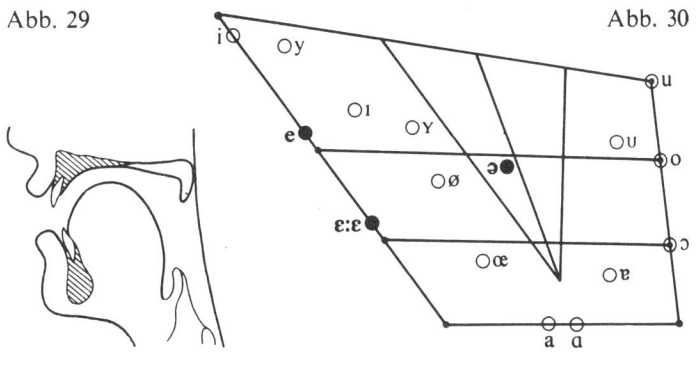

Abb. 29   Abb. 30

Rausch/Rausch (1992), 280

Beispiel 2

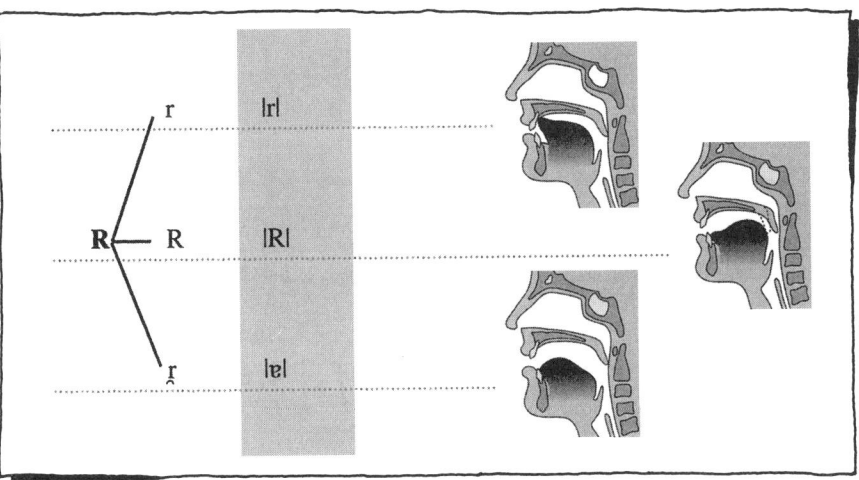

Zungenspitzen-r Die Zungenspitze schlägt gegen die Zähne oder den Zahndamm.

Zäpfchen-r Das Zäpfchen schlägt gegen den Zungenrücken. Stellen Sie sich vor, Sie würden mit einem Schluck Wasser gurgeln.

Reibe-r Der hintere Zungenrücken wird gegen das Velum gedrückt und verschließt so den Nasalraum. Es entsteht eine Enge, in der das Reibe-r entsteht.

Vokalisiertes r: Das tiefe „Schwa*" Steht das r in einer Silbe nach einem Vokal, so wird es stärker vokalisiert als ɐ ausgesprochen; es entstehen also neue Diphthonge.

Middleman (1996), 15 (Abbildung), 64f. (Lautbeschreibung)

Die Abbildungen schematisieren natürlich stark und sind deshalb nicht ohne weiteres „lesbar". Für den einen mögen solche Bilder eher eine abschreckende Wirkung haben, für den anderen sind sie hilfreich, besonders dann, wenn die Bilder mehr zeigen, wenn sie näher „an der Natur" sind. Solche Bilder enthält z. B. Hans-Heinrich Wänglers *Atlas deutscher Sprachlaute* (1964). Wängler zeigt die Laute von verschiedenen Seiten auf verschiedene Art. Er stellt das lange, gespannte *E* so dar:

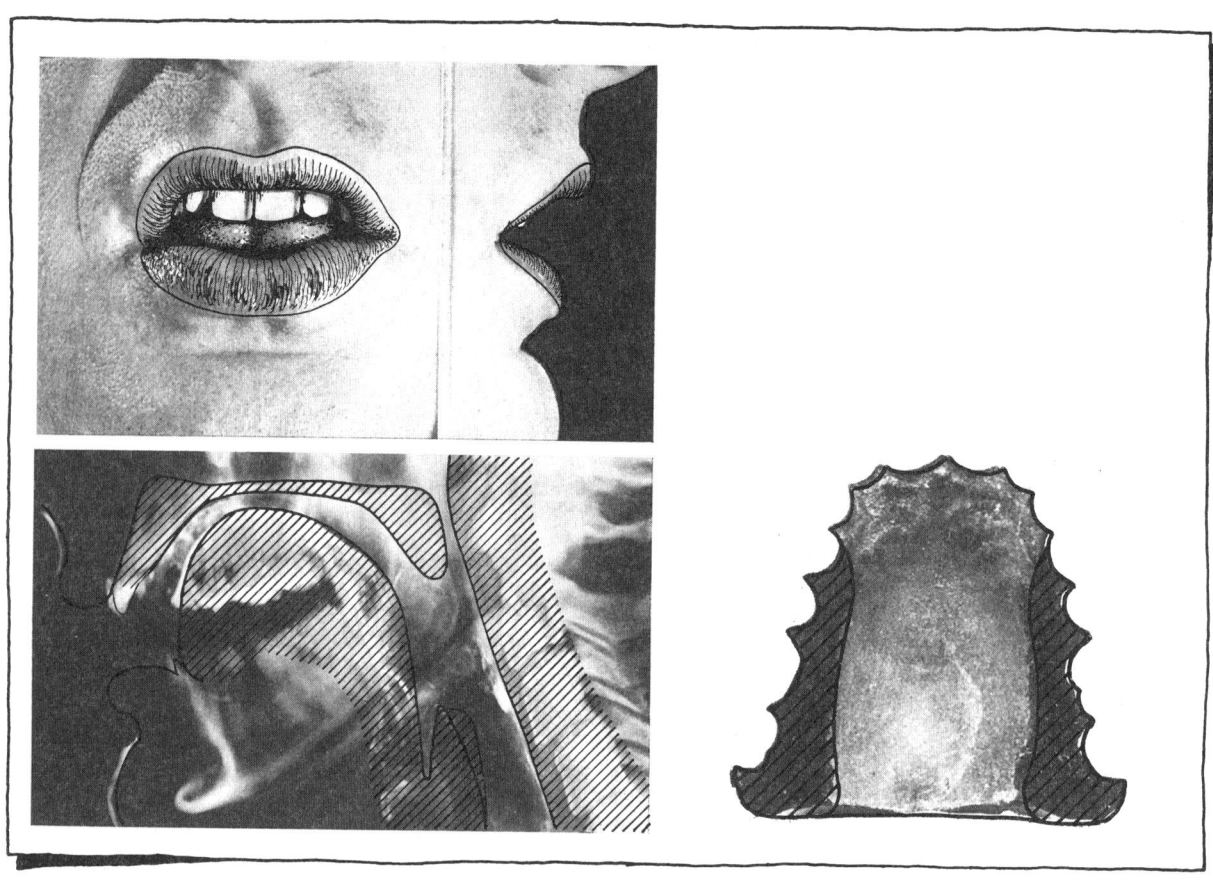

Wängler (1964), Tafel 18

Fotos von der Mundpartie von vorn und von der Seite werden ergänzt durch eine Röntgenaufnahme und ein Palatogramm* (das die Berührungsflächen der Zunge am Gaumen zeigt), die die sonst verborgenen Vorgänge im Mundraum sichtbar machen. Zur Verdeutlichung werden die Bilder auf eine Folie übertragen, die nun das Wesentliche hervorhebt. Diese Folien erhellen auch für den Laien, was mit einer einzelnen schematischen Darstellung nur schwer zu erfassen ist.

Es versteht sich, dass eine genauere Beschäftigung mit der Physiologie, wie sie hier versucht wird, nur bei Problemlauten (z. B. *E*-Laute, *Ich*- und *Ach*-Laute) sinnvoll ist.

Die Beispiele bei Rausch, Middleman und Wängler bilden eine bestimmte Phase der Lautbildung ab. Sie sind statisch. Was wir hier im Buch nicht darstellen können, sind Bilder, die die Sprech**bewegung** eines Lautes, einer Lautfolge vorführen. Solche Bewegungen können heute schon durch Computergrafiken wiedergegeben und didaktisch nutzbar gemacht werden (vgl. z. B. Franke 1996).

6.4 Ton-, Video- und Computertechnik

Die phonetische Forschung und auch der Phonetikunterricht stützen sich traditionell auf Geräte und Apparaturen. Nicht immer sind in den Schulen technische Möglichkeiten vorhanden, aber dort, wo es sie gibt, sollten sie für Ausspracheübungen auch wirklich genutzt werden. Das gilt gleichermaßen für Sprech-, Vortrags- und Leseübungen. Ganz wichtig ist die Arbeit mit Kassettenrekordern, aber auch Videorekorder sind von Nutzen, wenn auch (noch) nicht so komfortabel zu bedienen.

Die Faszination der Medien ist groß, und der Umgang mit Ton-, Video- und Computertechnik ist heute Kindern und jungen Leuten so vertraut, dass deren Einsatz im Sprachunterricht überaus angeraten, ja geboten erscheint. Die Fremdsprache original ins Klassenzimmer zu holen, ein alter Traum, ist heute Wirklichkeit geworden, aber im Unterrichtsalltag dominieren häufig noch *talk and chalk* (Gerede und Kreide).

Was aber hält manchen Lehrer davon ab, Ton-, Video- und Computertechnik für seine Ziele, speziell für den Phonetikunterricht, zu nutzen? Überprüfen Sie bitte Ihre eigene Einstellung.

1. Sammeln Sie Argumente für den Einsatz von Ton- und Videotechnik speziell im Phonetikunterricht. Gibt es auch Argumente dagegen?

2. Welche technischen Geräte stehen Ihnen für den Unterricht zur Verfügung? Woran fehlt es Ihrer Meinung nach?

3. Machen Sie von Ihren Schülern regelmäßig Tonaufnahmen? Was spricht dafür?

4. Machen Ihre Schüler auch zu Hause Aufnahmen, die sie im Unterricht vorspielen oder die nur für Sie, den Lehrer, bestimmt sind?

5. Wie könnten Computerprogramme die Arbeit an der Aussprache unterstützen? Was können sie nicht leisten?

<u>Aufgabe 107</u>

Stellen wir uns eine ideale Situation vor:

➤ Audio- und Videorekorder, vielleicht sogar Computer, sind in der Schule oder im Klassenraum selbst, wo der Sprachunterricht stattfindet, vorhanden. Und sie sind intakt!

➤ Es gibt genügend Ton- und Videobänder für den Unterricht und Computerprogramme für die selbstständige Arbeit.

➤ Es ist auch möglich, qualitativ gute Audio- und/oder Videoaufnahmen zu machen.

➤ Die Schüler haben auch zu Hause Geräte, um weiter zu üben und eigene Aufnahmen anzufertigen.

Diese oder ähnlich günstige Bedingungen animieren sicher Lehrer und Schüler, die Technik fleißig zu nutzen. Was aber, wenn günstige Bedingungen fehlen, wenn die Technik erst mühsam herbeigeschafft werden muss, wenn sie versagt, wenn es keine oder zu wenig Materialien auf Kassetten gibt, wenn die Klassen sehr groß sind, wenn der Lehrer gar nicht die Zeit findet, Aufnahmen von einzelnen Schülern anzuhören?

Dann ist alles freilich viel schwieriger, aber als Ziel sollte doch angestrebt werden, im Phonetikunterricht mit diesen Medien zu arbeiten. Für die individuelle Arbeit sind sie besonders geeignet.

7 Standardthemen. Phonetischer Baukasten

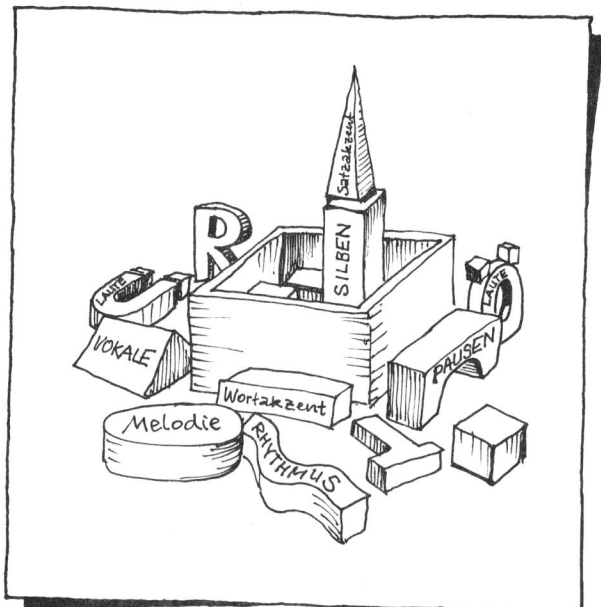

Hinweis

Literaturhinweis

In einer Art Baukasten haben wir in diesem Kapitel fünfzehn Phonetikthemen (Bausteine) zusammengestellt, die für Lernende unterschiedlicher Ausgangssprachen interessant und wichtig sind. Die einzelnen Bausteine können durch geeignete Übungen aus den vorangegangenen Kapiteln dieser Fernstudieneinheit ergänzt werden. Zum Weiterüben für Sie selbst und für Ihre Schüler finden Sie in der Materialsammlung (Kapitel 9) Dialoge, Texte, Lieder u. a. Am Ende eines jeden Bausteins geben wir Ihnen Empfehlungen, welche Beispiele aus dem Kapitel 9 zur Weiterarbeit besonders geeignet sind. Zur Ergänzung können Sie u. a. auch die *Phonothek* (Stock/Hirschfeld 1996) und *Simsalabim. Übungskurs zur deutschen Phonetik* (Hirschfeld/Reinke 1998) heranziehen.

Für eine Fortsetzung der Hörschulung ist die Fernstudieneinheit *Fertigkeit Hören*, für eine Fortsetzung der Sprechschulung die Fernstudieneinheit *Fertigkeit Sprechen* zu empfehlen.

Die phonetischen Übungen in den Bausteinen sind sämtlich als Anregung gedacht, Ausspracheübungen interessanter und vergnüglicher als gemeinhin üblich zu gestalten. „Phonetik muß nicht freudlos sein", hat Gudula Mebus in der *Sprachbrücke* (1987) zu Recht konstatiert. Wir versuchen hier, ihrem Rat zu folgen.

Jeder Baustein besteht aus zwei Teilen. Der erste Teil – **Für die Lehrer** – bietet Ihnen eine knappe theoretische Darstellung des Themas mit einigen Beispielen und didaktischen Überlegungen. Auf diese Weise können Sie sich selbst erst einmal mit den fachlichen Grundlagen und den Möglichkeiten der Umsetzung in die Unterrichtspraxis vertraut machen. Der zweite Teil – **Für die Schüler** – enthält Übungsangebote für die Lernenden, eingebettet in die Beschreibung der jeweiligen Übungsziele und Übungsschritte.

Empfehlung

Vielleicht gehen Sie so vor:

Wählen Sie zunächst die Bausteine aus, die speziell für Ihre Schüler interessant erscheinen. Probieren Sie auch die Übungen für die Schüler erst selbst aus.

Formulieren Sie für Ihre Schüler Aufgaben zu allen Übungen, denn unsere Empfehlungen sind für Sie geschrieben und keine Anweisungen für die Schüler. Wir haben versucht, zu einer Übung jeweils mehrere Übungsmöglichkeiten vorzugeben, also beispielsweise eine Hörübung auch als Lese- und Nachsprechübung zu nutzen. Sie können hier auch noch weitergehen und zusätzliche Aufgaben stellen, die für Ihre Schüler interessant sind und die Automatisierung des Gelernten fördern. Wir empfehlen Ihnen auch, möglichst oft Tonaufnahmen zu machen.

Im Sinne einer Lernerphonetik sollen die Schüler – mit Ihrer Hilfe – möglichst selbst Regeln entdecken und anwenden.

Vielleicht sind einige Übungen zu leicht, andere zu schwer. Vielleicht können Sie nur Teile davon nutzen. Vielleicht lassen Sie sich von den Vorschlägen anregen und variieren die Übungen, damit sie besser für Ihre Schüler passen. Sie sollten also stets die besonderen Interessen und das Lernniveau der Schüler berücksichtigen.

Wichtig ist immer, dass der Schüler nicht in unbekannter Lexik „ertrinkt". Allzu schnell gerät sonst eine Phonetikübung zu einer Vokabellektion. Also wählen Sie Übungen oder aus den Übungen Beispiele aus, die zum Sprachstand Ihrer Schüler passen. Die Schüler sollten keine unbekannten Wörter üben – falls sie in den von Ihnen ausgewählten Teilen vorkommen, müssten sie vorher semantisiert werden.

Wir haben dieses Kapitel ganz bewusst so gestaltet, dass noch keine fertigen Arbeitsblätter vorzufinden sind. Stellen Sie für Ihre Schüler Arbeitsblätter zusammen, in die Sie unter Berücksichtigung der oben genannten Gesichtspunkte ausgewählte, für Ihre Schüler geeignete Übungen zu einem phonetischen Schwerpunkt aufnehmen:

➤ Übungen aus den Schülerteilen der folgenden Bausteine,

➤ Übungen aus den Lehrerteilen der Bausteine,

➤ Übungen aus den vorangegangenen Kapiteln,

➤ Beispiele aus der Materialsammlung (Kapitel 9).

Weil die Intonation für eine gute Aussprache entscheidend ist, empfehlen wir die Bausteine 1 bis 6 Ihrer besonderen Aufmerksamkeit.

Da sich dieses Material an ein breites Publikum richtet, werden spezielle, ausgangssprachenspezifische Themen nicht berücksichtigt. Womöglich vermissen Sie bei den Lauten – Bausteine 7 bis 13 – einige Themen, die gerade für Ihre Schüler ganz wichtig sind, hier aber nicht dargestellt werden, etwa die Differenzierung von [l] und [r] oder Konsonantenhäufungen, oder …

Dann probieren Sie doch einmal, mit Ihren Schülern Übungen zu diesen Themen selbst zusammenzustellen. Das könnte den Schülern und Ihnen selbst Freude machen und ganz anregend sein.

Die Lösungen für die Schülerübungen finden Sie – ohne dass das in den Bausteinen jeweils angemerkt ist – im Lösungsschlüssel.

Aufgabe 108

Bitte überlegen Sie, welche der im Folgenden behandelten phonetischen Themen (Bausteine, S. 98–143) für Ihre Schüler sehr wichtig, welche weniger wichtig sind und welche fehlen. Vergleichen und diskutieren Sie Ihre Entscheidung mit anderen Kollegen.

Baustein	sehr wichtig	weniger wichtig
1		
2		
3		
4		
5		
6		
7		
8		
9		
10		
11		
12		

Baustein	sehr wichtig	weniger wichtig
13		
14		
15		

Fehlende Themen:

_____

_____

_____

_____

7.1 BAUSTEIN 1
Silben

➤ **Für die Lehrer**

Die große Anzahl von Silbendefinitionen zeigt, wie umstritten der Begriff der *Silbe* in der Linguistik ist. Wir entscheiden uns hier für die Definition von Meinhold/Stock (1980, 173), die lautet:

> „Die Silbe verstehen wir als rhythmische Einheit, deren Kern ... von besonderer Wichtigkeit als Träger prosodischer* Eigenschaften – z. B. des Akzentes – ist."

Wörter bestehen aus einer oder mehreren Silben. Eine Silbe ist jeweils die Akzentsilbe,

bei Einsilbern die einzige, z. B. *Bonn, Harz,*

bei Zweisilbern die erste oder die zweite, z. B. **Bre**-*men, Ber*-**lin**,

bei Dreisilbern die erste, zweite oder dritte Silbe, z. B. **Lü**-*ne-burg, Han*-**no**-*ver, Lo-re*-**lei** usw.

Sehr lange, zusammengesetzte Wörter haben einen Haupt- und einen Nebenakzent,

z. B. *In-dus-***trie**-*ge-*<u>biet</u>, **Ei**-*sen-bahn-*<u>kno</u>-*ten-punkt.*

Für die Phonetik ist die Silbe eine wichtige Größe. Es ist zu unterscheiden zwischen betonten und unbetonten, zwischen offenen (endet auf Vokal) und geschlossenen Silben (endet auf Konsonant), zwischen Silbenan- und Silbenauslaut.

Aufgabe 109

> 1. *Teilen Sie die folgenden Wörter in Silben und bestimmen Sie die Silbenstrukturen, d. h. das Auftreten von Vokalen (V) und Konsonanten (K) in den Silben, z. B.:*
>
> | *Schriftstück:* | *Schrift – stück/KKVKK – KKVK* |
> |---|---|
> | *Textsorte:* | _____ |
> | *Aufsatz:* | _____ |
> | *Inhaltsangabe:* | _____ |
> | *schriftlich:* | _____ |
>
> 2. *Wie kann man das Verhältnis von Vokalen und Konsonanten in deutschen Silben charakterisieren? Und wie ist es in Ihrer Muttersprache bzw. in der Muttersprache Ihrer Schüler?*

Mit dem Silbenbegriff wird im Unterricht viel operiert, aber nicht jeder Schüler erkennt von allein die Silben. Das gilt besonders für Lernende mit Sprachen, in denen es nur

---

Einsilber gibt, z. B. Laotisch. Aber auch für andere ist es nützlich zu lernen, Silben zu erfassen, und das Segmentieren besonders zu üben.

Die bekannte und oft gestellte Scherzfrage: Was bedeutet *Diekuhliefumdensee*? erhellt das Problem. Man muss den Redestrom segmentieren lernen, die einzelnen Silben herausfiltern können. In diesem Fall also: *Die Kuh lief um den See.*

➤ Für die Schüler

```
Sprech-sil-be
S
Sp
Spr
Spre
Sprec
Sprech
Sprechs
Sprechsi
Sprechsil
Sprechsilb
Sprechsilbe
Sprechsilb
Sprechsil
Sprechsi
Sprechs
Sprech
Sprec
Spre
Spr
Sp
S
Sprech-sil-be
```

Die Schüler lesen das Beispiel. Sie erkennen: Wörter bestehen aus Silben, Silben aus Vokalen und Konsonanten. Nicht alle aufeinander folgenden Buchstaben oder Laute gehören zur gleichen Silbe. Wörter haben mindestens eine Silbe (Einsilber), oft auch zwei oder mehr (Mehrsilber).

Übung 1: Paul, Paula und Pauline

Übung 1

Die Schüler hören die Beispiele.

Hörbeispiel 78

```
Paul wohnt in Bonn.
Paula wohnt in Berlin.
Pauline wohnt in Magdeburg.
Paul, Bonn, Pau-la, Ber-lin, Pau-li-ne, Mag-de-burg
```

Sie klatschen zu den Silben in den Vor- und Städtenamen. Sie erkennen:
- *Paul*, *Bonn* sind Einsilber,
- *Paula*, *Berlin* sind Zweisilber,
- *Pauline*, *Magdeburg* sind Dreisilber.

Die Schüler sagen ihre eigenen Namen und die ihrer Mitschüler, sie klatschen dazu bei jeder Silbe.

Übung 2: Wie viele Silben?

Übung 2

Die Schüler hören die Beispiele und achten auf die Silbenzahl.

Hörbeispiel 79

eine Silbe	zwei Silben	drei Silben
Buch	Bücher	Bücherei
Heft	Hefte	Schreibhefte
Uhr	Uhren	die Uhren
Komm!	Komm doch!	Kommen Sie!
Frag!	Frag mal!	Fragen Sie!

Sie hören die Beispiele noch einmal, sprechen nach und klatschen dazu.

Sie suchen weitere Beispiele und ordnen Sie nach der Silbenzahl. Sie lesen sie vor und klatschen dazu.

Übung 3

Übung 3: Im Zoo

Die Schüler hören die Beispiele und ordnen sie nach der Silbenzahl.

Hörbeispiel 80

Im Zoo

Affen. Giraffen. Ein Schwein. Ein Löwe. Bunte Fische. Alte Kamele. Elefanten-kinder. Papageien. Drei kleine Tiger. Lange Schlangen. So viele Pinguine. Ein Tierkindergarten. Nicht füttern! Füttern verboten! Bitte fotografieren.

zwei Silben: *im Zoo* _____

drei Silben: _____

vier Silben: _____

fünf Silben: _____

sechs Silben: _____

sieben Silben: _____

Die Schüler lesen die Wörter jeder Gruppe einzeln und dann noch einmal als Text – wie auf der Kassette – vor.

Sie ergänzen die Liste. Welche Tiere leben noch im Zoo?

Übung 4

Übung 4: Berühmte Namen

Die Schüler hören Namen. Sie stellen fest, wie viele Silben sie haben und trennen sie. Beispiel: Jo-hann Wolf-gang Goe-the (sechs Silben).

Hörbeispiel 81

Berühmte Namen

1 Johann Wolfgang Goethe
2 Wolfgang Amadeus Mozart
3 Albert Einstein
4 Karl May
5 Marlene Dietrich
6 Katharina Witt
7 Boris Becker

Sie nennen weitere Namen bekannter Persönlichkeiten und bestimmen die Zahl der Silben.

Übung 5

Übung 5: Abzählreime

Die Schüler hören die Abzählreime und sprechen sie. Dabei zeigen sie mit der Hand auf andere Schüler, wie man es beim Abzählen macht.

Hörbeispiel 82

Abzählreime

Ich und du,
Mül-lers Kuh,
Mül-lers E-sel,
das bist du.

Paul, Pau-li-ne, Ap-fel-si-ne,
Ap-fel-ku-chen,
du musst su-chen.

Auf dem Bal-kon liegt ein Bon-bon,
wer da-von lutscht, der ist futsch.

Eins, zwei, drei, vier,
die Maus sitzt am Kla-vier,
am Kla-vier sitzt ei-ne Maus,
und du bist raus.

Die Schüler lernen die Reime auswendig und spielen damit.

Übung 6: Silbenrätsel

In den folgenden Silben stecken neun Wörter.

> be – ber – ber – den – el – ge – ger – ho – in – lich –
> müt – no – nor – ro – se – se – sel – ti – ü – vem –
>
> 1. ein Tier
> 2. ein Kleidungsstück
> 3. eine Präposition
> 4. eine Blume
> 5. von Wasser umgebenes Land
> 6. eine Himmelsrichtung
> 7. ein Synonym für bequem, ruhig, freundlich
> 8. ein Fluss
> 9. ein Monatsname
>
> Die Anfangsbuchstaben der Wörter ergeben den Namen eines Bundeslandes in
> Deutschland:
>
> _____ _____ _____ _____ _____ _____ _____ _____ _____

Die Schüler denken sich für ihre Mitschüler auch ein Silbenrätsel aus.

Übung 7: Trennungen

Die Schüler hören das Gedicht von Hans Manz und lesen still mit.

> **Trennungen**
>
> Getrennt werden:
> E – hen
> El – tern
> Ge – schwis – ter
> Fa – mi – li – en
> Staa – ten
> Völ – ker
> Ras – sen
> Klas – sen

nach: Manz (1991), 71

Sie lesen das Gedicht nun vor.
Sie schreiben es weiter. Getrennt werden auch: *Freun-de, Wör-ter.*

⇒ Alle Beispiele aus Kapitel 9 eignen sich für die Weiterarbeit.

➤ Für die Lehrer

Der Wortakzent kann im Deutschen auf der ersten, der zweiten, der dritten, der … nten
Silbe liegen. Er ist also nicht fest. Er kann aber auch nicht auf eine beliebige Silbe gelegt
werden. Es gibt feste Regeln für die Betonung von Silben im Wort.

> *Markieren Sie die Wortakzente in den folgenden Beispielen. Hören Sie die
> Wörter dann zum Vergleich auf der Kassette (Hörbeispiel 84). Erkennen
> und formulieren Sie zu a) bis f) passende Betonungsregeln.*
>
> a) **Einfache Wörter:** *arbeiten, die Arbeit, der Arbeiter*
>
> b) **Wörter mit be-, ge-, ver-, zer- u. a.:** *erarbeiten, die Bearbeitung,
> gearbeitet*
>
> c) **Untrennbare Verben:** *wiederholen, umreißen, durchfahren*
>
> d) **Trennbare Verben:** *wiederholen, umreißen, vorfahren*
>
> e) **Komposita:** *Fremdsprache, Sprachunterricht, Fremdsprachenunterricht*
>
> f) **Buchstabenwörter:** *ABC, USA, PNdS*

Der Wortakzent ist im Deutschen – gelegentlich – distinktiv, also bedeutungsunterscheidend. Das zeigt sich in Fällen wie *August* (Vorname) und *August* (Monatsname), *Tenor* (Sinn) und *Tenor* (Stimmlage) und vor allem bei den trennbaren und untrennbaren Verben, die sich ganz deutlich in der Akzentuierung unterscheiden.

Damit ist nur kurz angedeutet, dass das Thema *Wortakzent* äußerst wichtig ist. Lernenden mit Ausgangssprachen, die einen festen und keinen beweglichen Wortakzent haben, bereitet der deutsche Wortakzent besondere Schwierigkeiten. Das sind z. B. Polnisch, Ungarisch und Französisch Sprechende. Auch fortgeschrittene und fortgeschrittenste Lernende sind hier noch unsicher und machen Fehler, die sehr irritierend sein können. Leider wird in Lehrmaterialien, z. B. in Glossaren, der Wortakzent nur selten angegeben.

Ein weiteres Problem für viele Deutschlernende sind die Mittel der Hervorhebung. Im Deutschen werden die betonten Vokale nicht verlängert ausgesprochen. In betonten wie unbetonten Silben stehen sich lange und kurze Vokale gegenüber und müssen gut unterschieden werden (z. B. *Schulfach* – *Fachschule*: lang-kurz und kurz-lang). Die betonten Silben sind lauter, melodisch abgesetzt, gespannter und deutlicher und insgesamt etwas länger als die unbetonten, die außerdem leiser, schlaffer und ungenauer gesprochen werden.

Aufgabe 111

> *Hören Sie sich die Beispiele aus Aufgabe 110 noch einmal an und achten Sie diesmal besonders auf die Klangmerkmale der betonten Silben. Welche der genannten Merkmale können Sie wahrnehmen?*

In einzelnen Wörtern wird eher selten gesprochen. Der Wortakzent realisiert sich über das Wort auch in der Wortgruppe (Akzentgruppe, Rhythmusgruppe), im Satz, im Text. Wenn Wörter in zusammenhängenden Äußerungen falsch akzentuiert werden, wird auch der Sprechrhythmus verletzt, an dem sich der Hörer orientiert (vgl. Hörbeispiel 9, S. 27). Selbst wenn die Laute richtig gesprochen werden, können Akzentabweichungen zu Verständigungsschwierigkeiten führen, weil sich der muttersprachige Hörer in der Sprachverarbeitung an den betonten Silben orientiert.

Die Ergebnisse eines am Herder-Institut vorgenommenen Experimentes können das verdeutlichen. Ein Deutschlernender, der kurze Phrasen zu sprechen hatte, sagte *Es regnet.* und betonte die letzte Silbe. Die deutschen Versuchspersonen, die die Aufnahmen abhörten, verstanden etwas völlig anderes, nämlich etwas mit *nett* am Ende, z. B. *Es ist nett, du bist nett, …* – obwohl die Einzellaute gut zu verstehen waren.

Als kleine Episode, die die Wichtigkeit der korrekten Akzentuierung verdeutlicht, auch wenn die Verständlichkeit hier nicht beeinträchtigt ist, sondern nur die Hörgewohnheiten verletzt werden, sei auf eine Veröffentlichung in der *Leipziger Volkszeitung* (vom 16.12.1997) hingewiesen, in der es darum ging, dass bei der Haltestelle „Goerdelerring" bei der automatischen Ansage fälschlicherweise die letzte Silbe betont wurde, also Goerdeler**ring** statt **Goer**delerring. Reaktion der Verantwortlichen: Anfang 1998 sollte dieser Fehler korrigiert werden.

➤ **Für die Schüler**

Übung 1

Übung 1: Januar, Februar, März, …

Die Schüler hören den kleinen Vers von Johann Wolfgang von Goethe.

Hörbeispiel 85

> Januar, Februar, März,
> du bist mein liebes Herz,
> Mai, Juni, Juli, August,
> mir ist nichts mehr bewußt.

Goethe (1988), 20

Dann hören sie die Monatsnamen:

Ja-nu-ar, **Fe**-bru-ar, **März**, A-**pril**, **Mai**, **Ju**-ni,
Ju-li, Au-**gust**, Sep-**tem**-ber, Ok-**to**-ber, No-**vem**-ber, De-**zem**-ber

Sie erkennen, dass die Silben eines Wortes nicht gleich sind. Eine Silbe im Wort ist stärker, das ist die Akzentsilbe. Sie kreuzen an:

Akzentsilben sind:

lauter	☐	leiser	☐
schneller	☐	langsamer	☐
undeutlicher	☐	deutlicher	☐
höher	☐	tiefer	☐

Die Schüler hören die Monatsnamen noch einmal und ordnen die Mehrsilber nach der betonten Silbe.

Akzent auf der ersten Silbe:

_____

Akzent auf der zweiten Silbe:

_____

Die Schüler sagen, in welchem Monat sie Geburtstag haben.
Sie lesen das Gedicht vor. Sie lernen es auswendig und sprechen es frei.

Übung 2: Lautmalereien, Zauberwörter

Übung 2

Die Schüler hören die Beispiele und unterstreichen die Akzentsilbe.

Hörbeispiel 86

> SCHNICK-SCHNACK, PING-PONG, SE-SAM, KLIM-BIM
> ZAP-ZE-RAP, FIR-LE-FANZ
> SIM-SA-LA-BIM, HO-KUS PO-KUS, HO-KUS PO-KUS FI-DI-BUS
> A-BRA KA-DA-BRA

Sie lesen die Wörter und achten auf den Akzent.
Vielleicht kennen die Schüler noch mehr Zauberwörter oder lautmalende Wörter (z. B. Tiernamen: *Kikeriki, Kuckuck, …*)? Oder sie denken sich welche aus?

Übung 3: Städte

Übung 3

Die Schüler hören Städtenamen und unterstreichen die Akzentsilbe.

Hörbeispiel 87

> **Städtenamen**
>
> Mag-de-burg, Ber-lin, Ham-burg, Dres-den, Re-gens-burg, Wies-ba-den, Pa-ris, Lon-don, Ma-drid, Ve-ne-dig, Ca-sa-blan-ca

Sie hören die Städtenamen noch einmal und sprechen sie nach.
Sie suchen weitere mehrsilbige Städtenamen, auch aus Österreich und der deutschsprachigen Schweiz, und bestimmen den Akzent. Dazu können Landkarten und Wörterbücher, die die Akzentvokale markiert haben, benutzt werden.

Übung 4: Bundesländer

Übung 4

Die Schüler hören die Namen der Bundesländer und unterstreichen die Akzentsilbe.

Hörbeispiel 88

> **Die Bundesländer**
>
> Schleswig-Holstein, Mecklenburg-Vorpommern, Niedersachsen, Sachsen-Anhalt, Brandenburg, Sachsen, Thüringen, Hessen, Nordrhein-Westfalen, Rheinland-Pfalz, Saarland, Baden-Württemberg, Bayern, Bremen, Hamburg, Berlin

Sechs Bundesländer tragen Doppelnamen. Liegt der Hauptakzent auf dem ersten oder auf dem zweiten Namen?

Die Schüler lesen alle Namen vor.

Sie beschreiben die Lage der Bundesländer (*Norden, Süden, Osten, Westen, Zentrum*).

Schleswig-Holstein liegt im Norden.

_____

_____

_____

_____

_____

_____

_____

_____

Sie üben genauso mit den Bundesländern Österreichs und den Kantonen der Schweiz.

Benutzen Sie für die Übung die Karte auf Seite 105.

Benutzen Sie für die Übung die Karte auf Seite 105.

Übung 5

Übung 5: Schule

Die Schüler hören die Beispiele und unterstreichen die Akzentsilbe.

Hörbeispiel 89

> die Schulklasse – der Klassenraum
> das Lehrerzimmer – die Zimmernummer
> die Deutschstunde – der Stundenplan
> die Hörübung – das Übungsheft
> das Fremdwort – das Wörterbuch
> die Hausarbeit – das Arbeitsblatt

Sie kreuzen an: Der Akzent liegt

auf dem Bestimmungswort (vorn) ☐

auf dem Grundwort (hinten). ☐

Sie hören die Beispiele noch einmal und sprechen sie nach.
Sie verwenden die Wörter in kurzen Sätzen.

Übung 6

Übung 6: Auf dem Markt

Die Schüler hören zuerst den kleinen Text und achten auf die Akzente.

Hörbeispiel 90

> **Auf dem Markt**
>
> Dort gibt es Gemüse:
> Möhren, Zwiebeln, Kartoffeln, Gurken und Salat.
>
> Es gibt auch Obst:
> Äpfel, Birnen, Kirschen, Apfelsinen, Bananen und Zitronen.

Dann hören sie die Beispiele einzeln und unterstreichen die Akzentsilben.

> Gemüse, Möhren, Zwiebeln, Kartoffeln, Gurken und Salat
> Obst, Äpfel, Birnen, Kirschen, Apfelsinen, Bananen und Zitronen

Sie lesen die Beispielwörter vor und achten auf den Akzent.
Was gibt es noch auf dem Markt? Wörter werden gesammelt und der Akzent wird bestimmt.

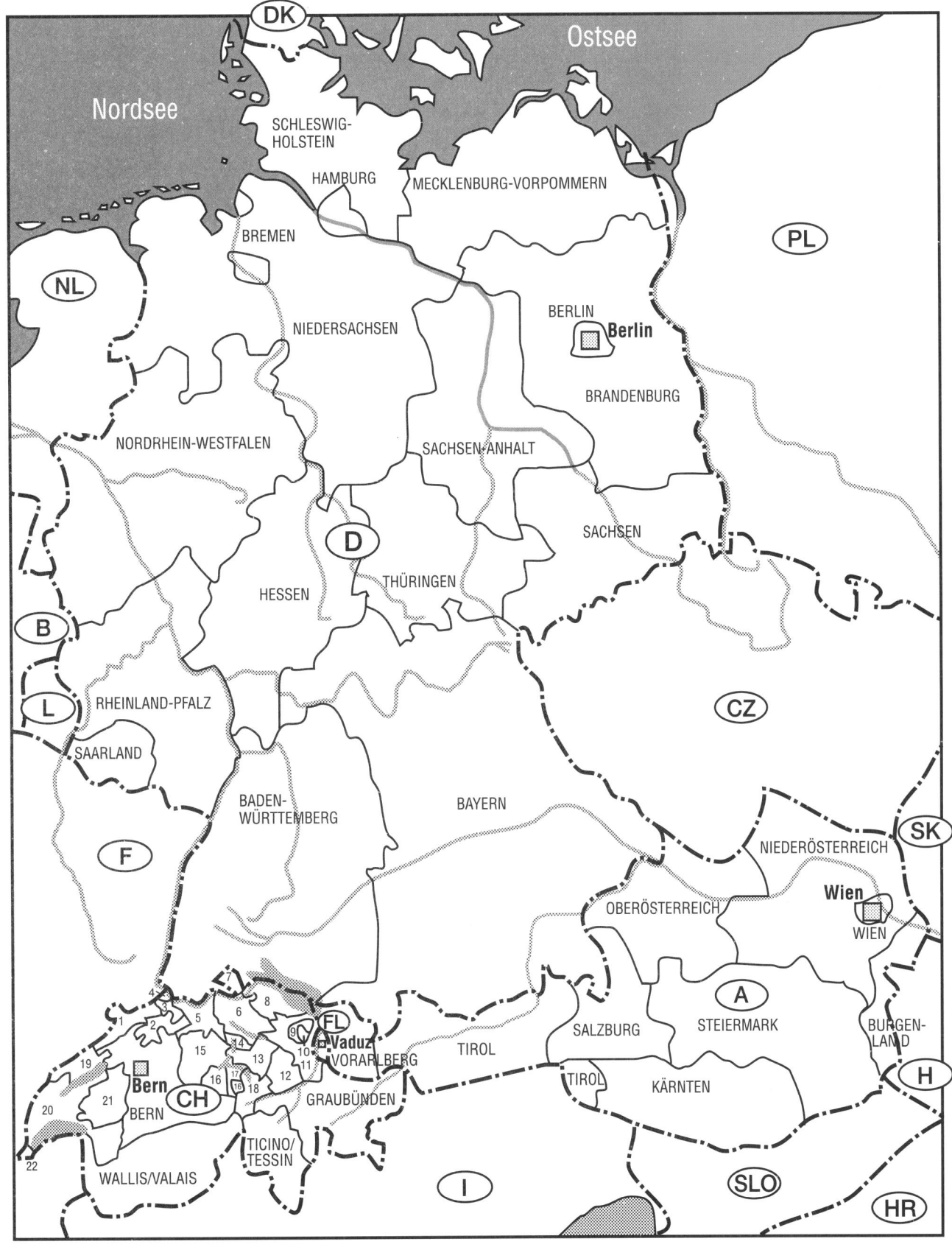

Nordsee

Ostsee

DK

SCHLESWIG-HOLSTEIN

HAMBURG

MECKLENBURG-VORPOMMERN

BREMEN

PL

NL

NIEDERSACHSEN

BERLIN

Berlin

BRANDENBURG

NORDRHEIN-WESTFALEN

SACHSEN-ANHALT

D

SACHSEN

B

HESSEN

THÜRINGEN

L

RHEINLAND-PFALZ

CZ

SAARLAND

BADEN-WÜRTTEMBERG

BAYERN

SK

F

NIEDERÖSTERREICH

OBERÖSTERREICH

Wien

WIEN

A

STEIERMARK

SALZBURG

BURGEN-LAND

FL

Vaduz

VORARLBERG

TIROL

H

Bern

CH

BERN

TIROL

KÄRNTEN

GRAUBÜNDEN

TICINO/TESSIN

WALLIS/VALAIS

I

SLO

HR

Olschewski (1999)

Die Kantone der Schweiz:

1 Jura	9 Appenzell a. Rh.	17 Nid. Walden
2 Solothurn	10 Appenzell i. Rh.	18 Uri
3 Basel Land	11 St. Gallen	19 Neuchâtel/Neuenburg
4 Basel Stadt	12 Glarus	20 Vaud/Waadt
5 Aargau	13 Schwyz	21 Fribourg/Freiburg
6 Zürich	14 Zug	22 Genève/Genf
7 Schaffhausen	15 Luzern	
8 Thurgau	16 Ob. Walden	

Übung 7: Wortfamilien

Die Schüler hören Wörter aus jeweils einer Wortfamilie und unterstreichen die Akzentsilbe.

> kaufen, verkaufen, die Verkäuferin, einkaufen, der Einkauf
> fragen, befragen, die Befragung, anfragen, die Anfrage
> bieten, verbieten, das Verbot, anbieten, das Angebot
> fahren, erfahren, die Erfahrung, abfahren, die Abfahrt

Die Schüler erkennen die Regeln für die Akzentuierung von präfixlosen sowie von trennbaren und untrennbaren Verben und davon abgeleiteten Substantiven.

Sie kreuzen an:

Wörter ohne Präfix sind: stammbetont ☐   präfixbetont ☐

Trennbare Verben sind: stammbetont ☐   präfixbetont ☐

Untrennbare Verben sind: stammbetont ☐   präfixbetont ☐

Sie sprechen die Wörter nach.
Sie suchen noch mehr Beispiele zu den Wortfamilien.

Übung 8: Fahren

Die Schüler suchen Wörter mit dem Morphem* -fahr-, z. B. *wegfahren*, *Fahrer*, *Fahrschule*, *Urlaubsfahrt*, …

Wer findet die meisten?
Wo liegt der Wortakzent?

⇒ Alle Beispiele aus Kapitel 9 eignen sich für die Weiterarbeit.

➤ Für die Lehrer

Regeln für die Satzakzentuierung lassen sich nur schwer aufstellen, denn die Satzakzentuierung ist stets kontext- und situationsbedingt. Trotzdem kommt es im Hinblick auf die Sprachverarbeitung und die Kommunikation insgesamt sehr darauf an, welche Wörter im Satz hervorgehoben werden. Ohne die richtige Betonung, d. h., wenn falsche oder zu viele Akzente gesetzt werden, kann der Hörer die Nachricht nicht so leicht, vielleicht auch gar nicht entschlüsseln. Sehr deutlich macht das der folgende Schnellsprechvers – werden alle Wörter gleich stark betont, bleibt der Inhalt unverständlich.

Wenn hinter Fliegen Fliegen fliegen, fliegen Fliegen Fliegen nach.

Hier, wie auch in jeder anderen Äußerung, ist die intonatorische Gestaltung und in besonderer Weise der Satzakzent wichtig.

Hauptakzente liegen meist am Ende der Äußerung. Wird aber kontrastiv betont, können diese Regeln aufgehoben werden.

> 1. *Hören Sie den Text von Hörbeispiel 92 und unterstreichen Sie in jedem Satz das am stärksten akzentuierte Wort. Welcher der Sätze ist sachlich, welche sind kontrastiv-emotional?*
>   a) Wien ist die Hauptstadt von Österreich.
>   b) Wien ist die Hauptstadt von Österreich.
>   c) Wien ist die Hauptstadt von Österreich.
>   d) Wien ist die Hauptstadt von Österreich.
>
> 2. *Ordnen Sie die folgenden Ergänzungen den kontrastiv-emotionalen Sätzen zu:*
>   ☐ *… , nicht Linz.*
>   ☐ *… , nicht irgendeine Stadt.*
>   ☐ *… , zweifellos.*

Der Akzent verdeutlicht in den kontrastiv-emotionalen Sätzen, dass der Sprecher jemandem widerspricht, d. h. anderen Behauptungen entgegentritt.

Für die sachlich-neutrale Sprechweise gibt es einige Grundregeln.

Aufgabe 113

---

1. *Hören Sie sich die Übungen 2 und 3 (Hörbeispiel 95 und 96, S. 108) aus dem Schülerteil an. Welche Wörter bzw. Wortarten sind bei **sachlichem** Sprechen betont/betonbar, welche nicht?*

	betonbar	*nicht betonbar*
a) *Substantive*		
b) *Verben*		
c) *Hilfsverben*		
d) *Präpositionen*		
e) *Adjektive*		
f) *Konjunktionen*		
g) *Pronomen*		

2. *Wo liegt der Akzent in Prädikats- oder Objektergänzungen, z. B. in den Sätzen:*

   – *Ich bin sehr aufgeregt.*

   – *Ich habe Hunger.*

   – *Das ist das Kind meiner Freundin.*

Fehler bei der Satzakzentuierung treten weniger beim freien Sprechen als vielmehr beim Vorlesen oder Vortragen von Texten auf. Oft sind sie Indiz dafür, dass der Sprecher den Inhalt nicht oder falsch verstanden hat (ebenso falsche Pausen).

Aufgabe 114
Hörbeispiel 93

Sie hören den Text von Hörbeispiel 93 in zwei Versionen. Unterstreichen Sie die Satzakzentwörter. Welche Version ist sinnentsprechend, welche falsch?

a) Neulich fuhr ich mit dem Bus. Ich habe nicht aufgepasst. Ich bin eine Haltestelle zu spät ausgestiegen. Ich musste zurücklaufen. Also kam ich viel zu spät zum Unterricht. Mein Lehrer sah mich traurig an. Er sagte: „Es ist immer dasselbe mit dir!"

b) Neulich fuhr ich mit dem Bus. Ich habe nicht aufgepasst. Ich bin eine Haltestelle zu spät ausgestiegen. Ich musste zurücklaufen. Also kam ich viel zu spät zum Unterricht. Mein Lehrer sah mich traurig an. Er sagte: „Es ist immer dasselbe mit dir!"

➤ Für die Schüler

Übung 1: Komm!

Übung 1

Die Schüler hören die beiden Beispielgruppen. Sie erkennen: Ein Satz besteht aus einem, zwei, drei oder mehr Wörtern. Ein Wort (in Einwortsätzen: das Wort) ist jeweils hervorgehoben.

Hörbeispiel 94

Komm!	Nicht.
Komm her!	Ich nicht.
Komm bitte her!	Ich will nicht.
Komm mal bitte her!	Ich will nicht mit.
Komm mal bitte schnell her!	Ich will nicht mit ins Kino.
Komm mal bitte ganz schnell her!	Ich will nicht mit dir ins Kino.
Komm mal bitte ganz schnell her zu mir!	Ich will heute nicht mit dir ins Kino.

Sie hören die Beispiele noch einmal und unterstreichen die Wörter, die besonders stark betont werden. Sie erkennen: In jedem Satz gibt es Wörter, die für den Inhalt besonders wichtig sind. Das sind die Akzentwörter. Sie kreuzen an:

Akzentwörter werden:

lauter ☐   leiser ☐   undeutlicher ☐   deutlicher ☐

schneller ☐   langsamer ☐   höher ☐   tiefer ☐

gesprochen.

Sie hören die Sätze noch einmal und sprechen nach.

Übung 2

Übung 2: Wenn Mai ist, …

Die Schüler hören den Vers von Rainer Kirsch zweimal. Sie unterstreichen die Akzentwörter. Sie entscheiden, welche Version „deutsch" klingt, also richtig betont ist.

Hörbeispiel 95

a) Wenn Mai ist,
    soll Mai sein,
    wer nicht frei ist,
    soll frei sein.

b) Wenn Mai ist,
    soll Mai sein,
    wer nicht frei ist,
    soll frei sein.

Kirsch (1984), 50

Sie lesen die richtige Variante mehrmals vor und sagen sie auswendig auf.

Übung 3

Übung 3: Sprichwörter

Die Schüler hören Sprichwörter in zwei Varianten und achten auf die Akzente. Sie hören die Beispiele noch einmal und unterstreichen die Akzentwörter.

Hörbeispiel 96

Aller Anfang ist schwer. / Aller Anfang ist schwer.
Übung macht den Meister. / Übung macht den Meister.
Ohne Fleiß kein Preis. / Ohne Fleiß kein Preis.
Keine Regel ohne Ausnahme. / Keine Regel ohne Ausnahme.
Alle Tage ist kein Sonntag. / Alle Tage ist kein Sonntag.

Sie lesen die Sprichwörter halblaut synchron mit der Kassette mit.
Sie lesen sie laut vor.
Sie lernen sie auswendig.

Welche anderen Sprichwörter kennen sie? Sie schreiben sie auf und bestimmen die Akzentwörter.

Übung 4

Übung 4: Hast du Peters neue Freundin schon gesehen?

Die Schüler hören diese Frage in vier Versionen auf der Kassette. Auf jede Version passt nur eine der vier folgenden Antworten. Sie schreiben in die Kästchen die Ziffer der Frage, zu der eine der Antworten passt.

Hörbeispiel 97

a) Ich kenne nur die alte. ☐
b) Nein, ich nicht, aber Frank. ☐
c) Nein, noch nicht. ☐
d) Nein, nur die von Alexander. ☐

Sie lesen jetzt selbst im Wechsel eine Frage und die dazugehörige Antwort.

Übung 5

Übung 5: Schach

In dieser Übung wird eine Äußerung erweitert. Die Schüler hören zu und achten auf den Akzent, der nach hinten wandert. Sie hören dann noch einmal und sprechen nach.

> Ines.
> Ines und Wolfgang.
> Ines und Wolfgang spielen.
> Ines und Wolfgang spielen seit zwei Stunden.
> Ines und Wolfgang spielen seit zwei Stunden am Strand.
> Ines und Wolfgang spielen seit zwei Stunden am Strand in der Sonne.
> Ines und Wolfgang spielen seit zwei Stunden am Strand in der Sonne Schach.

Sie probieren dann, den Satz von hinten aufzubauen und dabei den Akzent am Ende beizubehalten.

... Schach.

... in der Sonne Schach.

... am Strand in der Sonne Schach.

...

Sie probieren beide Methoden – von hinten oder von vorn beginnend – an anderen Sätzen aus (z. B. an den Sprichwörtern aus Übung 3).

Übung 6: Weltwunder

Die Schüler hören das Gedicht von Ernst Jandl und achten auf die Betonung.

> sieben weltwunder
> und das wievielte bin ich?
> und das wievielte bist du?
> und das wievielte ist die kuh?
> und das wievielte ist der uhu?
> und das wievielte ist das känguruh?
> und das wievielte ist der marabu?
> und wieviele bleiben übrig
> wenn es den marabu und das känguruh und den uhu und die kuh und dich und mich
> einmal nicht mehr gibt?

Jandl (1988), 32

Sie sprechen das Gedicht zeilenweise nach. Sie lesen es vor.
Sie schreiben selbst ein Gedicht mit Fragen auf.
Sie sehen im Lexikon nach, was die „richtigen" Weltwunder sind, und sprechen darüber.

⇒ Alle Beispiele aus Kapitel 9 eignen sich für die Weiterarbeit.

➤ Für die Lehrer

James Krüss erzählt folgende Geschichte:

> Ein Lehrer lehrte seine Schüler:
> „Zu den Zeichen, die man sehen kann, gehören die Buchstaben; zu den Zeichen, die man hören kann, gehören die Laute; zu den Zeichen, die man sehen, aber nicht hören kann, gehören die Satzzeichen."
>
> Da stand ein Schüler auf und sagte:
> „Solon, Komma, Solon,
> sprach Krösus, Semikolon;
> Solon, du und deinesgleichen,
> Seid ihr weise, Fragezeichen?
> Du siehst, Herr Lehrer, man kann, wenn man will,
> auch die Satzzeichen hören."

Krüss (o. J.), 103

Ein Schüler widerlegt also seinen Lehrer, der behauptet, dass man Satzzeichen nicht hören kann, indem er die Bezeichnungen für die Satzzeichen ausspricht: Komma, Semikolon usw. Diese Erwiderung ist witzig und scherzhaft gemeint.

Aber der Lehrer hat ja tatsächlich Unrecht. Satzzeichen kann man sehr wohl häufig hören, auch wenn sie nicht ausgesprochen werden, wie das der Schüler tut.

Aufgabe 115
Hörbeispiel 100

> *Hören Sie das Hörbeispiel 100 und tragen Sie bitte in den vier Beispielen die Satzzeichen (Kommas) an dafür möglichen Stellen ein.*
>
> 1. Monika will Christian nicht.
> 2. Monika will Christian nicht.
> 3. Hans sagt Franz wird nie Professor.
> 4. Hans sagt Franz wird nie Professor.
>
> *Hören Sie dann zum Vergleich die Lösungsvorschläge in Hörbeispiel 100 auf der Kassette. Welche Funktion haben die Pausen?*

Im geschriebenen Text werden viele Pausen durch Satzzeichen markiert: Komma, Semikolon, Doppelpunkt, Punkt, Ausrufezeichen und Fragezeichen markieren Pausen.

Die Redewendung *Er liest ohne Punkt und Komma* bedeutet: Er liest zu schnell, man versteht ihn nicht. Überhastetes Lesen kommt im Fremdsprachenunterricht seltener vor. Hier macht der Schüler eher zu viele oder gar falsche Pausen, was auch ein Signal dafür sein kann, dass er Schwierigkeiten hat, den Sinn zu erfassen.

Das Training, richtige Pausen zu setzen, ist wichtiger Teil der Arbeit an der Intonation. In engem Zusammenhang mit den Pausen steht das Sprechtempo (je schneller man spricht, desto weniger Pausen macht man) und die Melodie (an den Pausen finden sich in der Regel relevante Melodiebewegungen).

Man kann mit Schülern an einfachen Texten arbeiten, die ohne Satzzeichen gegeben werden. Probieren Sie es zunächst selbst.

Aufgabe 116
Hörbeispiel 101

> *Sie hören den folgenden Text von Hörbeispiel 101 in zwei Versionen. Bitte tragen Sie die fehlenden Kommas ein.*
>
> **Plötzlich stand ein Mensch vor mir**
>
> Plötzlich stand ein Mensch vor mir auf dem Kopfe einen steifen Hut an den Füßen zerrissene Schuhe in der Hand einen dicken Stock im Munde eine erloschene Zigarre in finsteres Schweigen gehüllt.
>
> **Plötzlich stand ein Mensch vor mir**
>
> Plötzlich stand ein Mensch vor mir auf dem Kopfe einen steifen Hut an den Füßen zerrissene Schuhe in der Hand einen dicken Stock im Munde eine erloschene Zigarre in finsteres Schweigen gehüllt.
>
> (überliefert)

➤ **Für die Schüler**

Übung 1

Übung 1: Märchen

Die Schüler hören den Text auf der Kassette. Sie hören ihn noch einmal und lesen mit. Sie passen auf, wo Pausen sind. Sie erkennen, dass in kurzen Sätzen keine, aber zwischen Sätzen und in längeren Sätzen Pausen gemacht werden und dass Pausen oft mit Satzzeichen und bestimmten Melodiebewegungen zusammenfallen.

Hörbeispiel 102

Claudia liest viel. Sie liest gern Märchen. Viele Märchen, die sie kennt, fangen so an: In den alten Zeiten, wo das Wünschen noch geholfen hat, lebte ein König, der eine sehr schöne Tochter hatte.

Die Schüler tragen die Pausen ein (kurze Pause: I, lange Pause: II). Sie lesen den Text laut vor.

Übung 2: Unsinn

Die Schüler lesen zunächst das Gedicht von Gottfried Herold still und versuchen,
einzelne Wörter zu erkennen.

Kleiner Unsinn

Wernichtrichtiglesenkann
fangnochmalvonvornean
dennichschreibehierdieWorte
andersalsmanseuchgelehrt
zwarnichtunbedingtverkehrt

sonderneinfachaneinander
daßmansienichtgleicherkennt
auchwennihrdasUnsinnnennt
docheinkleinerUnsinnmacht
daßmangerndarüberlacht

nach: Herold (1987), 18

Sie hören das Gedicht im Ganzen und anschließend zeilenweise und zeichnen als
Wortgrenzen Striche zwischen die Wörter.

Sie lesen das Gedicht vor.

Übung 3: Am Büffett

Die Schüler hören die Fragen und Antworten auf der Kassette und zeichnen in die
Antwort ein Komma (= Pause) ein. Beispiel: *Die Wurst, nicht den Käse.* Oder: *Die
Wurst nicht, den Käse!*

Die Wurst oder den Käse?	Die Wurst nicht den Käse!
Den Honig oder die Marmelade?	Den Honig nicht die Marmelade!
Kakao oder Milch?	Kakao nicht Milch!
Fisch oder Fleisch?	Fisch nicht Fleisch!
Suppe oder Salat?	Suppe nicht Salat!
Pudding oder Kuchen?	Pudding nicht Kuchen!

Sie hören die Beispiele noch einmal und wiederholen sie (zu zweit oder in zwei
Gruppen). Dann stellen sie selbst Fragen und antworten.
Diese Übung eignet sich gut als Partnerübung.

Übung 4: Viel oder wenig?

Die Schüler lesen den folgenden Text (nach Gianni Rodari). Sie überlegen, wo Pausen
hingehören, und zeichnen der Melodie entsprechende Satzzeichen ein.

EIN HERR HATTE DREISSIG AUTOS DIE LEUTE SAGTEN OH WIE VIELE AUTOS
ER HAT DIESER HERR HATTE AUCH DREISSIG HAARE UND DIE LEUTE SAGTEN
NEIN WIE WENIG HAARE ER HAT SCHLIESSLICH BLIEB IHM NICHTS WEITER
ÜBRIG ALS SICH EINE PERÜCKE ZU KAUFEN

nach: Rodari (1992), 137

Sie hören dann den Text und überprüfen, ob sie die Pausen und die Satzzeichen richtig
gesetzt haben.
Sie lesen den Text vor.
Sie erzählen die Geschichte nach.

Übung 5: Der ehrliche Förster

Die Schüler hören und lesen die Geschichte vom ehrlichen Förster (nach Franz
Fühmann):

Der ehrliche Förster

Es war einmal ein ehrlicher Förster, der hatte noch nie im Leben gelogen und würde
es auch niemals tun. Da kam der Mann im Mond und fragte:
Ehrlicher Förster, wieviel Finger hast du?
Da sagte der Förster:
Zehn Finger hab ich an jeder Hand,
fünfundzwanzig an Händen und Füßen!
Das ist gelogen! schrie der Mann im Mond.
Ich lüge nie! sagte der ehrliche Förster, und das war tatsächlich keine Lüge.
Wie ging das zu?

nach: Fühmann (1985), 201

Was hat der Förster falsch gemacht? Die Schüler schreiben die Antwort des Försters so, dass sie stimmt, und lesen sie laut vor.

Zehn Finger hab ich _____

_____ *an Händen und Füßen!*

Sie lesen den Text vor.

⇒ Alle Beispiele aus Kapitel 9 eignen sich für die Weiterarbeit.

7.5 BAUSTEIN 5 *Melodie*	➤ **Für die Lehrer**

Musikalisch liegen Melodien fest. Der Komponist erdenkt sie und schreibt sie in Noten auf. Der Sänger, der Musiker hält sich beim Singen und Spielen an diese Noten.

Anders ist es bei der Sprechmelodie. Die mittlere Sprechtonhöhe hängt zunächst vom Alter und vom Geschlecht ab, sie ist aber auch von Person zu Person unterschiedlich. Zudem stehen dem Sprecher unendlich viele melodische Variationen offen, um seine Meinungen und seine Gefühle auszudrücken. So kann er Interesse, Desinteresse, Freude, Trauer und Spott mit melodischen Mitteln signalisieren. Der individuelle Spielraum ist hier sehr groß.

Aber es gibt auch einige feste Regeln für den Melodieverlauf, sie betreffen vor allem die Endphasen einer (Teil-)Äußerung. Im Deutschen werden hier drei Grundformen (Intoneme*) unterschieden, die die Bedeutung einer Äußerung ändern können:

1. terminal* (fallend): *Danke.* ↘ *Was wollen Sie?* ↘ *Sie kommen jetzt mit!* ↘

2. interrogativ* (steigend): *Bitte?* ↗ *Was wollen Sie?* ↗ *Sie kommen jetzt mit?* ↗

3. progredient* (gleich bleibend): *Sie kommen jetzt mit,* → ...

Aufgabe 117
Hörbeispiel 107

Hören Sie die folgenden Beispiele (Hörbeispiel 107) auf der Kassette und markieren Sie die Melodie (↘, ↗, →). Formulieren Sie Regeln: Wann fällt die Melodie, wann steigt sie, wann bleibt sie in der Schwebe?

Ich koche gern. _____

Am Wochenende koche ich für die Familie. _____

Gib mir das Kochbuch! _____

Kauf bitte Äpfel, Mehl und Eier! _____

Wo warst du so lange? _____

Warum hast du kein Mehl gekauft? _____

Hast du die Eier? _____

Gab es keine anderen Äpfel? _____

Ich nehme zuerst die Eier, _____ und dann ...

Du kannst die Äpfel schälen, _____ weil ...

Meistens haben die Lernenden mit diesen Satzschlüssen keine größeren Schwierigkeiten. Diese Regeln scheinen weitgehend universal zu sein. Lediglich in einigen Sprachen, z. B. im Ungarischen oder Finnischen, gibt es keinen finalen Melodieanstieg, auch in Entscheidungsfragen fällt die Melodie.

Nicht so leicht aber fällt es den Schülern, aus dem Tonfall immer herauszuhören, wie ein Satz tatsächlich gemeint ist, d. h., das zu erkennen, was nicht mit Worten, sondern vor allem durch die Melodie (und die Stimme) ausgedrückt wird.

1. *Hören Sie die Sätze in Hörbeispiel 108 und kreuzen Sie an, welche Beispiele sachlich-neutral und welche ironisch sind.*

2. *Woran erkennen Sie die Ironie?*

    a) *Das hast du dir gut überlegt*   neutral ☐   ironisch ☐

    b) *Das hast du dir gut überlegt.*   neutral ☐   ironisch ☐

    c) *Das habe ich erwartet.*   neutral ☐   ironisch ☐

    d) *Das habe ich erwartet.*   neutral ☐   ironisch ☐

    e) *Mach weiter so.*   neutral ☐   ironisch ☐

    f) *Mach weiter so.*   neutral ☐   ironisch ☐

    g) *Du bist der richtige Mann für diese Aufgabe.*   neutral ☐   ironisch ☐

    h) *Du bist der richtige Mann für diese Aufgabe.*   neutral ☐   ironisch ☐

➤ **Für die Schüler**

Übung 1: Der Hut

Übung 1

Den Schülern wird bewusst gemacht: Bei dem Wort *Melodie* denkt man meist zuerst an Musik, an Singen. Wir singen ein Lied nach einer bestimmten Melodie. Die Melodie für ein Lied schreibt ein Komponist oder ein Liedermacher. Diese Melodie wird mit Noten aufgeschrieben und liegt fest.

Die Schüler hören das Lied *Mein Hut, der hat drei Ecken* zuerst gesprochen, dann gesungen. Sie lesen es erst und singen es dann selbst.

Hörbeispiel 109

Kröher (1989), 81

Übung 2: Wann?

Übung 2

Den Schülern wird bewusst gemacht: Es gibt eine gesungene und eine gesprochene Melodie, die **Sprech**melodie.

Beim Sprechen bestimmen wir die Melodie selbst. Wir verwenden verschiedene Melodieformen, je nachdem, ob wir etwas fragen oder etwas feststellen wollen, ob unsere Äußerung zu Ende ist oder nicht.

Auch unsere Gefühle drücken wir mit der Sprechmelodie aus. Wir zeigen z. B., ob wir fröhlich sind, ob wir traurig sind, ob wir interessiert oder uninteressiert sind: Die **Stimme** verrät die **Stimmung**.

Durch die Melodie signalisieren wir auch, ob wir höflich fragen oder ob wir etwas fordern. Deshalb sagt man: *Der Ton macht die Musik.*

Die Melodie hat also viele Aufgaben und entsprechend zahlreich sind ihre Varianten. Für den Grundverlauf gibt es drei Formen: ↘, ↗, →.

Die Schüler hören mehrmals die Beispielsätze, sie zeichnen die Pfeile ein.

Hörbeispiel 110

> 1. Wann kommst du? _____
>
> 2. Kommst du heute? _____
>
> 3. Am Nachmittag oder am Abend? _____
>
> 4. Komm doch gleich! _____
>
> 5. Ich warte hier auf dich. _____
>
> 6. Ich warte so lange, _____ bis du kommst. _____

Sie erkennen die Regeln:

    1. Die Melodie fällt in …

    2. Die Melodie steigt in …

    3. Die Melodie bleibt in der Schwebe in …

Sie lesen die Sätze vor. Sie brummen/summen die Satzmelodie.

Spiel: Ein Schüler brummt die Melodie eines Satzes, die anderen zeigen mit der Anzahl der hochgehobenen Finger die Nummer des Satzes. Wer falsch gehört hat, scheidet aus.

Übung 3

Übung 3: Aufforderung oder Frage

Die Schüler hören die Beispiele und erkennen den Melodieverlauf. Sie tragen die Satzzeichen (! oder ?) und die Melodiepfeile ein.

Hörbeispiel 111

> 1. Warten Sie _____ _____
> 2. Hören Sie mir zu _____ _____
> 3. Schreiben Sie das auf _____ _____
> 4. Stehen Sie jetzt auf _____ _____
> 5. Nehmen Sie die Tasche mit _____ _____
> 6. Schließen Sie das Fenster _____ _____
> 7. Öffnen Sie die Tür _____ _____
> 8. Kommen Sie mit _____ _____

Die Schüler lesen alle Sätze als Aufforderungen, dann alle Sätze als Fragen. Danach üben sie zu zweit: einer wählt eine Form, der Zweite reagiert mit der anderen.

Übung 4

Übung 4: Der eine mag dies, der andere das.

Die Schüler hören einige Beispiele für Speisen und Getränke. Sie kreuzen an, ob die Sprecher das jeweils mögen oder nicht.

Hörbeispiel 112

Speisen und Getränke

	+	−
Eierkuchen		
Kartoffelsuppe		
Nudeln		
Thüringer Klöße		
Tomatensalat		
Schokoladeneis		
Limonade		
Apfelsaft		
Mineralwasser		
Vanillepudding		

Sie wiederholen die Beispiele von der Kassette. Sie sprechen sie dann mit eigener Emotion. Sie suchen weitere Speisen und Getränke und nennen sie. Andere Schüler finden heraus, ob sie das gern haben oder nicht.

Übung 5: Wer weiß es?

Übung 5

Die Schüler lesen die Scherzfragen. Sie überlegen, welche Melodie jeweils infrage kommt und tragen die Melodiepfeile ein. Dann hören sie die Fragen und vergleichen.

Hörbeispiel 113

> In welchem Monat isst man am wenigsten? _____
>
> Er geht mit mir baden und wird nicht nass. _____ Wer ist das? _____
>
> Ein Ei kocht fünf Minuten. _____ Wie lange kochen drei Eier? _____
>
> Zwei Väter und zwei Söhne gehen zusammen spazieren. _____ Es sind aber nur drei Personen. _____ Ist das möglich? _____
>
> Welche Frage kann man nicht mit „Ja" beantworten? _____
>
> Was hat der Affe vorn und das Zebra hinten? _____
>
> In welche Teegläser kann man keinen Tee gießen? _____

Die Schüler fragen und antworten (abwechselnd) zu zweit.
Wer kennt noch mehr Scherzfragen?

Variante Gruppenspiel: Welche Gruppe kann die meisten Fragen beantworten?

Übung 6: Wie war die Frage?

Übung 6

Ein Schüler flüstert einem anderen eine Frage ins Ohr. Der antwortet laut. Alle anderen versuchen, die Frage zu erraten – und mit der richtigen Melodie zu sprechen.

⇒ Alle Beispiele aus Kapitel 9 eignen sich für die Weiterarbeit.

Hinweis

➤ Für die Lehrer

7.6 BAUSTEIN 6
Rhythmus

> „Sprache war ursprünglich die Malerei von Lauten, Lautmalerei. Jedes Kind erfährt Sprache erstmalig als diesen Komplex einer Aufnahme von Welt. Nicht das einzelne Wort und auch nicht die Bedeutungsinhalte der Sätze prägen und bestimmen die erste Erfahrung mit Sprache, sondern die Magie des Lauts, die Bezauberung durch den Rhythmus …"

Hein (1987), 39

Jede Sprache hat ihren eigenen Rhythmus. Dieser Sprechrhythmus prägt den Klang einer Sprache und ist für das Verstehen wichtig. Der Rhythmus des Deutschen wird durch den unregelmäßigen Wechsel von betonten und unbetonten Silben, durch ihren außerordentlich starken Kontrast charakterisiert.

> *Hören Sie das bekannte Goethezitat (Hörbeispiel 114) in drei Versionen, die sich im Rhythmus unterscheiden. Charakterisieren Sie den Rhythmus jeder dieser drei Versionen.*
>
> a) Wer fremde Sprachen nicht kennt, weiß nichts von seiner eigenen.
>
> b) Wer fremde Sprachen nicht kennt, weiß nichts von seiner eigenen.
>
> c) Wer fremde Sprachen nicht kennt, weiß nichts von seiner eigenen.

Aufgabe 119
Hörbeispiel 114

Das wichtigste Merkmal des deutschen Sprechrhythmus ist, dass die Abstände zwischen den betonten Silben beim Sprechen als etwa zeitgleich empfunden werden. Damit verbunden ist, dass die dazwischen liegenden unbetonten Silben mehr oder weniger gerafft und dadurch in ihrer Lautsubstanz reduziert werden. Betonte und unbetonte Silben sind also nicht gleich lang. Damit zählt das Deutsche zu den akzentzählenden Sprachen, im Gegensatz zu den silbenzählenden Sprachen (siehe dazu Kapitel 2.2. *Phonetische Interferenzen*).

Rückverweis

Vielleicht ist es im Ausspracheunterricht überhaupt die wichtigste Aufgabe, den Lernenden das Gefühl für den deutschen (akzentzählenden) Sprechrhythmus zu vermitteln, sie zu befähigen, auch beim Sprechen diesem Rhythmus zu folgen, die Gegensätze betont/unbetont zu treffen.

Zu betonen bedeutet, **lauter**, **langsamer** und eben auch **deutlicher** zu sprechen, nicht zu betonen, bedeutet das Gegenteil, also **leiser**, **schneller** und **undeutlicher** zu sprechen, zu **raffen**, zu **reduzieren**, zu **elidieren***, damit die Abstände zwischen den betonten Silben ausgeglichen werden.

Aufgabe 120
Hörbeispiel 115

> *Hören Sie dazu Hörbeispiel 115 auf der Kassette und versuchen Sie, es nachzusprechen.*
>
> 1. Herr <u>Schmidt</u> / kam heute <u>morgen</u> / mit einem <u>Koffer</u> / ins <u>Büro</u>.
>
> 2. Herr Schmidt kam heute <u>morgen</u> / mit einem <u>Koffer</u> ins Büro.
>
> 3. Herr Schmidt kam heute morgen mit einem <u>Koffer</u> ins Büro.

Lernende, deren Ausgangssprachen nicht akzent-, sondern silbenzählend sind, haben mit den rhythmischen Strukturen des Deutschen besondere Probleme, das sind z. B. Französisch, Spanisch und Japanisch Sprechende. Im Zusammenhang mit dem Rhythmus müssen auch Reduktions-* und Assimilationserscheinungen bewusst gemacht und geübt werden.

➤ Für die Schüler

Übung 1

Übung 1: Gleich oder anders?

Den Schülern wird bewusst gemacht: Jede Sprache hat ihren eigenen Rhythmus. Das ist der Wechsel von betonten und unbetonten Silben. Der Kontrast ist im Deutschen sehr stark, betonte Silben sind länger und deutlicher – unbetonte Silben sind kürzer und undeutlicher, Laute werden verkürzt und verschluckt.

Die Schüler hören jeweils drei Beispiele. Zwei haben den gleichen Rhythmus (die gleiche Akzentstruktur), eins ist anders – dieses kreuzen sie an.

Hörbeispiel 116

Komm doch! – Komm her! – Komm mit! ☐ ☐ ☐

Geh weg! – Geh jetzt! – Geh los! ☐ ☐ ☐

Bleib doch noch! – Bleib doch hier! – Bleib bei mir! ☐ ☐ ☐

Wo bist du? – Bist du hier? – Bist du weg? ☐ ☐ ☐

Geh doch hier weg! – Geh doch endlich! – Geh doch schon los! ☐ ☐ ☐

Dann sprechen sie die Beispiele nach und klatschen zum betonten Wort.

Übung 2

Übung 2: <u>bamba</u>

Hörbeispiel 117

<u>bam</u>-ba   <u>bam</u>-ba   <u>bam</u>-ba ...
● ·   ● ·   ● ·

Die Schüler hören den Rhythmus und klatschen bei der betonten Silbe. Sie sprechen die Beispiele sehr rhythmisch nach.

> Sonntag, Montag, Dienstag, Morgen, Mittag, Abend
> Warte! Setz dich! Hörst du? Hör doch! Frag nicht! Schreib schon! Lies jetzt!

Sie finden selbst Beispiele, die zu diesem Rhythmus passen.

Übung 3: ba<u>bam</u>ba

ba-bam-ba   ba-bam-ba   ba-bam-ba ...

Die Schüler hören den Rhythmus und klatschen bei der betonten Silbe. Sie sprechen die Beispiele sehr rhythmisch nach.

> Geburtstag, Familie, Bekannte, Geschenke, Getränke, Vergnügen
> Bleib sitzen! Benimm dich! Vergiss es! Mach weiter! Geh schlafen! Verstehst du?

Sie finden selbst Beispiele, die zu diesem Rhythmus passen.

Übung 4: bamba oder babam?

<u>bam</u>-ba   oder   ba-<u>bam</u> ?

Die Schüler hören den Rhythmus und klatschen bei der betonten Silbe. Sie sprechen die Beispiele sehr rhythmisch nach.

> Hallo! Grüß Gott! Morgen! Bis gleich! Mach's gut! Bis dann! Tschüs denn! Bis bald!
> Schlaf schön! Ade!

Sie finden weitere Begrüßungs- oder Abschiedsformeln und bestimmen den Rhythmus (sie zeichnen Punkte wie in den Übungen 2 – 4).

Übung 5: Der Mops

Die Schüler hören das Mopslied gesprochen und gesungen. Sie hören zu, schlagen den Rhythmus auf den Tisch (oder klatschen dazu). Sie sprechen nach (raffen und reduzieren, siehe auch Kapitel 2.2, S. 27) und singen.

> Ein Mops
>
> lief in die Küche
>
> und stahl dem Koch
>
> ein Ei.
>
> Da nahm der Koch
>
> den Löffel
>
> und schlug den Mops
>
> zu Brei.
>
> Da kamen viele Möpse,
>
> und gruben dem Mops
>
> ein Grab
>
> und setzten ihm einen Grabstein,
>
> darauf geschrieben stand:
>
> Ein Mops
>
> lief in die Küche ...

(Überliefert)

Übung 6: Erziehung

Die Schüler hören das Gedicht von Uwe Timm. Sie hören noch einmal und unterstreichen in jeder Zeile das am stärksten betonte Wort.

Erziehung

laß das
komm sofort her
bring das hin
kannst du nicht hören
hol das sofort her
kannst du nicht verstehen
sei ruhig
faß das nicht an
sitz ruhig
nimm das nicht in den Mund
schrei nicht
stell das sofort wieder weg
paß auf
nimm die Finger weg
sitz ruhig
mach dich nicht schmutzig
bring das sofort wieder zurück
schmier dich nicht voll
sei ruhig
laß das
wer nicht hören will
muß fühlen

Timm (1983), 41

Sie sprechen das Gedicht zeilenweise nach.
Sie lesen es vor und betonen deutlich.
Sie finden selbst Beispiele dafür, was man noch zu ungezogenen Kindern sagt?

⇒ Alle Beispiele aus Kapitel 9 eignen sich für die Weiterarbeit.

➤ Für die Lehrer

Die deutschen Vokale sind entweder lang oder kurz. Sie unterscheiden sich außerdem in der Sprechspannung/Vokalqualität* (und im Grad der Mundöffnung), sie sind also lang/gespannt (geschlossen) oder kurz/ungespannt (offen). Es gibt damit jeweils zwei *A-, I-, U-, E-, O-, Ä-, Ü-* und *Ö*-Laute. Dazu kommt ein ungespanntes langes *E* (wie in *Bär*), das aber immer seltener gebraucht und häufig durch ein gespannteres *E* (wie in *wer*) ersetzt wird (siehe dazu *Baustein 10*, S. 127ff.).

Machen wir uns das an einigen Beispielen klar.

Sie hören in Hörbeispiel 122 für jeden Vokal ein Wortbeispiel, aber in ganz ungeordneter Reihenfolge. Schreiben Sie das Wort neben das dazugehörige Transkriptionszeichen. Lesen Sie dann die Beispiele paarweise und achten Sie auf die Unterschiede bei den betonten Vokalen.

lang/gespannt	kurz/ungespannt
[aː]	[a]
[eː]	[ɛ]
[iː]	[ɪ]
[oː]	[ɔ]
[uː]	[ʊ]
[øː]	[œ]
[yː]	[ʏ]

Die Vokallänge geht leider nur zum Teil aus dem Schriftbild hervor (vgl. die Regeln im Schülerteil, S. 120, und die Lösung zu Übung 2, S. 176). Wie ist es nun mit Wörtern wie *Weg* und *weg*, *Hut* und *Hund*, *Tag* und *Nacht*? Hier tritt ein anderer Mechanismus in Erscheinung, der aber auch nicht alle Fälle erklärt. Für etwas fortgeschrittenere Lernende ist seine Kenntnis aber hilfreich:

Im Deutschen sind Vokale in offenen Silben (ohne nachfolgende Konsonanten) meist lang. Das trifft auch dann zu, wenn die Silbe in der aktuellen Wortform nicht offen ist, aber geöffnet werden kann: *We-ge, Hü-te, Ta-ge*. In geschlossenen Silben – die nicht geöffnet werden können – kommen meist kurze Vokale vor: *weg, Hun-de, Näch-te*.

Wenn man bedenkt, dass viele Sprachen mit weit weniger Vokalen als im Deutschen auskommen und die Länge der Vokale nur durch den Kontext variiert wird, z. B. im Arabischen, Spanischen, Russischen, erklären sich manche Fehler und Lernschwierigkeiten.

Beispiele:

> *Hat der Maikäfer Fühler oder Füller?*
> *Wovon ist die Rede? Vom Ruhm des Dichters oder vom Rum des Dichters?*
> *Was meint jemand, der von seinem Rosenbett spricht?*
> *Besingt Goethe in seinem „Heidenröslein" eine Blume, ein Röslein, oder ein Pferd, ein Rösslein?*
> *Liegt Nebel in den Tälern oder in den Tellern?*

Ein scheinbar geringfügiger lautlicher Unterschied wiegt also schwer.

Es ist richtig, dass der Kontext den Sinn stets herstellt und dass solche Verwechslungen kaum zu Missverständnissen führen, aber sie beeinträchtigen die Verständigung, und sie stören sie zum Teil empfindlich.

Und noch ein wichtiger Punkt:

Kurze offene Vokale bleiben auch unter Akzent kurz und offen, und lange geschlossene Vokale bleiben auch in unbetonter Stellung lang und geschlossen.

Beispiele: *Zuckerkuchen, Rumkugel, Kaltschale, …*

➤ Für die Schüler

Übung 1: Seifenblasen

Übung 1

Die Schüler hören mehrmals das Gedicht von Hans Manz. Sie sprechen die Vokale *Eee, Ooo, Aaa, Iii, Uuu* mit.

Hörbeispiel 123

Seifenblasen

(Großvater erklärt seinem Enkel, wie man Seifenblasen macht; der sehr kleine Enkel sagt dazu, was er schon sagen kann.)

„Man taucht das Röhrchen in Seifenschnee."

„Eee?"

„Man bläst, bis die Blase groß wird, schau das geht so!"

„Oooo!"

„Dann löst sie sich. Da fliegt sie ja!"

„Aaaa!"

„Der Wind rüttelt und schüttelt an ihr, und wie!"

„Iiii!"

„Sie lebt nicht lange und platzt im Nu."

„Uuuhuhuhuhu!"

Manz (1991), 117

Den Schülern wird bewusst gemacht, dass *Eee, Ooo, Aaa, Iii, Uuu* lange Vokale sind und dass sich im Deutschen lange und kurze Vokale gegenüberstehen.

Sie lesen das Gedicht zu zweit vor.

Übung 2: Familiennamen

Die Schüler hören die Vokalpaare und vergleichen. Sie erkennen, dass der erste Name einen langen, der zweite einen kurzen Akzentvokal hat. Sie wiederholen die Paare. Dabei zeigen sie die Vokallänge, indem sie die Hände ganz weit auseinander und ganz eng zusammennehmen.

1. Fräulein Dahler	–	Fräulein Daller
2. Frau Hebel	–	Frau Hebbel
3. Frau Schiefer	–	Frau Schiffer
4. Herr Loome	–	Herr Lomme
5. Frau Schmuhler	–	Frau Schmuller

Sie werden gefragt, ob sie lange und kurze Vokale in der Schrift erkennen.

Sie ergänzen die Regeln:

	lang/kurz	*Beispielwörter*
doppelt geschriebene Vokale sind	_____	_____
Vokalbuchstaben + *h* sind	_____	_____
i + *e* ist immer	_____	_____
Vokale vor doppelten Konsonanten sind	_____	_____

Diese Markierungen sind aber nicht immer vorhanden:

– z. B. *Frau Hebel* oder *der Weg* (*der Waldweg*), das *E* ist lang, aber orthographisch nicht markiert.

– z. B. *Frau Hebbel* oder *weg* (*Geh weg!*), das *E* ist kurz, aber orthographisch nicht markiert.

– Diphthonge wie *Bauer*, *Meier*, *Heuer* sind immer lang.

Übung 3: Berühmte Bewohner

Die Schüler lesen die Familiennamen der Hausbewohner. Sie schreiben auf den „Klingelknopf", ob der betonte Vokal lang (l) oder kurz (k) ist.

Sie hören dann die Namen und vergleichen.

☐ Wagner	☐ Schiller	☐ Uhland
☐ Raabe	☐ Bach	☐ Macke
☐ Grimm	☐ Fried	☐ Hesse

Sie lesen alle Namen und achten auf den Unterschied lang – kurz.
Sie sehen zu Hause im Lexikon nach, wer diese berühmten Leute waren.

Welche anderen deutschen Namen kennen die Schüler noch?

Der Lehrer schreibt sie an die Tafel in eine Tabelle mit zwei Spalten für lange und kurze Akzentvokale.

Übung 4: Geschenke

Die Schüler hören, was Claudia zum Geburtstag bekommen hat. Sie achten auf die unterstrichenen Vokale und schreiben in das Kästchen, ob sie lang (l) oder kurz (k) sind.

Schokolade ☐	ein Buch ☐	eine Bluse ☐	ein Rock ☐
eine Hose ☐	ein Ball ☐	ein Spiel ☐	eine Kette ☐
eine Puppe ☐	ein Stift ☐	Schuhe ☐	Blumen ☐

Die Schüler lesen die Wörter und achten besonders auf die Vokalquantität.

Sie sagen uns, was sie zum Geburtstag möchten.

Was schenken sie ihren Freunden, Eltern oder Geschwistern?
Sie schreiben die Wörter auf und bestimmen, ob der Akzentvokal lang oder kurz ist.

Übung 5: Wie heißt die Mutter?

Übung 5

Die Schüler hören den Vers und lesen mit. Sie achten auf die Vokallänge in den unterstrichenen Wörtern.

Hörbeispiel 127

> Es war eine Mutter, die hatte vier Kinder,
> den Frühling, den Sommer, den Herbst und den Winter.
> Im Frühling gibt's Blumen, im Sommer gibt's Klee,
> im Herbst, da gibt's Trauben,
> im Winter gibt's Schnee.

Sie lesen den Vers und achten auf die Vokallänge in den unterstrichenen Wörtern. Sie ordnen die Wörter:

lang	kurz

Sie lernen den Text auswendig und tragen ihn mit der richtigen Betonung und richtigen Vokallänge vor.

Übung 6: Im Park

Übung 6

Die Schüler hören ein Gedicht von Joachim Ringelnatz und lesen still mit.

Hörbeispiel 128

Im Park

> Ein ganz kleines Reh stand am ganz kleinen Baum
> still und verklärt wie im Traum.
> Das war des Nachts elf Uhr zwei.
> Und dann kam ich um vier
> morgens wieder vorbei,
> und da träumte noch immer das Tier.
> Nun schlich ich mich leise – ich atmete kaum –
> gegen den Wind an den Baum
> und gab dem Reh einen ganz kleinen Stips.
> Und da war es aus Gips.

Ringelnatz (1986), 120

Sie hören einzelne Wörter aus dem Gedicht und sprechen sie nach:

kurz: Park, Nachts, immer, still, schlich, Wind, Stips, Gips

lang: kam, atmete, gab, war, Reh, verklärt, vier, wieder, Tier, Baum, Traum, zwei, leise

Sie lesen das Gedicht laut vor und nehmen es auf Kassette auf.

⇒ Alle Beispiele aus Kapitel 9 eignen sich für die Weiterarbeit.

Hinweis

➤ Für die Lehrer

7.8/7.9 BAUSTEIN 8/9
Ö-Laute und Ü-Laute

Die vorderen runden Vokale, die *Ö*- und *Ü*-Laute stellen für viele Lernende eine besondere Schwierigkeit dar. In manchen Sprachen gibt es die Verbindung von Lippenrundung und Hebung der Vorderzunge nicht (dort gibt es nur hintere gerundete Vokale, die *O*- und/oder *U*-Laute), in manchen Sprachen fehlt die Differenzierung nach Länge und Gespanntheit.

1. *Hören Sie bitte die Wörter in Hörbeispiel 129 auf der Kassette und ergänzen Sie die fehlenden Buchstaben.*

   T___r   T___r   T___r

   B___ne   B___ne   B___ne

   l___sen   l___sen   l___sen

   h___len   h___len   H___len

2. *Sprechen Sie jetzt die Wörter einer Reihe ganz langsam nach. Achten Sie auf die betonten Vokale. Wie verändern sich die Zungenstellung und die Lippenform (sehen Sie in den Spiegel!)?*

Als Ersatz für *Ö*- und *Ü*-Laute werden oft *E*- oder *O*- bzw. *I*- oder *U*-Laute gesprochen. Es wird nicht klar zwischen ihnen unterschieden. Bei Deutschlernenden, aber auch bei Dialektsprechern können so mitunter ganz merkwürdige Äußerungen zu hören sein:

Wir kennen die Aufgabe lesen.	statt: *Wir können die Aufgabe lösen.*
Ich esse am liebsten Brettchen.	statt: *Ich esse am liebsten Brötchen.*
Wir lernen die Bienensprache.	statt: *Wir lernen die Bühnensprache.*
Er erstickte sie mit seinen Kissen.	statt: *Er erstickte sie mit seinen Küssen.*

Auch wenn sich im sprachlichen und außersprachlichen Kontext der Sinn meistens richtig herstellt und es selten zu wirklichen Missverständnissen kommt, so wirken diese Substitutionen doch irritierend, wenn nicht peinlich.

7.8 BAUSTEIN 8
Ö-Laute

Übung 1

➤ **Für die Schüler:**

Übung 1: Sprichwörter

Die Schüler hören die Sprichwörter und lesen still mit. Sie achten auf die *Ö*-Laute.

> Möglich ist alles in der Welt.
> Eine schöne Frau hat immer Recht.
> Von der Schönheit kann man nicht leben.
> Erst höre, dann rede.
> Zwei Köpfe sind besser als einer.
> Können geht über Wollen.
> Neue Töpfe kochen gut.
> Allzeit fröhlich ist unmöglich.

Sie hören die Sprichwörter noch einmal und sortieren die Wörter mit *Ö* in die Tabelle.

lang	kurz

Sie wiederholen die Regeln für die Vokallänge aus Baustein 7, Übung 2. Sie lesen erst die Beispiele mit langem, dann die mit kurzem *Ö* vor.

Sie lesen die Sprichwörter und sprechen sie dann ohne Vorlage.

Übung 2: Namen

Die Schüler hören Familiennamen und ergänzen die fehlenden Buchstaben.

Hörbeispiel 131

_____ M____hler

_____ M____ller

_____ M____ller

_____ M____hler

_____ M____hler

_____ M____ller

Sie hören jetzt Vornamen und lesen still mit.

> Peter, Kerstin, Thomas, Tom, Sören, Dörte

Sie schreiben vor jeden Familiennamen den Vornamen, der den gleichen Vokal enthält.
Sie hören die kompletten Namen und sprechen nach.

Sie üben zu zweit: einer nennt den Vornamen oder Familiennamen, der andere den kompletten Namen.

Übung 3: Vom Singular zum Plural

Die Schüler lesen die Singularformen und ergänzen den Plural.
Die Lösung hören sie auf der Kassette.

Hörbeispiel 132

der Sohn	– die _____
der Ton	– _____
das Wort	– _____
der Koch	– _____
der Topf	– _____
der Vogel	– _____
der Frosch	– _____
der Storch	– _____
der Wolf	– _____

Sie sprechen die Wortpaare nach und lesen sie danach noch einmal vor.

Übung 4: In Möwenberg

Die Schüler hören Straßen- und Ortsnamen mit *Ö* und wiederholen sie.

Hörbeispiel 133

> In Möwenberg, der Römerweg, die Goetheallee, der Königsplatz, die Kölner Straße, das Möwenviertel, die Löbauer Straße, Am Mönchsberg, nach Köln, nach Döbeln, nach Köthen, nach Löbau, nach Böhlen, nach Römhild

Sie sortieren die Namen nach langen und kurzen *Ö*-Lauten.

lang	kurz

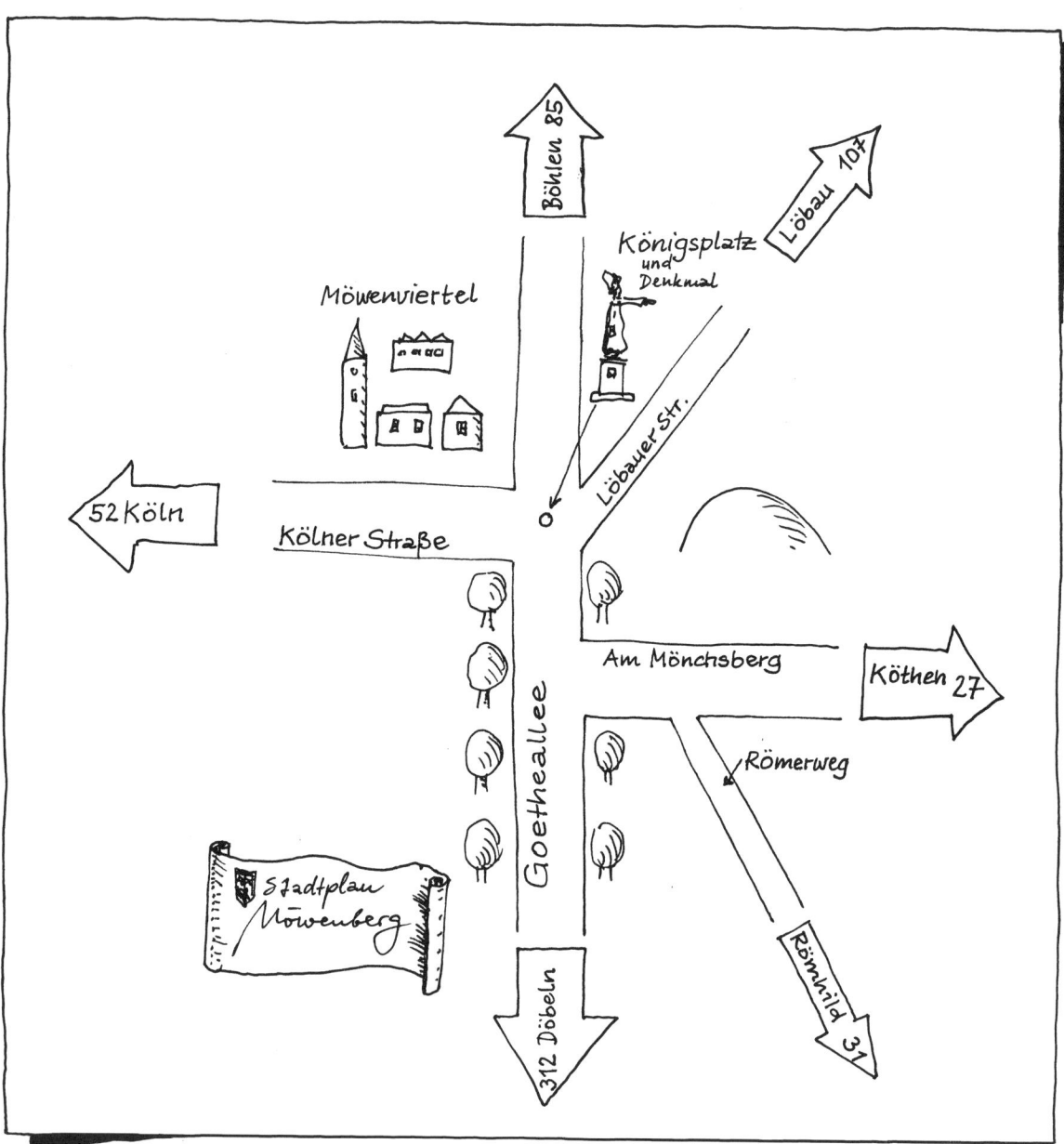

Sie sehen sich die Karte an und fragen:

a) *Ich komme aus ... (Köln) und will nach ... (Döbeln). Durch welche Straßen muss ich fahren?*

b) *Ich bin in der Löbauer Straße und möchte zum Möwenviertel. Wie komme ich dorthin?*

c) *Wie viele Kilometer sind es bis ...?*

d) *Wo wohnt Familie ...?* (hier können Namen aus Übung 2 eingesetzt werden)

Sie suchen weitere Ortsnamen mit *Ö* und benutzen dazu einen Atlas oder eine Karte. Sie bestimmen, ob der Akzentvokal lang oder kurz ist.

<table>
<tr><td>Übung 5</td><td>

Übung 5: Was kann man hören?

</td></tr>
</table>

Was kann man alles hören? Der Lehrer nennt Beispielwörter, die ein *O* oder *Ö* enthalten. Nur wenn man die genannten Dinge hören kann, legen die Schüler beide Hände hinter die Ohren, sonst bewegen sie sich nicht. Sie reagieren sehr schnell. Wer einen Fehler macht, scheidet aus.

Die Wörter können auch auf Karten geschrieben, an die Schüler verteilt und von ihnen vorgelesen werden.

Beispielwörter: *Töne, Fotos, Vögel, Rosen, Löcher, Tropfen, Wörter, Löwen, die Sonne, den Mond, ein Motorboot, eine Flöte, ...*

Die Schüler hören das Möwenlied von James Krüss und lesen still mit.

Übung 6

> **Das Möwenlied**
>
> Sehen Kinder Möwen segeln,
> Winken sie den weißen Vögeln.
> Doch die Fische, lieber Schreck,
> Schwimmen vor den Möwen weg.
>
> Ja man kann aus vielen Gründen
> Möwen gut und böse finden.
> Möwen beißen Kinder nie.
> Doch die Fische fressen sie.
>
> Kinder sehen Möwen heiter.
> Doch Makrelen und so weiter
> Fliehn vor Möwen jederzeit.
> Und mir scheint, das ist gescheit.

Hörbeispiel 134

Krüss (1967), 39/40

Sie unterstreichen alle Wörter mit *Ö*. Sie lesen den Text laut und achten auf diese Wörter. Sie tragen dann den Text vor.

⇒ Für die Weiterarbeit eignen sich folgende Beispiele aus Kapitel 9: Hörbeispiel 205, 223.

Hinweis

➤ Für die Schüler

7.9 BAUSTEIN 9
Ü-Laute

Übung 1: Hier ist grün, …

Übung 1

Die Schüler hören den Vers und lesen still mit. Sie achten auf die *Ü*-Laute.

> Hier ist grün, da ist grün
> unter meinen Füßen.
> Hab verloren
> meinen Schatz,
> werd ihn suchen müssen.

Hörbeispiel 135

Sie erkennen, in welchen Wörtern das *Ü* lang, in welchen es kurz ist. Sie wiederholen die Regeln für die Vokallänge aus Baustein 7, Übung 2.

Sie lesen den Vers mehrmals. Sie lernen ihn auswendig und tragen ihn vor.

Übung 2: Minimalpaare

Übung 2

Die Schüler hören nur eins der beiden Wörter, sie unterstreichen es.

fuhren	–	führen
Mutter	–	Mütter
Bruder	–	Brüder
drucken	–	drücken
nutzen	–	nützen
Gunther	–	Günther
Biene	–	Bühne
Fliege	–	Flüge
spielen	–	spülen
missen	–	müssen

Hörbeispiel 136

Sie lesen die Beispiele von links nach rechts und von rechts nach links.

Übung 3: Vom Plural zum Singular

Die Schüler lesen die Singularformen und ergänzen den Plural.
Die Lösung hören sie auf der Kassette.

der Bruder	– *die* _____	der Stuhl	– _____
die Mutter	– _____	der Hut	– _____
der Zug	– _____	der Wunsch	– _____
das Buch	– _____	der Turm	– _____
der Fuß	– _____	die Kunst	– _____
der Fluss	– _____		

Sie sprechen die Wortpaare nach. Danach lesen sie erst die Beispiele mit langem, dann die mit kurzem *Ü* vor.

Sie suchen andere Wörter, die im Singular ein *U* und im Plural ein *Ü* haben.

Übung 4: Städtenamen

Städte mit *Ü*.
Die Schüler hören die Städtenamen und markieren sie: lang (l), kurz (k).

1. München	☐	Würzburg	☐
2. Tübingen	☐	Münster	☐
3. Fürth	☐	Lübeck	☐
4. Nürnberg	☐	Zürich	☐
5. Kühlungsborn	☐	Grünau	☐

Sie hören die Namen noch einmal und sprechen sie nach.

Sie suchen weitere Ortsnamen mit *Ü* und benutzen dazu einen Atlas oder eine Landkarte. Sie bestimmen, ob der Akzentvokal lang oder kurz ist.

Übung 5: Wünsche

Die Schüler hören die Beispielwörter und sprechen sie nach. Sie unterstreichen alle langen *Ü*-Laute.

grüne Strümpfe, Früchte, kalte Füße, Nüsse, eine Mütze, Küsse, kleine Brüder, ein gutes Frühstück, viel Gemüse, Bücher

Sie hören die Beispiele noch einmal und sortieren sie in die Tabelle ein. Dann lesen sie vor, was sie sich wünschen und was sie sich nicht wünschen.

Das wünsche ich mir:	Das wünsche ich mir nicht:

Übung 6: In München

Die Schüler hören den kleinen Text über München und lesen still mit.

Grüß Gott!
Grüß Gott, willkommen in München!
Die Bürger von München.
Münchner Bürger.
Münchner Künstler.
Die Münchner Akademie der Künste.
Schloss Nymphenburg bei München.
Im Süden von München.

Sie unterstreichen alle *Ü*-Laute und bestimmen, ob sie kurz oder lang sind.

lang	kurz

Sie sprechen die Sätze nach.
Sie sprechen frei darüber, was man in München sehen kann.

⇒ Für die Weiterarbeit eignen sich folgende Beispiele aus Kapitel 9: Hörbeispiel 184, 202, 203, 205, 207, 211, 214, 223.

Hinweis

➤ Für die Lehrer

7.10 BAUSTEIN 10
E-Laute

In dem Wort *Seebärenfell* stecken vier verschiedene *E*-Laute, die selbstständige Phoneme sind, also eine bedeutungsunterscheidende Funktion haben. Im deutschen Vokalsystem, das sonst sehr klar strukturiert ist und jeweils einen langen gespannten einem kurzen ungespannten Vokal gegenüberstellt, fallen die *E*-Laute somit etwas aus dem Rahmen.

Da die Laut-Buchstaben-Beziehungen nicht eindeutig sind, kann es Schwierigkeiten geben, den jeweiligen *E*-Laut zu erkennen.

Aufgabe 123

> *Bitte finden Sie mögliche Schreibvarianten und Beispielwörter für das lange gespannte* [eː] *(wie in See), das kurze ungespannte* [ɛ] *(wie in Fell), das lange ungespannte* [ɛː] *(wie in Bär) und für den ungespannten, reduzierten Murmelvokal* [ə] *(wie in Bären):*
>
> [eː] – _____
>
> – _____
>
> [ɛ] – _____
>
> – _____
>
> [ɛː] – _____
>
> – _____
>
> [ə] – _____
>
> – _____

Da im Standarddeutschen die beiden langen *E*-Laute kaum noch unterschieden werden – auch Berufssprecher sprechen den *E*-Laut in *Mädchen* oder *Käse* meist lang und gespannt aus – sollten Sie im Unterricht vor allem auf die Beherrschung dieses langen gespannten *E*-Lautes achten. Zwar fällt es den Schülern sicher leichter, generell für die langen *E*-Laute das ungespannte *E* zu sprechen, aber das stimmt nun mal nicht mit der im Standarddeutschen bevorzugten Form überein, sondern ist vor allem in einigen Dialekten (z. B. im Sächsischen) zu finden, die dafür die gespannte Variante nicht verwenden. Die Sprecher unserer Hörbeispiele haben versucht, alle vier *E*-Laute deutlich voneinander zu differenzieren.

Für die Schüler ist es außerdem sehr wichtig, den Murmelvokal und das vokalisierte *R* gut zu unterscheiden, die sehr ähnlich klingen und oft in gleichen Positionen zu finden sind: *liebe – lieber, Deutsche – Deutscher, schöne – schöner.*

Übung 1

Übung 1: Mädchen

Die Schüler hören (mehrmals) einen Vers von James Krüss. Sie achten auf die unterstrichenen Wörter mit den Buchstaben <e> und <ä>.

Hörbeispiel 141

> Was denken in der Neujahrsnacht
> In aller Welt die Mädchen?
> Die Mädchen denken unentwegt
> Und angeregt und aufgeregt
> An das, was man im Sommer trägt,
> Ob Gretchen oder Kätchen.

Krüss (1965), 173

Sie finden heraus, dass die *E*-Laute im Deutschen ganz unterschiedlich klingen und mit den Buchstaben <e> und <ä> geschrieben werden.

Übung 2

Übung 2: Junge oder Mädchen?

Die Schüler hören Vornamen. Sie hören sie noch einmal und lesen still mit. Dabei achten sie auf die Aussprache der unterstrichenen Buchstaben.

Hörbeispiel 142

> Peter, Vera, Ben, Ellen, Grete, Helmut, Kerstin, Eva, Steffen, Fred

Sie sprechen die Namen nach und achten auf die Vokallänge.

Sie ordnen die Namen aus dem Gedächtnis in die Tabelle ein:

langes *E*	kurzes *E*

Sie lesen vor, was in den beiden Spalten steht. Sie wiederholen die Regeln für die Vokallänge aus Kapitel 7.7, Übung 2, S. 120.

Sie lesen dann erst alle Mädchennamen, dann alle Jungennamen vor.

Übung 3

Übung 3: Der Regenschirm

Die Schüler hören die folgende Geschichte. Sie lesen still mit und achten auf die fett gedruckten Buchstaben (*E*-Laute).

Hörbeispiel 143

> Herr **Meh**ler g**eh**t spazieren. Ihm kommt ein **äl**terer Herr mit einem R**e**genschirm entg**e**gen. Herr **Meh**ler bleibt st**eh**en und fragt: „Wir k**e**nnen uns doch – oder?"
>
> Der **äl**tere Herr antwortet: „Ich k**e**nne Sie nicht, ich habe Sie noch nie ges**eh**en."
>
> „Aber ich erk**e**nne Sie an diesem R**e**genschirm", sagt Herr **Meh**ler.
>
> Der Herr wird nervös: „**Seh**en Sie, den hatte ich bis g**e**stern noch gar nicht."
>
> Herr **Meh**ler nickt: „Ich hatte ihn bis g**e**stern. **Es** ist mein R**e**genschirm. G**e**ben Sie ihn mir zurück?"

Sie hören den Text noch einmal und unterstreichen alle langen, gespannten *E*-Laute ([eː]).

Sie lesen den Text vor. Sie können ihn auch zu dritt (Erzähler, Herr Mehler, älterer Herr) lesen oder zu zweit vorspielen.

Übung 4: Endung *-en*

In dieser Übung geht es um die Endung *-en*. Die Schüler hören mehrmals die folgenden Beispiele. Sie lesen still mit.

> lernen, nehmen, anfangen, hören, sollen, stehen
> haben, legen, warten, machen, laufen, müssen

Sie erkennen, dass die Endung *-en* nicht sehr deutlich ausgesprochen wird, sie ist unbetont und schwach, das *E* fällt manchmal sogar ganz weg (besonders in den Beispielen der zweiten Zeile).

Nach dieser Bewusstmachung hören die Schüler die Wörter noch einmal und wiederholen sie.

Dann hören Sie Beispielsätze, in denen diese Wörter vorkommen. Sie hören sie noch einmal und sprechen nach. Dann lesen sie den Text selbst vor.

> Wir lernen Deutsch. Alle nehmen die Bücher. Wir fangen jetzt mit der Übung an. Wir hören Beispiele vom Band. Wir sollen sie wiederholen. An der Tafel stehen die Lösungen. Haben wir alles richtig gehört? Alle legen die Bücher weg. Wir machen jetzt eine Pause. Wir laufen auf den Hof. In zehn Minuten müssen wir zurück sein.

Übung 5: Lebensmittel

Die Schüler suchen Lebensmittel mit *E*-Lauten. Sie werden an die Tafel geschrieben, die betonten langen *E*-Laute werden unterstrichen, die kurzen bekommen einen Punkt, z. B.:

> Käse, Leberwurst, Äpfel, Tee, Beeren, Cremetorte, ...

Die Schüler spielen „Kofferpacken": Nacheinander wiederholen sie, was schon gesagt wurde und nehmen ein weiteres Beispiel dazu. Die Kassette zeigt, wie es geht.

> Ich nehme Käse.
> Ich nehme Käse und Leberwurst.
> Ich nehme Käse, Leberwurst und Äpfel.
> Ich nehme Käse, Leberwurst, Äpfel und Tee.

Übung 6: Das Wetter

Die Schüler hören Sprichwörter vom *Wetter*. Sie lesen sie erst still mit und dann laut vor. Sie achten auf die *E*-Laute.

> **Vom Wetter**
>
> Schlechtes Wetter ist besser als gar keins.
> Wenn der Hahn kräht auf dem Mist, ändert sich das Wetter oder es bleibt, wie es ist.
> Regenbogen überm Rhein, morgen muss schön Wetter sein.
> Es regnet, es regnet, es regnet seinen Lauf,
> und wenn's genug geregnet hat, dann hört es wieder auf.
> Es regnet, es regnet, es regnet Tag und Nacht,
> und wenn's genug geregnet hat, die Sonne wieder lacht.

Sie erzählen, welches Wetter gerade ist, welches Wetter sie gern haben, welches Wetter sie nicht gern haben.

⇒ Für die Weiterarbeit eignen sich folgende Beispiele aus Kapitel 9: Hörbeispiel 181, 182, 185, 194, 202, 203, 207 – 210, 212, 213, 215, 219, 220, 224, 225.

Im Deutschen haben Vokale im Wort- und Silbenanlaut ein besonderes Merkmal, den Neueinsatz. Das sei mit Hilfe der Minimalpaare in Aufgabe 124 belegt:

Aufgabe 124
Hörbeispiel 147

> *Hören Sie die Beispiele (Hörbeispiel 147) auf der Kassette. Definieren Sie den Neueinsatz, den Sie in den Beispielen hören können, und formulieren Sie dafür eine Regel.*
>
> | | | |
> |---|---|---|
> | im Hort | – | im Ort |
> | verhalten | – | veralten |
> | Delikatessen | – | delikat essen |
> | (die) Spiegelei | – | (das) Spiegelei |
> | (das) Staubecken | – | (die) Staubecken |
> | am Mast | – | am Ast |
> | deutschsprachig | – | Deutsch sprach ich |
> | Bettdecke | – | Bettecke |

Hinweis

Anlautende Vokale werden im Deutschen „neu eingesetzt", d. h., sie werden nicht mit dem letzten Laut der vorangegangenen Silbe bzw. des vorangegangenen Wortes verbunden. Die Stimme setzt kurz aus, die geschlossenen Stimmlippen (Glottis, deshalb auch die Bezeichnung *Glottisschlag** als Synonym zu Vokalneueinsatz; siehe auch den *Sagittalschnitt* im Anhang 15.1) werden gesprengt, so dass – besonders beim Flüstern – vor dem Vokal ein Knackgeräusch („Knacklaut") zu hören ist. Der Vokalneueinsatz ist ein im Deutschen nicht geschriebener, aber gesprochener Konsonant, der Wort- und Silbengrenzen markiert. Obwohl dieser Laut in Lautübersichten nicht oder selten erscheint, gehört er doch fest in das deutsche Inventar. Sprecher, die den Neueinsatz „unterschlagen", also Wörter und Silben binden, wo eigentlich eine Unterbrechung des Stimmtons erforderlich ist, werden natürlich trotzdem verstanden, aber fehlender Neueinsatz verrät den Fremdsprachler und wird vom Hörer sehr schnell als fremder Akzent registriert. Neueinsätze gliedern den Redefluss, sie sind für den Hörer wichtige Orientierungshilfen. Ihr Fehlen fällt deutlich auf und wirkt mehr oder weniger desorientierend.

Es gibt eine ganze Reihe von Minimalpaaren, in denen der Vokalneueinsatz dem Hauchlaut [h] gegenübersteht, z. B. im oben verwendeten Beispiel *verhalten – veralten*. Lernende aus romanischen Sprachen lassen das [h] am Wort- und Silbenanfang oft weg, für sie ist diese Differenzierung deshalb besonders wichtig. Lernende aus slawischen Sprachen müssen dagegen aufpassen, dass das Hauchgeräusch nicht zu stark wird.

In *Die Zeit* vom 21.5.1993 berichtete ein Leser über solche Schwierigkeiten bei seiner Deutsch lernenden italienischen Partnerin:

> „Wir haben so verschiedene Phasen durchlaufen. Zunächst das ‚h'. … In ihrer Sprache ist das ‚h' eine Flagge, die vor dem Wort gehisst wird, um lautlos eine andere Bedeutung anzuzeigen. … Bei uns ist das ‚h' ein aus den Tiefen des Brustkorbes aufsteigender Hauch, ein Zeichen gewordener Seufzer. Sie ignorierte das lange konsequent. Eizung, Aut, Asenbraten, Andtuch, Of, Uhn, Omosexualität. … Ehre sei Gott in der Öhe. … Inzwischen kommt ihr ‚h' nicht immer, aber immer öfter, bald schon zu oft. Hofen, Heilzug, Hapfel, hoben und hunten."

➤ Für die Schüler

Übung 1

Übung 1: Anne und Hanne

Die Schüler hören die folgenden Beispiele auf der Kassette und versuchen herauszufinden, worin sie sich unterscheiden. Sie flüstern die Beispiele unter B und merken, dass es beim Vokal am Wort- und Silbenanfang „knackt".

Hörbeispiel 148

	A	B
1.	mit Hanne	mit Anne
2.	von Nina	von Ina
3.	im Mai	im Ei
4.	beim Messen	beim Essen
5.	Berliner Leben	Berlin erleben
6.	Himbeerreis	Himbeereis

Sie erkennen die Regel und schreiben Beispiele dazu auf:
Den Vokalneueinsatz gibt es

– am Anfang des Wortes, z. B. in

_____

– am Anfang der Silbe im Wort, z. B. in

_____

Sie hören die Beispiele noch einmal und sprechen sie nach. Sie lesen sie dann von rechts nach links und von links nach rechts vor.

Übung 2: Hanne oder Anne

Übung 2

Die Schüler hören nun jeweils eins der beiden Beispiele aus Übung 1. Sie schreiben es auf.

Hörbeispiel 149

1 _____	4 _____
2 _____	5 _____
3 _____	6 _____

Sie hören die Beispiele noch einmal und sprechen sie nach. Sie ergänzen das jeweils fehlende Beispiel und sprechen die Wortpaare.

Übung 3: Im Wort

Übung 3

Die Schüler hören nun Beispiele, die den Vokalneueinsatz innerhalb des Wortes enthalten. Sie zeichnen an die jeweilige Stelle einen Schrägstrich (wie im ersten Beispiel).

Hörbeispiel 150

1. gegen/über
2. überall
3. verändern
4. beachten
5. beantworten
6. eröffnen
7. sich erinnern
8. anerkennen

Übung 4: Wo?

Übung 4

Die Schüler hören geographische Namen. Sie sprechen sie nach und achten darauf, dass die Vokale am Wortanfang nicht mit vorangehenden Lauten verbunden werden.

Hörbeispiel 151

An Flüssen, in Städten, in Ländern
– an der Elbe, an der Oder, an der Isar, an der Iller, an der Elster, an der Aller
– in Aachen, in Augsburg, in Essen, in Ilmenau, in Erfurt, in Eisenach
– in Italien, in England, in Ungarn, in Irland, in Island, in Estland

Hier kann sich ein Ratespiel anschließen. Gefragt wird nach unterschiedlichen Bezeichnungen, die mit Vokal oder Diphthong beginnen. Ein Schüler sagt z. B.: *Wer kennt eine Stadt/ein Land/einen Fluss/ein Tier/einen Vornamen/... mit A/E/I/O/U/Ä/Ö/Ü/EI/ AU/EU?*

Alle anderen Schüler raten. Wer ein Beispiel weiß, darf aufstehen. Wenn fünf Schüler stehen, dürfen sie ihre Wörter sagen. Wer das richtige Wort richtig sagt, bekommt einen Punkt. Wer zuerst zehn Punkte hat, könnte eine gute Zensur bekommen, oder?

Übung 5: Wer kennt wen?

Nun stehen sich der Vokalneueinsatz und der Hauchlaut [h] gegenüber. Die Schüler hören die Beispiele und achten auf den Unterschied in den beiden Vornamen.

1. Hanne und Anne, Anne und Hanne
2. Hella und Ella, Ella und Hella
3. Hilka und Ilka, Ilka und Hilka
4. Heike und Eike, Eike und Heike
5. Helena und Elena, Elena und Helena
6. Johanna und Joanna, Joanna und Johanna

Sie lesen die Beispiele vor. Dann üben sie zu zweit. Sie fragen nach einem beliebigen Namen aus der Übung (z. B. *Elena*) – geantwortet wird mit dem zweiten: *Kennst du Elena? – Nein, ich kenne Helena.*

Übung 6: Zungenbrecher

Die Schüler hören Zungenbrecher mit Vokalneueinsatz bzw. mit *H*. Sie lesen still mit. Dann sprechen sie nach. Ein Schüler beginnt, er wird immer schneller. Wenn er sich versprochen hat, ruft er den nächsten Schüler auf, der weitermachen soll.

Essig ess ich nicht. Ess ich Essig, ess ich Essig nur mit Kopfsalat.
In Ulm und um Ulm und um Ulm herum.
Hinter Hanne Hermanns Haus hängen hundert Hemden raus,
hundert Hemden hängen raus hinter Hanne Hermanns Haus.

Übung 7: Heut kommt der Hans

Die Schüler hören *Heut kommt der Hans …* zuerst als Text, den sie dann selbst vorlesen. Sie können mit einem Schrägstrich den Neueinsatz markieren.

Heut kommt der Hans nach Haus, freut sich die Lies'.
Ob er aber über Oberammergau oder aber über Unterammergau
oder aber überhaupt nicht kommt, ist nicht gewiss.

Dann hören sie das Lied. Sie singen mit (beim Singen ist der Neueinsatz oft nicht zu hören).

Kröher (1989), 81

⇒ Für die Weiterarbeit eignen sich folgende Beispiele aus Kapitel 9: Hörbeispiel 181–183, 186–195, 197–199, 201–203, 206–208, 210, 211, 215, 216, 218–221, 224–227.

Die deutschen *R*-Laute gelten allgemein als schwierig. Für Ostasiaten besteht das besondere Problem darin, *R* und *L* zu unterscheiden, sie substituieren z. B. wechselseitig *leise* durch *Reise*, *Lektor* durch *Rektor*. Portugiesisch Sprechende haben Schwierigkeiten, anlautendes *R* und *H* auseinander zu halten, bei ihnen wird aus einer *Rose* eine *Hose* oder aus einer *Hose* eine *Rose*. In diesen Fällen sind spezielle Übungen vonnöten.

Unsicherheit besteht immer wieder in der Frage, ob im Deutschen Zungenspitzen-*R* [r], Reibe-*R* [ʁ] oder Zäpfchen-*R* [ʀ] zu sprechen ist. Hier ist die Antwort einfach: Alle drei *R*-Formen sind akzeptiert, in den Medien dominieren Reibe- und Zäpfchen-*R*. Daneben gibt es jedoch noch eine weitere, sehr häufig verwendete *R*-Variante: das vokalische bzw. vokalisierte *R*, wie z. B. als [ɐ̯] wie in *er* [eːɐ̯] bzw. als [ɐ] *ie* in *eher* [ˈeːɐ] (im ersten Beispiel bilden vokalisiertes *R* und vorausgehender Vokal eine Art Diphthong, eine einsilbige Verbindung; im zweiten Beispiel ist dieser *R*-Vokal eine eigene Silbe, man spricht deshalb auch von der Substitution der unbetonten Verbindung -*er*-).

Je nach Sprachlandschaft werden im deutschen Sprachraum Zungenspitzen-*R*, z. B. in Bayern, Reibe- oder Zäpfchen-*R*, z. B. in Obersachsen, verwendet. Der Fremdsprachler kann also „seinen" *R*-Laut im Deutschen wählen bzw. sich regional anpassen. Meist genügt es nicht, einfach das muttersprachige *R* zu verwenden, es muss dem deutschen Klang angenähert, also mehr oder weniger variiert werden. So hat das Zungenspitzen-*R* im Deutschen weniger Schläge als das russische Zungenspitzen-*R*, und das amerikanische *R* unterscheidet sich auch deutlich vom deutschen *R*.

Der Wunsch mancher Lernenden, lieber gleich ein anderes *R*, z. B. das Reibe-*R*, zu erlernen, ist daher verständlich. Dazu muss man aber wissen, dass das eine schwierige Umstellung ist, die Aufmerksamkeit, Zeit und Mühe kostet. Weniger kompliziert wird es sein, die notwendigen *R*-Reduzierungen einzuüben, die für das Deutsche gelten.

Für uns hat die – im Standard und in den meisten deutschsprachigen Regionen vorhandene – Differenzierung zwischen konsonantischer und vokalischer *R*-Realisation beim Lernen den Vorrang.

Das Hörbeispiel 2 auf Seite 10 demonstrierte neben den konsonantischen auch reduzierte bzw. vokalisierte Varianten:

reden, hören, hörst, verstehen, Wort, Frage, Leser, Leserin

In einigen dieser Wörter ist für den Buchstaben „R" kein Konsonant „R" zu hören. Unterstreichen Sie diese Buchstaben. Formulieren Sie die Regeln: In welchen Fällen wird das Phonem [r] vokalisiert?

Aufgabe 125
(vgl. Hörbeispiel 2)

Wer ein Reibe-*R* lernen möchte, kann vom *Ach*-Laut ausgehen, der an der gleichen Stelle und in der gleichen Art und Weise gebildet wird. Das Reibe-*R* ist schwächer und stimmhaft, man kann also Wörter, die ein *R* enthalten, mit einem sehr schwachen *Ach*-Laut sprechen, es gibt sogar einige Minimalpaare, die man dafür verwenden kann, z. B.: *waren – wachen* (*Ich war wach.*), *Kur(en) – Kuchen, dort – Docht*.

➤ Für die Schüler

Übung 1: Alles verboten!

Übung 1

Die Schüler hören sich die Beispiele mehrmals an und lesen still mit. Sie achten auf den Klang der Buchstaben <R, r>.

Hörbeispiel 155

Vorsicht! Rauchen nicht erwünscht! Befahren verboten! Nur für Anlieger! Hier darf nicht geparkt werden! Ausfahrt freihalten!

Die Schüler merken, dass das deutsche *R* schwach ist und manchmal gar nicht gehört wird. Sie hören dann die Beispiele noch einmal und unterstreichen die Buchstaben, die deutlich als (konsonantisches) *R* ausgesprochen werden.

Die Schüler hören Einzelwörter aus den Beispielen noch einmal, sortiert nach vokalischem und konsonantischem *R*:

vokalisch: *nur, für, hier, werden, Vorsicht, Ausfahrt, erwünscht, verboten, Anlieger,*

konsonantisch: *rauchen, befahren, darf, geparkt, freihalten*

Sie erkennen die Regel, kreuzen an und tragen ein Beispielwort in die Tabelle ein.

	konsonantisch	vokalisch	Beispiele
am Wortanfang			
am Silbenanfang			
nach Konsonanten			
nach kurzen Vokalen			
nach langen Vokalen			
als *-er-* Kombination (unbetont)			

Übung 2

Übung 2: Urlaub

Die Schüler hören Wortgruppen, in denen kein konsonantisches *R* enthalten ist:

Hörbeispiel 156

(1) der Sommer am Meer, (2) ein schöner Urlaub, (3) am Ufer, (4) am Wasser, (5) Sommer und Winter, (6) Sommerurlaub, (7) Winterurlaub, (8) Urlaub im Dezember, (9) Urlaub im September, (10) für Kinder und Erwachsene

Sie hören noch einmal und lesen still mit. Dann sprechen sie die Beispiele nach. Wer kann aus einigen Wortgruppen eine kleine Geschichte machen und vorlesen?

Übung 3

Übung 3: Vom Plural zum Singular

Die Schüler lesen Wörter im Plural. Hier ist ein *R* zu sprechen, weil es am Silbenanfang steht. Sie bilden dazu den Singular mit vokalisiertem *R* (weil am Silbenende nach langem Vokal). Sie hören die Lösung auf der Kassette.

Hörbeispiel 157

die Meere	– *das* _____	die Uhren	– _____
die Tiere	– _____	die Chöre	– _____
die Bären	– _____	die Flure	– _____
die Türen	– _____	die Haare	– _____
die Tore	– _____	die Paare	– _____
die Papiere	– _____		

Die Schüler sprechen die Wortpaare nach und achten auf den Wechsel der *R*-Varianten. Sie lesen die Wörter von rechts nach links und von links nach rechts vor.

Übung 4

Übung 4: Verben

Auch bei den Verben gibt es einen solchen Wechsel. Die Schüler hören Verben im Infinitiv mit einem konsonantischen *R* und sprechen nach.

Hörbeispiel 158

fahren, hören, spüren, stören, erklären, verlieren

Dann hören Sie diese Verben in Sätzen. Hier gibt es auch noch andere Wörter mit dem Buchstaben *R*. Die Schüler streichen alle *R*-Buchstaben durch, die nicht als *R*, sondern vokalisiert zu hören sind.

1. fahren – Mein Vater fährt nach Amsterdam.
2. hören – Hörst du mir zu?
3. stören – Peter stört mich immer wieder.
4. spüren – Auch ein Tier spürt die Kälte im Winter.
5. verlieren – Verlier nur das Geld nicht!
6. erklären – Erklärst du mir die Aufgabe?

Übung 5: Farben

Übung 5

Die Schüler hören die Bezeichnungen für Farben und lesen still mit. In allen Wörtern ist ein konsonantisches *R* zu hören.

Hörbeispiel 159

Farben: rot, grün, schwarz, braun, grau, rosa

Sie bilden Wortgruppen mit den folgenden Substantiven:

Tür, Radio, Regenschirm, Messer, Uhr, Rock

Beispiel: *eine rote Tür, ...*

Sie können frei kombinieren und schreiben die Wortgruppen auf.
Sie hören dann Kombinationen auf der Kassette und sprechen sie nach. Wer eine andere Kombination gefunden hat, darf sie vorlesen.

(1) eine rote Tür, (2) ein braunes Radio, (3) ein schwarzer Regenschirm, (4) ein graues Messer, (5) eine grüne Uhr, (6) ein rosa Rock

Übung 6: Der Hund

Übung 6

Die Schüler hören das Gedicht *Der blaue Hund* von Peter Hacks. Sie streichen die vokalisierten *R*-Laute durch.

Hörbeispiel 160

Der blaue Hund

Geh ich in der Stadt umher
Kommt ein blauer Hund daher,
Wedelt mit dem Schwanz so sehr,
Nebenher,
Hinterher
Und verläßt mich gar nicht mehr.
Wedelt mit den blauen Ohren,
Hat wohl seinen Herrn verloren.

Hacks (1976), 35

Sie lesen das Gedicht mehrmals laut vor.
Sie lernen es auswendig und tragen es vor.

⇒ Für die Weiterarbeit eignen sich folgende Beispiele aus Kapitel 9: Hörbeispiel 181, 182, 185 – 200, 202 – 207, 209 – 212, 214, 215, 218 – 227.

Hinweis

► Für die Lehrer

7.13 BAUSTEIN 13
Fortis- und Lenis-konsonanten/Aus-lautverhärtung

Im Deutschen stehen sich Fortis- (gespannte, „harte") und Leniskonsonanten (ungespannte, „weiche") gegenüber. Sie bilden Paare, z. B. [p] und [b] wie in *packen* und *backen*, *Gepäck* und *Gebäck*, [z] und [s] wie in *weise* und *weiße*, *ein weiser Mann* und *ein weißer Mann*.

Ergänzen Sie die folgende Übersicht (Transkriptionszeichen, Beispiele = Minimalpaare), so dass Sie eine komplette Aufstellung der Fortis-/Lenis-Paare im Deutschen erhalten.

fortis		lenis	
[p]	*Paar*	[ ]	*Bar*
[t]	*tanken*	[d]	
[ ]		[g]	*gern*
[f]		[ ]	*wir*
[ ]	*reißen*	[z]	
[ç]	*Che(mie)*	[ ]	__ *(mand)*
[x]		[ʁ]	*Kuren*

Nicht immer gibt die Schreibweise im Deutschen Auskunft über den Charakter des zu sprechenden Lautes. Gleiche Buchstaben werden verschieden ausgesprochen, in den Beispielen in Aufgabe 127 als Fortis- oder Leniskonsonant.

Hören Sie die folgenden Wörter auf der Kassette. Bestimmen Sie dann die Aussprache der unterstrichenen Buchstaben und ordnen Sie die Beispiele in die Tabelle ein:

1 Rei<u>s</u>e, 2 Bil<u>d</u>, 3 Ber<u>g</u>, 4 lie<u>b</u>en,

5 belie<u>b</u>t, 6 bil<u>d</u>en, 7 Rei<u>s</u>, 8 Ber<u>g</u>e

fortis	lenis

Eine für das Deutsche wichtige Distributionsregel lautet, dass die oben dargestellten Paare, also die Fortis- und Leniskonsonanten, sich nur im Wort- und Silbenanlaut gegenüberstehen können. Im Auslaut gibt es keine Lenisexplosive bzw. -frikative, sondern nur Fortiskonsonanten – „harte" Konsonanten, deshalb der Begriff *Auslautverhärtung*. Das ist auch dann so, wenn die Orthographie scheinbar „lenis" signalisiert. Wir schreiben also *lieb*, *Bild*, *Berg*, *Reis*, sprechen die Buchstaben <b, d, g, s> hier aber als [p, t, k, s]. Innerhalb eines Morphems kann die Aussprache von fortis zu lenis wechseln, wenn der Konsonant die Position wechselt. Es ist also zu unterscheiden zwischen *halb* und *halbe*, zwischen *Hand* und *Hände*, zwischen *Tag* und *Tage*, zwischen *Haus* und *Häuser* – um noch ein paar andere Beispiele zu nennen.

Schwierigkeiten mit der Auslautverhärtung haben besonders Lernende, die stark schriftorientiert sind. Sie müssen sich die Erscheinung immer wieder bewusst machen.

Übung 1: Abend

Die Schüler hören einen Vers von Heinrich Hoffmann von Fallersleben. Sie lesen still mit und achten auf die unterstrichenen Konsonanten.

> Aben<u>d</u> wir<u>d</u> es wie<u>d</u>er,
> <u>ü</u>ber Wal<u>d</u> un<u>d</u> Fel<u>d</u>
> säuselt Frie<u>d</u>en nie<u>d</u>er,
> un<u>d</u> es ruht die Welt.

Hoffmann von Fallersleben, in: Pachnicke (1980), 341

Sie hören die betreffenden Wörter noch einmal einzeln.

> Abend, wird, Wald, und, Feld, wieder, über, Frieden, nieder

Sie erkennen, dass am Wortende zwar ein <d> geschrieben, aber ein [t] gesprochen wird. Im Wortinnern ist das <d> ein [d], das <b> ein [b].
Sie erkennen und formulieren die Regel:
Im Auslaut stehen im Deutschen immer „harte" Konsonanten. Wenn in der Schrift <-b, -d, -g, -s> erscheinen, gilt für die Aussprache [p, t, k, s].

Sie hören den Vers noch einmal und lesen ihn dann selbst. Sie lernen ihn auswendig und sprechen ihn.

Übung 2: Vom Plural zum Singular

Die Schüler nennen zu den Pluralformen die Singularformen. Sie hören die Lösung auf der Kassette.

Plural		Singular
die Züge	–	*der Zug*
die Wege	–	
die Berge	–	
die Wälder	–	
die Felder	–	
die Länder	–	
die Betriebe	–	
die Körbe	–	
die Siebe	–	
die Felsen	–	
die Häuser	–	
die Gänse	–	

Die Schüler sprechen Plural und Singular und dann Singular und Plural als Paar.

Übung 3: Antonyme

Die Schüler hören Antonyme in einer Wortgruppe. Sie achten auf die Aussprache der Konsonanten, besonders auf die Buchstaben <b, d, g, s>, die manchmal für Fortis-, manchmal für Leniskonsonanten stehen. Sie hören noch einmal und sprechen nach.

> (1) groß und klein, (2) dick und schlank, (3) dumm und klug, (4) früh und spät, (5) laut und leise, (6) kalt und heiß, (7) böse und lieb, (8) ganz und halb

Sie bilden mit den folgenden Wörtern und den Wörtern aus Hörbeispiel 164 jeweils kurze Sätze, z. B. *Bernd ist groß und Jens ist klein* (oder umgekehrt – manchmal ist die Reihenfolge wichtig):

(1) Jens, Bernd, (2) Frau Lind, Frau End, (3) der Freund, der Feind, (4) um sechs, um acht, (5) der Wind, der Mond, (6) die Milch, der Saft, (7) das Kind, der Hund, (8) mein Glas ist … voll, dein Glas ist … voll.

Sie lesen die Sätze vor und achten besonders auf die Auslautkonsonanten.

Übung 4: Fingerspiele

Übung 4

Die Schüler hören zwei Sätze, so genannte „Fingerspiele". Sie hören die Sätze mehrmals und prägen sich den Klang der Fortis- und Leniskonsonanten ein. Sie versuchen, diese Fingerspiele zu machen, und zwar mehrmals, so dass eine gute Automatisierung erreicht wird.

Hörbeispiel 165

> Das ist der Daumen, der schüttelt die Pflaumen, der sammelt sie ein, der bringt sie heim, und der Kleine isst sie ganz allein.
>
> Der ist in den Brunnen gefallen, der hat ihn wieder rausgeholt, der hat ihn ins Bett gelegt, der hat ihn zugedeckt, und der Kleine hat ihn wieder aufgeweckt.

Übung 5: Kettenspiel

Übung 5

Die Schüler hören Vornamen und sprechen sie nach.

Hörbeispiel 166

> Astrid, Hildegard, Rotraud, Ingrid, Sigrid, Hildegund, Gertrud, Gertraud, Alfred, Bernd, Bertold, Eberhard, Eduard, Edmund, Ferdinand, Gerhard, Wilfried

Sie wählen nun einzelne Namen aus für das Kettenspiel, bei dem immer wiederholt wird, was vorher gesagt wurde und ein weiterer Name angefügt wird, z. B.:

Ich kenne Eberhard.
Ich kenne Eberhard und Bertold.
Ich kenne Eberhard, Bertold und … .
…

Wer etwas falsch macht, muss ausscheiden.

Übung 6: Maßeinheiten

Übung 6

Die Schüler hören Maßeinheiten und sprechen sie nach.

Hörbeispiel 167

> Tonne, Kilo(gramm), Pfund, Gramm, Kilometer, Meter, Zentimeter, Hektar, Quadratmeter, Liter, Grad

Dann setzen sie die fehlenden Maßeinheiten in die Lücken ein. Sie lesen die Sätze vor.

Heute ist es heiß, 35 _____ . Peter kommt mit dem Fahrrad, er ist schon 12 _____ gefahren. Nur noch ein paar _____ , dann ist er endlich zu Hause. Er hat Durst und trinkt einen ganzen _____ Wasser. Dann macht er seine Hausaufgaben. Zuerst Mathematik, er soll die richtige Lösung aufschreiben: „Eine Tonne hat 1000 _____ , 2000 _____ und 1 000 000 _____ . Ein Hektar hat 10 000 _____ ." Stimmt das? Ja. Zur Belohnung nimmt er sich ein Stück Kuchen – es ist genau acht _____ breit.

Hinweis

⇒ Für die Weiterarbeit eignen sich folgende Beispiele aus Kapitel 9: Hörbeispiel 181 – 183, 185 – 227.

7.14 BAUSTEIN 14
Ich-Laut und Ach-Laut

➤ Für die Lehrer

Die Aussprache der Buchstaben <ch> kann verschiedene Schwierigkeiten verursachen. Ein Problem ist, dass vielen Lernenden – auch manchem Lehrenden – die Regeln nicht bekannt sind.

> *Ordnen Sie die folgenden Beispielwörter und versuchen Sie, die Regel für die Zuordnung zu formulieren. Wann wird <ch> als „Ich"-Laut, wann als „Ach"-Laut gesprochen?*
>
> *sprechen, Sprache, Gespräch, Spruch, Sprüche, Sprichwort, gesprochen*
>
> *„Ich"-Laut ([ç]):* —————————————————
>
> *„Ach"-Laut ([x]):* —————————————————
>
> *Regel:* —————————————————
>
> —————————————————
>
> —————————————————

Wie man sieht, wechselt auch innerhalb einer Wortfamilie die Aussprache des <ch>. Hier wird das Prinzip der „Ökonomie" erkennbar: Nach vorderen Vokalen folgt der vordere *Ich*-Laut, nach hinteren Vokalen (<a, o, u, au>) der hintere *Ach*-Laut. Zu ergänzen wäre außerdem:

- Der *Ich*-Laut tritt auch nach <l, n, r> (z. B. *Milch, manche, durch*) sowie nach den Diphthongen (außer <au>) auf.
- Der *Ich*-Laut ist immer in der Diminutivendung *-chen* (z. B. *Frauchen*) enthalten, ganz gleich, welcher Vokal vorangeht.
- In der Endung *-ig* wird im Standarddeutschen auch der *Ich*-Laut gesprochen, im Süden wird das <g> zum [k].
- Der *Ich*-Laut steht oft am Wortanfang (z. B. *Chemie, China*) – die Aussprache als [k] ist die süddeutsche Variante, wobei in Fremdwörtern auch in der Standardaussprache oft ein [k] gesprochen wird (*Chor, Charakter*).

Eine Ausnahme bildet die Aussprache des <ch> vor <s>: In Wörtern wie *sechs*, *wachsen* (Achtung: *wachsam*) wird ein [k] gesprochen.

Die Bildung des *Ich*-Lautes kann schwer fallen. Viele Lernende können [ç] und [x] (wie in *Bücher – Buch*) bzw. [ç] und [ʃ] (wie in *Kirche – Kirsche*) nicht gut voneinander unterscheiden. Eine Möglichkeit, die richtige Lautbildung des [ç] zu erlernen, ist, das [j] zu flüstern. [ç] und [j] unterscheiden sich nicht in der Einstellung des Sprechapparates, sondern nur in der Spannung und Stimmbeteiligung. Wenn [j] geflüstert wird, gibt es keine „Stimme" – also entsteht ein [ç].

➤ Für die Schüler

Übung 1: Mädchen

Die Schüler hören einen Vers. Sie hören ihn noch einmal (oder mehrere Male) und lesen still mit. Sie unterstreichen alle Stellen, an denen ein *Ich*-Laut gehört wird.

> Zehn, zwanzig, dreißig,
> Mädchen, du bist fleißig.
> Vierzig, fünfzig, sechzig,
> Mädchen, du bist prächtig.
>
> Siebzig, achtzig, neunzig,
> Mädchen, du bist einzig.
> Hundert, tausend, Million,
> Mädchen, du verdienst die Kron.

Sie lesen den Vers vor. Sie lernen ihn auswendig und sagen ihn auf.

Übung 2: Endlich

Die Schüler hören Wortbeispiele. Sie lesen still mit. Sie hören noch einmal Wort für Wort und unterstreichen den *Ich*-Laut einmal, den *Ach*-Laut zweimal.

> endlich, gleich, manchmal, nachher, noch, zunächst, auch, danach, rechtzeitig, täglich, nachts

Sie hören noch einmal und sprechen nach. Sie verwenden die Wörter in kleinen Sätzen.

Übung 3: Vom Singular zum Plural

Die Schüler ergänzen den Plural der vorgegebenen Wörter. Sie hören die Lösung auf der Kassette. Sie lesen still mit und korrigieren.

Sie hören noch einmal und unterstreichen den *Ich*-Laut. Dann lesen sie die Wortpaare vor.

ein Buch	– viele	_____
ein Tuch	– viele	_____
ein Spruch	– viele	_____
eine Nacht	– viele	_____
ein Fach	– viele	_____
ein Dach	– viele	_____

Sie sortieren die Wörter in die Tabelle ein.

Ich-Laut	*Ach*-Laut

Sie lesen die Beispiele aus der Tabelle vor.

Übung 4: Der Einbrecher

Die Schüler hören den Text. Sie hören ihn noch einmal (mehrere Male) und lesen still mit. Sie unterstreichen alle Stellen, an denen ein *Ich*-Laut gehört wird.

Herr und Frau Koch aus Bochum sind bei Freunden zu Besuch. Spät in der Nacht klingelt das Telefon. Eine Stimme spricht: „Ihre Kinder schlafen nicht. Sie machen furchtbaren Krach. Ich habe sie ins Bett gebracht. Ich habe den Hahn zugemacht, damit die Badewanne nicht überläuft. Ich habe den Hund aus dem Kühlschrank befreit. Ich habe das Licht ausgemacht und die Türen geschlossen. Sie können froh sein, dass ich so ein anständiger Einbrecher bin."

Die Schüler lesen den Text vor. Sie erzählen ihn nach.

Übung 5: Geburtsdatum

Die Schüler hören Datumsangaben. Sie lesen still mit (etwas schwerere Variante: Sie schreiben das Datum auf). Sie hören noch einmal und sprechen nach.

am 1.3.1685	am 10.11.1483
am 28.8.1749	am 4.3.1879
am 10.2.1898	am 27.1.1756

Hier könnte eine landeskundliche Information erfolgen. Die Schüler können im Lexikon nachsehen, der Lehrer kann es vorgeben, die Schüler können es auch erraten (überlegen): Welches Geburtsdatum gehört zu welcher Person?

Bach, Brecht, Einstein, Goethe, Luther, Mozart

Die Schüler sagen ihr eigenes Geburtsdatum.

Übung 6

Die Schüler ergänzen die Sätze (auch zu zweit oder in kleinen Gruppen als Wettspiel). Sie hören die Lösung auf der Kassette. Sie vergleichen mit Ihrem Ergebnis und sprechen nach. Sie lesen die Sätze laut vor.

Hörbeispiel 173

In Peking spricht man _____ .

In Prag spricht man _____ .

In Athen spricht man _____ .

In Tokio spricht man _____ .

In Rio spricht man _____ .

In Rom spricht man _____ .

Die Schüler sagen, welche Sprache in ihrer Heimatstadt gesprochen wird. Dann sagen sie, welche Sprachen sie gern sprechen möchten. Es sollten mindestens drei sein.

Achtung: Manche Sprachbezeichnungen sind schwer wie Zungenbrecher!

⇒ Für die Weiterarbeit eignen sich folgende Beispiele aus Kapitel 9: Hörbeispiel 181 – 184, 186 – 196, 201 – 203, 205 – 207, 210, 215, 217 – 227.

Hinweis

➤ Für die Lehrer

7.15 BAUSTEIN 15
Progressive Assimilation

Im Redefluss stehen die Laute, Wörter und Sätze nicht isoliert. Sie beeinflussen einander. In diesem Prozess kommt es zu koartikulatorischen* Veränderungen, d. h. zu Anpassungen, Angleichungen, Assimilationen.

Aufgabe 129
Hörbeispiel 174

Hören Sie die folgenden Beispiele (Hörbeispiel 174) auf der Kassette. Achten Sie besonders auf die unterstrichenen Stellen. Was bemerken Sie?

in Gera – aus Gera, vor drei – nach drei, ein Buch – das Buch, von dir – mit dir, hingehen – weggehen, ansehen – aussehen, von Berlin – ab Berlin

Für das Deutsche gilt das Gesetz der progressiven Assimilation. Das bedeutet, dass die vorangehenden Laute auf die folgenden einwirken. Treffen z. B. auslautende Fortiskonsonanten auf anlautende Leniskonsonanten, so verlieren die Leniskonsonanten ihre Stimmhaftigkeit: Die „Harten" besiegen hier die „Weichen", die „Linken" die „Rechten": *aus Gera, aus Dresden, aus Berlin.*

Die progressive Assimilation muss besonders mit jenen Lernenden geübt werden, deren Ausgangssprachen gegensätzlich, nämlich regressiv assimilieren, die dazu neigen, den harten deutschen Auslaut unter der Nachbarschaft von anlautenden Leniskonsonanten zu lenisieren, was vom Muttersprachler als starke Abweichung registriert wird. Das nächste Hörbeispiel demonstriert das.

So ist es falsch:

aus Gera [zg],   das Buch [zb],   aussehen [z:],   ab Berlin [b:]

Hörbeispiel 175

➤ Für die Schüler

Übung 1: Spruch

Übung 1

Die Schüler hören den alten Spruch in zwei Varianten. Sie entscheiden, welche „richtig deutsch" klingt und welche falsch gesprochen wurde.

Hörbeispiel 176

a) Lernst du was, so kannst du was. Kannst du was, so wirst du was. Wirst du was, so bist du was. Bist du was, so hast du was.

b) Lernst du was, so kannst du was. Kannst du was, so wirst du was. Wirst du was, so bist du was. Bist du was, so hast du was.

Sie hören die beiden Varianten noch einmal und versuchen, den Unterschied zu erkennen.

Den Schülern wird bewusst gemacht: Laute stehen selten allein. Ausrufe wie *Oh! Ah! Ih!* sind eher Ausnahmen. Wörter und Sätze bestehen aus Lauten, die sich gegenseitig beeinflussen. Treffen Fortis- und Leniskonsonanten zusammen, so beeinflussen die starken Laute (fortis), die immer im Auslaut stehen, die schwachen (lenis), im obigen Beispiel: *lernst du, kannst du, wirst du, bist du, hast du.*

Die Schüler hören Variante b) noch einmal und lesen den Spruch dann selbst vor.

Übung 2	**Übung 2: Woraus?**

Die Schüler hören Wortgrupppen und achten auf das <s> in *aus*. Es wird nicht stimmhaft und weich. Dafür wird der Konsonant danach härter gesprochen.

Hörbeispiel 177

> **Woraus?**
>
> aus Buntpapier, aus Blei, aus Draht, aus Gold, aus Seide, aus Leder, aus Metall, aus Silber, aus Holz, aus Wasser

Die Schüler lesen die Beispiele laut vor. Dann verwenden sie alle Beispiele in Fragen, die sie sich gegenseitig stellen (und das muss nicht zu ernst sein), z. B.:

Woraus ist dein Hemd? Aus Buntpapier? – Nein, aus Stoff.

Übung 3

Übung 3: Was machst du?

Die Schüler hören Fragen. Sie lesen still mit und achten auf das <d> in *du*. Es wird sehr eng mit dem vorangehenden [t] verbunden, so dass ein einziger stimmloser Laut [t] entsteht.

Hörbeispiel 178

> 1. Kannst du mir helfen?
> 2. Kennst du den Klub am Waldweg?
> 3. Weißt du, ob dort Disko ist?
> 4. Hast du Zeit?
> 5. Kommst du mit?
> 6. Gefällt dir die Musik?
> 7. Willst du tanzen?
> 8. Freust du dich?

Sie hören die Fragen noch einmal und sprechen sie nach. Dann lesen sie sie vor. Sie üben zu zweit – sie fragen und versuchen eine Antwort zu finden, also eine dialogische Übung zu gestalten.

Übung 4

Übung 4: So erziehen?

Die Schüler hören energische Aufforderungen. Sie unterstreichen die Assimilationsstellen.

Hörbeispiel 179

> Wasch dich! Putz dir die Zähne! Lass das sein! Ich bitte dich! Gib doch Acht! Was soll das? Wer hat dich gefragt? Du hast genug geredet! Mach deine Hausaufgaben! Leg dich ins Bett!

Sie lesen die Beispiele laut (und energisch) vor. Sie suchen weitere Aufforderungen.

Übung 5

Übung 5: Bewaffneter Friede

Die Schüler hören mehrmals – zunächst im Ganzen, dann evtl. auch mit Pausen (Kassette stoppen) – das Gedicht *Bewaffneter Friede* von Wilhelm Busch. Auch hier sind an mehreren Stellen Assimilationen enthalten. Die Schüler unterstreichen wieder die kritischen Stellen. Sie lesen das Gedicht vor.

Bewaffneter Friede

Ganz unverhofft an einem Hügel
sind sich begegnet Fuchs und Igel.
„Halt", rief der Fuchs, „du Bösewicht!
Kennst du des Königs Order nicht?
Ist nicht der Friede längst verkündigt,
und weißt du nicht, daß jeder sündigt,
der immer noch gerüstet geht?
Im Namen seiner Majestät
geh her und übergib dein Fell."
Der Igel sprach: „Nur nicht so schnell.
Laß dir erst deine Zähne brechen,
dann wollen wir uns weiter sprechen!"
Und allsogleich macht er sich rund,
schließt seinen dichten Stachelbund
und trotzt getrost der ganzen Welt,
bewaffnet, doch als Friedensheld.

Busch (1964), 85

⇒ Für die Weiterarbeit eignen sich folgende Beispiele aus Kapitel 9:
Hörbeispiel 181 – 183, 185 – 199, 202, 203, 205 – 207, 210, 211, 215, 217 – 227.

8 Zum Abschluss

Liebe Kolleginnen, liebe Kollegen,

bis hierher sind Sie uns – auch wenn es manchmal nicht einfach war – gefolgt. Wir danken Ihnen für Ihr Interesse und Ihre Geduld.

Wir hoffen, Sie haben Ihre Kenntnisse aufgefrischt und auch manches Neue, Anregende erfahren. Sie fühlen sich auf dem Gebiet jetzt sicherer, und vielleicht haben Sie richtig Lust auf Phonetik bekommen.

Am Schluss noch eine etwas heikle Frage, die wir erst jetzt stellen wollen:

Warum ist das Fach eigentlich bei vielen so unbeliebt, wenn man will – verschrien? Welche Gründe fallen Ihnen dazu ein?

Wir wollen hier nur einen nennen:

Bei manchen Veröffentlichungen zur Phonetik ist leider auch Scharlatanerie im Spiel. Was sagen Sie z. B. zu folgenden *Arbeitsregeln zum Phonetik-Training*, die wir einem „Ratgeber-Buch" aus dem Jahre 1986 entnehmen.

3.
Arbeitsregeln zum Phonetik-Training

1. In Zeitlupe Buchstaben lesen
2. Wörter und Vokale dehnen
3. Nach jedem Wort: Pause einlegen
4. Mund unnatürlich weit öffnen
5. Beide Zahnreihen sichtbar machen
6. Mit Spiegeltest arbeiten
7. Entspannt und lächelnd trainieren
8. Hoch- und Kopfstimme vermeiden
9. Mit Normalstimme üben
10. Abwechselnd mit leiser Stimme üben
11. Keinerlei Betonung oder Modulation
12. Kräftig und tief atmen
13. Aufrecht stehen oder sitzen
14. Konsonanten und Explosivlaute übertreiben
15. Geräusch- und Zischlaute verstärken
16. Endungen bewußt mitsprechen
17. Gesichtsmuskeln lockern und massieren
18. Mit Tonbandaufnahmen kontrollieren
19. Fehler notieren – erneut üben
20. Von Freunden abhören lassen.

Neckermann (1986), 26

Diese Regeln benutzen wir nun zu einem nicht ganz ernst gemeinten „Abschlusstest".

Aufgabe 130

> *Abschlusstest*
>
> *Lesen Sie sich die „Regeln" durch und urteilen Sie:*
> *1. Was könnte man gelten lassen?*
> *2. Was ist nur bedingt richtig (unter bestimmten Umständen)?*
> *3. Was ist reiner Unsinn?*

Bravo! Sie haben den Test glänzend bestanden.

Wir gratulieren Ihnen.

9 Materialien für die Weiterarbeit

Aus verschiedenen Lehrmaterialien haben wir für Sie Texte (mit dazugehörigen Tonaufnahmen) zusammengestellt, die sich gut zur Weiterarbeit eignen. Wir haben die Texte in der Regel ohne die in den ursprünglichen Materialien enthaltenen Übungsanweisungen übernommen, damit Sie sich nicht in eine Richtung gedrängt fühlen. Sie sollen frei entscheiden, was Sie mit den Texten machen wollen.

Sie können sie als Hör-, Nachsprech- oder Leseübungen verwenden, Sie können sie verändern oder weiterschreiben (lassen). Sie können damit die Bausteine erweitern oder auch an anderen Themen arbeiten.

Bei jedem Text haben wir auf mögliche Übungsthemen (d. h. in der Regel auf die entsprechenden Bausteine aus Kapitel 7, gegebenenfalls auch auf andere Schwerpunkte) hingewiesen; nicht explizit hingewiesen wird auf die Themen: *Wortakzent, Satzakzent, Rhythmus, Melodie, Vokallänge*. Diese Schwerpunkte können mit jedem Text geübt werden.

Wir empfehlen Ihnen folgendes Vorgehen:

1. Wählen Sie Texte aus, die für Ihre Lerngruppe geeignet sind, also dem Sprachstand, dem Alter und den Interessen Ihrer Schüler entgegenkommen. Hören Sie sich die Aufnahme dazu an – entsprechen Sprechtempo, Gliederung usw. Ihren Ansprüchen?

2. Entscheiden Sie, welche der angegebenen phonetischen Schwerpunkte Sie mit den jeweiligen Texten üben möchten.

3. Formulieren Sie Übungsaufgaben. Orientieren Sie sich dabei an der Übungstypologie (Kapitel 3) und an den Bausteinen (Kapitel 7). Zu jedem Text kann man mehrere, auch sehr unterschiedliche Aufgaben stellen.

4. Achten Sie beim lauten Lesen der Texte darauf, dass Ihre Schüler sie inhalts- und hörerbezogen gestalten und nicht (leise) vor sich hinlesen (siehe Abschnitt *Vortragen/Lesen*, S. 59f.).

5. Suchen Sie in Publikationen mit Kassette(n) weitere Texte, die sich für Ihren Unterricht eignen.

9.1 Dialoge/Minidialoge

Hörbeispiel 181
Bausteine 10, 11, 12, 13, 14, 15

Ein schlechter Schüler

Lehrer: Wiederholen Sie bitte: Ich wohne in Köln.
Schüler: Sie wohnen in Köln.
Lehrer: Nicht Sie – ich!
Schüler: Ich weiß – Sie!
Lehrer: Ich meine, Sie sollen wiederholen: Ich wohne in Köln. Wörtlich.
Schüler: Gut, aber wenn ich nun gar nicht in Köln wohne …
Lehrer: Aber das spielt doch keine Rolle!
Schüler: Ich weiß nicht … ich bin immer für die Wahrheit.
Lehrer: Also gut. Wo wohnen Sie wirklich?
Schüler: In Hamburg.
Lehrer: Dann wiederholen Sie jetzt: Ich wohne in Hamburg.
Schüler: Ach, Sie auch?
Lehrer: Was … ?
Schüler: Sie wohnen also auch in Hamburg?
Lehrer: Ich? Wieso?
Schüler: Das haben Sie doch gerade gesagt.
Lehrer: Ich geb's auf. Sie lernen's nie!

Cauneau (1992), 3

Hörbeispiel 182
Bausteine 10, 11, 12, 13, 14, 15
Ang-Laut

(1) Angst
A: Ich habe nie Angst.
B: Und vor Spinnen? Haben Sie da keine Angst?
A: Nie.
B: Vielleicht haben Sie Angst in der Nacht?
A: Wovor denn?
B: Vor der Dunkelheit.
A: Nie im Leben.
B: Und wie steht's mit Schlangen, so ganz langen Schlangen?
A: Weder vor langen noch vor kurzen.
B: Kann man Ihnen mit gar nichts Angst machen?
A: Das verrate ich nicht.

(2) Ringe
A: Hast du gesehen? Inge trägt viele Fingerringe.
B: Ringe? An den Fingern? Wie viele?
A: Ich hab sie nicht gezählt, mindestens an jedem Finger einen.
A: Was sind das für Ringe?
B: Wo denn?
A: Unter deinen Augen?
B: Ach – ich habe nicht lange genug geschlafen.

(3) Gute Ratschläge

Schreib mal wieder!
Schreib doch deiner Oma mal wieder!
Schreib doch deiner Oma mal wieder einen Brief!
Schreib doch deiner Oma in München mal wieder einen langen Brief!

Trink Coca-Cola!
Trink nicht so viel Coca-Cola!
Trink nicht immer Coca-Cola, wenn du Durst hast!
Trink doch heute keine Cola, sondern Apfelsaft!

Ruf doch mal an!
Ruf doch deine Freundin mal an!
Ruf doch deine alte Freundin mal wieder an!
Ruf doch deine alte Freundin in Rio mal wieder an!

Bring ihn mal mit!
Bring ihn doch mal mit!
Bring ihn doch mal zum Kaffee mit!
Bring ihn doch mal am Samstag zum Kaffee mit!
Bring ihn doch nach dem Kino mal auf ein Glas Bier mit!

Lauf doch nicht weg!
Lauf doch nicht gleich weg!
Lauf doch nicht immer gleich weg!
Lauf doch nicht schon wieder weg, du bist doch erst gekommen!

Geh doch wieder mal aus!
Geh doch wieder mal ins Kino!
Geh doch wieder mal ins Restaurant!

Spiel doch mit!
Spiel doch mit uns mit!
Spiel doch heute abend mit!
Spiel doch heute abend mal wieder mit!

Geh früh ins Bett!
Geh heute früher ins Bett!
Geh heute endlich mal wieder früher ins Bett!
Geh heute um acht Uhr spätestens ins Bett!

Iß die Hälfte!
Iß von allem nur die Hälfte!
Iß nur noch die Hälfte, wenn du abnehmen willst!
Iß doch einfach nur die Hälfte, wenn du unbedingt abnehmen willst!

Komm mit!
Komm doch mit!
Komm doch mit uns mit!
Komm, wir gehen mal wieder ins Theater!
Komm, wir graben eine Schnecke an!
Komm, …

Cauneau (1992), 14/15

Hörbeispiel 183
Bausteine 11, 13, 14, 15
Konsonantenverbindungen

Beim Arzt

Der Arzt (A) fragt Herrn Zapf (Z):

A: Wie geht's, Herr Zapf?
Z: Danke, mir fehlt nichts.
   Ich habe immer noch Schnupfen.
   Ich habe immer noch Kopfschmerzen.
   Ich habe immer noch Herzklopfen.
   Wie gesagt: Mir fehlt nichts.

Reinke (1995), 52

Hörbeispiel 184
Bausteine 9, 14

Im Blumengeschäft

– Sind diese Blumen künstlich?
– Natürlich.
– Natürlich?
– Natürlich künstlich.

Stock/Hirschfeld (1996), 86

Hörbeispiel 185
Bausteine 10, 12, 13, 15

Wann?

Hörszene 8 a
○ Wann gehen wir schwimmen?
● Am Mittwoch?
○ Um drei?
● Nein, das geht nicht.
○ Um vier?
● Gut, einverstanden.

Hörszene 8 b
○ Kommst du am Freitag?
● Das geht nicht.
○ Warum nicht?
● Ich spiele Fußball.
○ Und am Donnerstag?
● Ja, das geht.

Hörszene 8 c
○ Gehen wir am Samstag?
● O. K. Wann?
○ Um zwei?
● Nein, am Nachmittag kann ich nicht.
○ Wann kannst du denn?
● Um neun oder zehn.
○ Schade, da geht's nicht.
● Und am Freitag? Um zehn?
○ Prima, das geht.
● Tschüs bis Freitag!
○ Tschüs!

Dahlhaus (1994), 145, aus: Neuner u. a. (1983), 58

Hörbeispiel 186
Bausteine 10, 11, 12, 13, 14, 15

Wegbeschreibung

○ Entschuldigung, können Sie mir bitte sagen, wie ich zum Rathaus komme?
● Ja, das ist ganz einfach! Du gehst hier aus dem Bahnhof raus und dann geradeaus über den Platz. Der heißt Kurt-Schumacher-Platz. Dann gehst du nach links eine breite Straße entlang, die heißt Südring. Die gehst du entlang – bis zur Kreuzung Viktoriastraße. Da gehst du nach rechts, und an der nächsten Kreuzung ist schon der Rathausplatz. Links am Rathausplatz siehst du dann das Rathaus mit der Friedensglocke.
○ Aha, gut, danke, auf Wiedersehen!
● Ja, auf Wiedersehen!

Dahlhaus (1994), 151

Hörbeispiel 187
Bausteine 10, 11, 12, 13, 14, 15

Aufstehen!

Herr Pfeil:	Aufstehen! Sieben Uhr!

…

Herr Pfeil:	Sieben Uhr! Aufstehen!
Matti:	Nein, nein.
Herr Pfeil:	Schnell, Matti, schnell!
Matti:	Heute –
Herr Pfeil:	Was ist heute?
Matti:	Heute wird es nichts.
Herr Pfeil:	Was wird nichts?
Matti:	Alles. Stör mich nicht, bitte.
Herr Pfeil:	Die frischen Semmeln stehen schon auf dem Tisch. Die Milch ist gleich heiß.
Matti:	Keine Kraft heute: Bitte laß mich in Ruhe, Papa.
Herr Pfeil:	Die Sonne scheint!
Matti:	Unmöglich, in die Sonne zu schauen.
Herr Pfeil:	Um acht fängt die Schule an!
Matti:	(seufzt)
Herr Pfeil:	Was steht auf dem Stundenplan? Mathematik.
Matti:	Keine Kraft zu rechnen.
Herr Pfeil:	Musik!
Matti:	Heute nicht. Keine Stimme. Bitte, Papa, ich bin höflich zu dir, sei du auch höflich zu mir.
Herr Pfeil:	Dritte Stunde Deutsch.
Matti:	O Gott! Goethe! Es hat keinen Sinn, nur einen einzigen Satz zu lesen. Papa! Was riecht denn da?
Herr Pfeil:	Die Milch kocht über!
Matti:	Siehst du, das ist die Strafe.

Häussermann u. a. (1991), 54

Hörbeispiel 188
Bausteine 10, 11, 12, 13, 14, 15

Das Ei

Das Ehepaar sitzt am Frühstückstisch. Der Ehemann hat sein Ei geöffnet und beginnt nach einer längeren Denkpause das Gespräch.

Er	Berta!
Sie	Ja …
Er	Das Ei ist hart!
Sie	(schweigt.)
Er	Das Ei ist hart!
Sie	Ich habe es gehört …
Er	Wie lange hat das Ei denn gekocht …
Sie	Zu viel Eier sind gar nicht gesund …
Er	Ich meine, wie lange dieses Ei gekocht hat …
Sie	Du willst es doch immer viereinhalb Minuten haben …
Er	Das weiß ich …
Sie	Was fragst du denn dann?
Er	Weil dieses Ei nicht viereinhalb Minuten gekocht haben **kann**!
Sie	Ich koche es aber jeden Morgen viereinhalb Minuten!
Er	Wieso ist es dann mal zu hart und mal zu weich?
Sie	Ich weiß es nicht … ich bin kein Huhn!
Er	Ach! … Und woher weißt du, wann das Ei gut ist?
Sie	Ich nehme es nach viereinhalb Minuten heraus, mein Gott!
Er	Nach der Uhr oder wie?
Sie	Nach Gefühl … eine Hausfrau hat das im Gefühl …
Er	Im Gefühl? … Was hast du im Gefühl?
Sie	Ich habe es im Gefühl, wann das Ei weich ist …
Er	Aber es ist hart … vielleicht stimmt da mit deinem Gefühl was nicht …
Sie	Mit meinem Gefühl stimmt was nicht? Ich stehe den ganzen Tag in der Küche, mache die Wäsche, bring deine Sachen in Ordnung, mache die Wohnung gemütlich, ärgere mich mit den Kindern rum, und du sagst, mit meinem Gefühl stimmt was nicht?

Er	Jaja … jaja … jaja …, wenn ein Ei nach Gefühl kocht, dann kocht es eben nur **zufällig** genau viereinhalb Minuten!
Sie	Es kann dir doch ganz egal sein, ob das Ei **zufällig** viereinhalb Minuten kocht … Hauptsache, es kocht viereinhalb Minuten!
Er	Ich hätte nur gern ein weiches Ei und nicht ein **zufällig** weiches Ei! Es ist mir egal, wie lange es kocht!
Sie	Aha! Das ist dir egal … es ist dir also egal, ob ich viereinhalb Minuten in der Küche schufte!
Er	Nein-nein …
Sie	Aber es ist **nicht** egal … das Ei **muß** nämlich viereinhalb Minuten kochen …
Er	Das habe ich doch gesagt …
Sie	Aber eben hast du doch gesagt, es ist dir egal!
Er	Ich hätte nur gern ein weiches Ei …
Sie	Gott, was sind Männer primitiv!
Er	(düster vor sich hin) Ich bringe sie um … morgen bringe ich sie um …

nach: Loriot (1981), 118/119

Hörbeispiel 189
Bausteine 10, 11, 12, 13, 14, 15

Feierabend

Bürgerliches Wohnzimmer. Der Hausherr sitzt im Sessel, hat das Jackett ausgezogen, trägt Hausschuhe und döst vor sich hin. Hinter ihm ist die Tür zur Küche einen Spalt breit geöffnet. Dort geht die Hausfrau emsiger Hausarbeit nach. Ihre Absätze verursachen ein lebhaftes Geräusch auf dem Fliesenboden.

Sie	Hermann …
Er	Ja …
Sie	Was machst du da?
Er	Nichts …
Sie	Nichts? Wieso nichts?
Er	Ich mache nichts …
Sie	Gar nichts?
Er	Nein …
Sie	Überhaupt nichts?
Er	Nein … ich sitze hier …

Sie	Du sitzt da?
Er	Ja ...
Sie	Aber irgendwas machst du doch?
Er	Nein ...

Sie	Denkst du irgendwas?
Er	Nichts Besonderes ...
Sie	Es könnte ja nicht schaden, wenn du mal etwas spazierengingest ...
Er	Nein-nein ...
Sie	Ich bringe dir deinen Mantel ...
Er	Nein danke ...
Sie	Aber es ist zu kalt ohne Mantel ...
Er	Ich gehe ja nicht spazieren ...
Sie	Aber eben wolltest du doch noch ...
Er	Nein, du wolltest, daß ich spazierengehe ...
Sie	Ich? Mir ist es doch völlig egal, ob du spazierengehst ...
Er	Gut ...
Sie	Ich meine nur, es könnte dir nicht schaden, wenn du mal spazierengehen würdest ...
Er	Nein, schaden könnte es nicht ...
Sie	Also was willst du denn nun?
Er	Ich möchte hier sitzen ...
Sie	Du kannst einen ja wahnsinnig machen!
Er	Ach ...
Sie	Erst willst du spazierengehen ... dann wieder nicht ... dann soll ich deinen Mantel holen ... dann wieder nicht ... was denn nun?
Er	Ich möchte hier sitzen ...
Sie	Und jetzt möchtest du plötzlich da sitzen ...
Er	Gar nicht plötzlich ... ich wollte immer nur hier sitzen ...
Sie	Sitzen?
Er	Ich möchte hier sitzen und mich entspannen ...
Sie	Wenn du dich wirklich entspannen wolltest, würdest du nicht dauernd auf mich einreden ...
Er	Ich sag ja nichts mehr ...
(Pause)	
Sie	Jetzt hättest du doch mal Zeit, irgendwas zu tun, was dir Spaß macht ...
Er	Ja ...
Sie	Liest du was?
Er	Im Moment nicht ...
Sie	Dann lies doch mal was ...
Er	Nachher, nachher vielleicht ...
Sie	Hol dir doch die Illustrierten ...
Er	Ich möchte erst noch etwas hier sitzen ...
Sie	Soll ich sie dir holen?

Er	Nein, nein, vielen Dank ...
Sie	Will der Herr sich auch noch bedienen lassen, was? Ich renne den ganzen Tag hin und her. Du könntest wohl einmal aufstehen und dir die Illustrierten holen ...
Er	Ich möchte jetzt nicht lesen ...
Sie	Mal möchtest du lesen, mal nicht ...
Er	Ich möchte einfach hier sitzen ...
Sie	Du kannst doch tun, was dir Spaß macht ...
Er	Das tue ich ja ...
Sie	Dann quengle doch nicht dauernd so rum ... Hermann, bist du taub?
Er	Nein, nein ...
Sie	Du tust eben nicht, was dir Spaß macht. Statt dessen sitzt du da ...
Er	Ich sitze hier, weil es mir Spaß macht ...
Sie	Sei doch nicht gleich so aggressiv ...
Er	Ich bin doch nicht aggressiv ...
Sie	Warum schreist du mich dann so an?
Er	Ich schreie dich nicht an ...

nach: Loriot (1981), 120ff.

Hörbeispiel 190
Bausteine 10, 11, 12, 13, 14, 15
Konsonantenverbindungen

Im Zug

„Ihre Fahrkarten, bitte!"
„Hier ist meine", sagt Gröger.
„Danke. Und Sie, mein Herr?"
„Wie bitte?"
„Ihre Fahrkarte!"
„Meine Fahrkarte?" sagt Schlock. „Warum denn?"
„Kontrolle."
„Ach so. Moment. Hier ist sie."
„Das ist doch keine Fahrkarte", sagt der Mann. „Das ist ein Foto."
„Entschuldigen Sie."
„Natürlich", sagt Gröger. „Er findet seine Fahrkarte nicht. Das ist typisch."
„Sie haben keine Fahrkarte", sagt der Mann. „Das kostet 60 Mark."
Schlock ist sehr nervös. Er ruft: „Gröger! Gröger! Sehen Sie? Sie steigt aus."
„Wer?"
„Fragen Sie nicht so dumm! Zaza natürlich!" ruft Schlock.
„Machen Sie schnell", sagt Gröger. „Wir steigen auch aus."
„Moment mal, meine Herren", sagt der Mann. „Warten Sie doch!"
„Hier ist Ihr Geld", sagt Schlock.
„Zehn Mark", sagt der Mann, „zwanzig, vierzig, sechzig. Warten Sie bitte! Ihre Quittung!"

Eismann u. a. (1994), 23

Hörbeispiel 191
Bausteine 10, 11, 12, 13, 14, 15

Kinder

„Wo ist sie hin?" fragt Gröger.
„Sie ist weg. Einfach weg", sagt Schlock.
„Was machen wir nun? Wir wissen nicht, wo sie wohnt."
„Wir fragen einfach."
„Wen denn? Die Polizisten?"
„Nein. Die Kinder."

„Das hat doch keinen Sinn."
„Warum nicht? – Hallo, Kinder", ruft Schlock.
„Kommt ihr mal her?"
Die Kinder lachen.
„Wie heißt du?" fragt er das eine Kind.
„Wer? Ich? Das sag' ich nicht."
„Sehen Sie, Schlock?" sagt Gröger. „Die Kinder sind arrogant."
„Ach was", sagt Schlock.
Die Kinder laufen hin und her. Sie rufen: „Was wollen Sie hier? Wen suchen Sie? Wie heißen Sie?"
„Ich heiße Schlock", sagt Schlock.
„Schlick, Schlack, Schlock!" rufen die Kinder.

Eismann u. a. (1994), 27

Hörbeispiel 192
Bausteine 10, 11, 12, 13, 14, 15
Konsonantenverbindungen

Teure Medizin

Erwin hat Kopfschmerzen und will zum Arzt.
Sein Freund Oskar wundert sich: „Was?
Du willst nur wegen Kopfschmerzen zum Arzt?"
„Das verstehst du nicht", antwortet Erwin.
„Der Arzt will auch leben."
Erwin geht also zum Arzt. Der verschreibt ihm Tabletten, und Erwin geht mit dem Rezept zur Apotheke. Da trifft er wieder
seinen Freund Oskar.
Der fragt ihn:
„Willst du wirklich die teuren Pillen nehmen? Die Kopfschmerzen gehen doch auch so weg!"
Darauf Erwin: „Das verstehst du nicht! Der Apotheker will auch leben."
Erwin holt die Tabletten und wirft sie gleich weg.
Da ruft Oskar entsetzt:
„Was machst du denn mit deiner Medizin?"
Erwin erwidert: „Na was denn?
Ich will doch auch leben!"

nach: Vorderwülbecke/Vorderwülbecke (1987), 173

Hörbeispiel 193
Bausteine 10, 11, 12, 13, 14, 15
Konsonantenverbindungen

Falsche Zimmernummer

Ein Ostfriese ist zum ersten Mal in einem Hotel.
Er kommt verärgert zur Rezeption zurück.
„Mein Zimmer hat kein Bett!"
„Wie bitte?" fragt der Angestellte,
„das gibt's nicht! Alle Zimmer haben ein Bett."
„Aber meins nicht! Da war nur eine Badewanne und ein Klosett."
„Welche Zimmernummer haben Sie denn, mein Herr?"
„100, aber die ‚1' war weg."

nach: Vorderwülbecke/Vorderwülbecke (1987), 29

Hörbeispiel 194
Bausteine 10, 11, 12, 13, 14, 15

Tagesablauf

W = Wolfgang/T = Thorsten
W: Mmmh. Danke Thorsten. Kannst du bitte einmal kurz deinen Tagesablauf darstellen? Wie sieht ein typischer Tagesablauf für dich aus?
T: Ja, mmmh, morgens stehe ich meisten auf, geh' mit dem Hund, kurz danach wasch' ich mich, esse, zieh' mich an und fahr' dann zur Schule. Ja.
W: Wann stehst du auf?
T: Ja, um 6.00 meistens. Dann geh' ich auch gleich mit dem Hund. 'Ne gute halbe Stunde, ja, geh' ich zur Schule. Meistens hab' ich sechs Stunden. Bin gegen eins, halb zwei wieder hier zu Hause. Esse meistens, dann geh' ich noch mal mit dem Hund und komm' meistens nach Hause, dann leg' ich mich noch mal so 'ne halbe Stunde hin und relax ein wenig oder ich, ja, mach' dann gleich Schularbeiten, bzw. ich arbeite irgend etwas aus, und dann kommen am Abend meistens noch Aktivitäten, bzw. ich treffe mich mit Freunden.
W: Und wann gehst du ins Bett, so ungefähr?
T: Durchschnittlich 10 Uhr. Manchmal auch früher.
W: Mmmh, danke!

Dahlhaus (1994), 130, aus Eggemann u. a. (1989), 67

9.2 Sprüche, Reime, Geschichten und Gedichte

Hörbeispiel 195
Bausteine 11, 12, 13, 14, 15
Konsonantenverbindungen

Ausrufe

1	Ach Gott!	13	Ach du Sch … !
2	Ach so!	14	So ein Mist!
3	Na ja!	15	Klasse!
4	Na und!	16	Spitze!
5	Na so was!	17	Was soll das?
6	Der schon wieder!	18	Bleib doch da!
7	Mannometer!	19	Vielen Dank!
8	Verdammt!	20	Ich komme!
9	Verdammt nochmal!	21	Vorsicht!
10	Du lieber Himmel!	22	Zurückbleiben!
11	Verflixt!	23	Ausgerechnet!
12	Um Gottes Willen!	24	Nicht so schnell!

Lauterbach/Kübl (1995), 44

Hörbeispiel 196
Bausteine 12, 13, 14, 15
Konsonantenverbindungen

Neue Sprüche

Mit mir und Klaus ist es aus.
Doofe Witze find' ich Spitze.
Ich heiße Carola und spiele Viola.
Unser Hund Jonathan pinkelt an den Caravan.
Annette, Annette, da ist die Toilette.
Albrecht Dürer war ein Schmierer, hat im Zeichnen einen Vierer.
Ich fliege jetzt zum Mars. Auf Wiederseh'n. Das war's.

Lauterbach/Kübl (1995), 44

Hörbeispiel 197
Bausteine 11, 12, 13, 15

Alte Sprüche

Weil Frankfurt so groß ist,
drum teilt man es ein
in Frankfurt an der Oder
und Frankfurt am Main.

Morgen, morgen, nur nicht heute, sagen alle faulen Leute.

Kim (1995), 48

Hörbeispiel 198
Bausteine 11, 12, 13, 15

Reime

Rirarutschkaka,
wir fahren nach Amerika,
und wenn das große Wasser kommt,
dann drehen wir uns um.

Ach, der Klaus ging nie gradeaus.
Und weißt du, warum?
Er folgte der Nase, wohin er auch lief,
doch die Nase, die saß schief.

Wir sind müde, müde, müde,
wir sind munter, munter, munter,
wir gehn grade, grade, grade,
wir gehn runter, runter, runter.

Endt/Hirschfeld (1995), 88

Hörbeispiel 199
Bausteine 11, 12, 13, 15
Konsonantenverbindungen

Eins, zwei, drei, vier, fünf, sechs, sieben …

Eins, zwei, drei, vier, fünf, sechs, sieben,
wo ist denn mein Schatz geblieben?
Ist nicht hier, ist nicht da,
ist wohl in Amerika.

Ein Huhn, das fraß,
man glaubt es kaum,
ein Blatt von einem Gummibaum.
Dann ging es in den Hühnerstall
und legte einen Gummiball.

Endt/Hirschfeld (1995), 88

Hörbeispiel 200
Bausteine 12, 13

Das unendliche Gummigedicht

Auf einem Gummi-Gummi-Berg,
da wohnt ein Gummi-Gummi-Zwerg.
Der Gummi-Gummi-Zwerg
hat eine Gummi-Gummi-Frau.
Die Gummi-Gummi-Frau
hat ein Gummi-Gummi-Kind.
Das Gummi-Gummi-Kind
hat ein Gummi-Gummi-Kleid.
Das Gummi-Gummi-Kleid
hat ein Gummi-Gummi-Loch.
usw.

Endt/Hirschfeld (1995), 88

Hörbeispiel 201
Bausteine 11, 13, 14

Ich ging mal

Ich ging mal in 'nen Laden. – Ich auch!
Ich wollt was Schönes kaufen. – Ich auch!
Ich kaufte einen Käse. – Ich auch!
Der Käse stank. – Ich auch!

Endt/Hirschfeld (1995), 88

Hörbeispiel 202
Bausteine 9, 10, 11, 12, 13, 14, 15

Alt ist nicht neu

Eins, zwei, drei,
alt ist nicht neu,
neu ist nicht alt,
warm ist nicht kalt,
kalt ist nicht warm,
reich ist nicht arm,
arm ist nicht reich,
schön ist nicht gleich,
gleich ist nicht schön,
süß ist nicht sauer,
sauer ist nicht süß,
Hände sind keine Füß'
Füß' sind keine Hände,
das Lied nimmt ein Ende.

Endt/Hirschfeld (1995), 91

Hörbeispiel 203
Bausteine 9, 10, 11, 12, 13, 14, 15
Diphthonge
Konsonantenverbindungen

Tausendfüßler

Wenn der Tausendfüßler zählen könnte
Wenn der Tausendfüßler zählen könnte, würde er jeden Morgen nachsehen, ob er auch noch alle Beine hat.
1, 2, 3, 4, 5, 6, 7, 8, 9, 10, 11, 12, 13, 14, 15, 16, 17, 18, 19, 20, 21, 22, 23, 24, 25, 26, 27, 28, 29, 30 und so weiter bis tausend.
Und wenn er sich verzählt hätte?
Dann müßte er wieder von vorne anfangen:
1, 2, 3, 4, 5, 6, 7, 8, 9, 10, 11, 12, 13, 14, 15, 16, 17, 18, 19, 20,

21, 22, 23, 24, 25, 26, 27, 28, 29, 30 und so weiter bis tausend. Weil der Tausendfüßler aber nicht zählen kann, saust er jeden Morgen mit seinen vielen kleinen schnellen Beinen einfach los.

Endt/Hirschfeld (1995), 93

Hörbeispiel 204
Bausteine 12, 13

Es war einmal ein Mann

Es war einmal ein Mann, der hatte drei Söhne.
Der erste hieß Schack,
der andere Schackschawwerack,
der dritte Schackschawwerackschackomini.
Nun war auch eine Frau, die hatte drei Töchter.
Die erste hieß Sipp,
die zweite Sippsiwwelipp,
die dritte Sippsiwwelippsippelimini.
Und der Schack nahm Sipp,
und der Schackschawwerack nahm Sippsiwwelipp,
und der Schackschawwerackschackomini
nahm Sippsiwwelippsippelimini zur Frau.

Endt/Hirschfeld (1995), 95

Hörbeispiel 205
Bausteine 8, 9, 12, 13, 14, 15

Märchen: **Der süße Brei** (nach den Brüdern Grimm)

Es war einmal ein kleines Mädchen, das lebte mit seiner Mutter allein, und sie hatten nichts mehr zu essen. Wie sollte es weitergehen? Da ging das Kind in den Wald, und da begegnete ihm eine alte Frau, die wußte schon alles und schenkte ihm ein Töpfchen. Zu dem sollte es sagen: „Töpfchen koche!", dann kochte es guten, süßen Brei. Und wenn es sagte: „Töpfchen steh!", so hörte es wieder auf zu kochen.

Das Mädchen brachte den Topf seiner Mutter, und nun aßen sie süßen Brei, so oft sie wollten.

Meunmany/Schmidt (1995), 34

Hörbeispiel 206
Bausteine 11, 12, 13, 14, 15
L-Laut

Das kleine Krokodil

Am Nil lebte einst ein kleines Krokodil, das Lili hieß und sehr allein war. Keiner wollte Lili, keiner liebte Lili, – denn Lili war gelb. „Ich will so sein wie alle Krokodile", schluchzte Lili verzweifelt. Der Maler Leo, der gerade den Himmel malte, wußte die Lösung: Einen vollen Eimer hellblauer Farbe verteilte er auf Lilis Rücken. – Und schon strahlte Lili in schönstem Hellgrün. Endlich!

Reinke, in: Stock/Hirschfeld (1996), 155

Hörbeispiel 207
Bausteine 9, 10, 11, 12, 13, 14, 15
Konsonantenverbindungen

Die Kuh, die klüger wurde

Es war mal eine Kuh, die war klug genug. Aber dann wurde sie noch klüger und fing an zu sprechen. Und danach wurde sie täglich klüger und klüger und klüger, und an jedem Tag, an dem sie noch klüger wurde, konnte sie mehr sprechen.

Und was sagte sie, die Kuh, die mit jedem Tag klüger wurde?

Am ersten Tag, an dem sie klüger wurde, rief sie: „Pfui Gras! Ich will Kuchen!"

Was blieb da der Bäuerin anderes übrig, als der Kuh von nun an täglich Kuchen zu backen?

Am zweiten Tag war die Kuh noch klüger. Jetzt konnte sie schon sagen: „Nix Wasser! Ich will Limonade! Mit Trinkhalm!"

Am dritten Tag, als sie noch klüger geworden war, verlangte sie zum Schlafen ein Federbett.

Und am vierten Tag, als sie noch viel klüger geworden war, verlangte sie gar für ihren linken Vorderfuß eine goldene Armbanduhr! Mit Datumsanzeiger!

Da seufzten Bauer und Bäuerin.

„O Himmel!" sprachen sie zueinander. „Die Kuh wird klüger und klüger! Was machen wir nur?"

Ja, das wäre eine schlimme Sache gewesen! Aber zum Glück ist die ganze Geschichte eine … Ja, was wohl? In der Geschichte ist es zwölfmal versteckt, das Wörtlein … Lüge!

Guggenmos (1990), 10ff.

Hörbeispiel 208
Bausteine 10, 11, 13

Pampelmusensalat

Bei der Picknickpause in Pappelhusen
aß Papa mit Paul zwei Pampelmusen.
Doch bei dem Pampelmusengebabbel
purzelte plötzlich der Paul von der Pappel
mit dem Popo in Papas Picknickplatte,
wo Papa die Pampelmusen hatte.

Das gab vielleicht ein Hallo!
Die Pappeln, der Papa, der Paul und sein Po,
das Picknick, die Platte (um die war es schad') –
das war ein Pampelmusensalat!

Halbey, in: Mebus u. a. (1987), 132

Hörbeispiel 209
Bausteine 10, 12, 13
Diphthonge
Konsonantenverbindungen

Schmerzlich befristet (zweimal gesprochen)

Zeit zu leben
Zeit zu sterben
Zeit sich etwas zu erwerben

Zeit zu leben
Zeit zu sterben
Zeit um etwas zu vererben

Zeit zu sterben
Zeit zu leben
Zeit um alles
herzugeben

Schäfer, in: Reinke (1995), 52

Hörbeispiel 210
Bausteine 10, 11, 12, 13, 14, 15
Konsonantenverbindungen

Vergnügungen (zweimal gesprochen)

Der erste Blick aus dem Fenster am Morgen
Das wiedergefundene alte Buch
Begeisterte Gesichter
Schnee, der Wechsel der Jahreszeiten
Die Zeitung
Der Hund
Die Dialektik
Duschen, Schwimmen
Alte Musik
Bequeme Schuhe
Begreifen
Neue Musik
Schreiben, Pflanzen
Reisen
Singen
Freundlich sein.

Brecht (1981), 441/442

Hörbeispiel 211
Bausteine 9, 11, 12, 13, 15

Frau Überling

Frau Überling hat über Nacht
lang überlegt und überdacht,
wie man das Ü hübsch üben kann.
Das Ü hört sich nicht übel an.

Ihr müßt nur üben. Überhaupt:
Wer überall an Übel glaubt,
dem wird das Ü nie glücken,
in „pflügen" nicht und „pflücken".

Es wird mit Blümchen überstreut,
wer Rüge nicht noch Mühsal scheut.

Spender (1981), 39

Hörbeispiel 212
Bausteine 10, 12, 13
Konsonantenverbindungen

Der Sperling und die Schulhofkinder (von James Krüss)

Ein Sperling, der von ungefähr
zu einem Schulhof kam,
erstaunte über das, was er
auf diesem Hof vernahm.

Ein Mädchen sprach zu Meiers Franz:
„Du alter Esel du!"
Da sprach der Franz: „Du dumme Gans,
bist eine blöde Kuh!"

Der Walter sprach zum dicken Klaus:
„Mach Platz, du fetter Ochs!"
Da rief der Klaus: „Du fade Laus,
paß auf, daß ich nicht box!"

Zum Peter sprach Beate nun:
„Du Affe, geh hier weg!"
Da rief der Peter: „Dummes Huhn,
ich weiche nicht vom Fleck!"

Der Sperling meint, er hört nicht recht.
Es tönte allenthalb:
„Du Schaf! Du Floh! Du blöder Hecht!
Du Hund! Du Schwein! Du Kalb!"

Der kleine Sperling staunte sehr.
Er sprach: „Es schien mir so,
als ob ich auf dem Schulhof wär;
doch bin ich wohl im Zoo!"

Rall (1990), 275

Hörbeispiel 213
Bausteine 10, 13

Konjugation

Ich gehe
du gehst
er geht
sie geht
es geht.
Geht es?
Danke – es geht.

Steinmetz, in: Krusche/Krechel (1984), 6

Hörbeispiel 214
Bausteine 9, 12, 13
Diphthonge

fünfter sein (von Ernst Jandl)

tür auf	tür auf
einer raus	einer raus
einer rein	einer rein
vierter sein	nächster sein
tür auf	tür auf
einer raus	einer raus
einer rein	selber rein
dritter sein	tagherrdoktor
tür auf	
einer raus	
einer rein	
zweiter sein	

Jandl, in: Krusche/Krechel (1984), 19

Hörbeispiel 215
Bausteine 10, 11, 12, 13, 14, 15
Konsonantenverbindungen

Links ist linker als rechts (von Volker Erhardt)

Links ist linker als rechts
Oben ist höher als unten
Vorn ist weiter vorn als hinten
Groß ist größer als klein
Lang ist länger als kurz

Schnell ist schneller als langsam
Stark ist stärker als schwach
Schön ist schöner als häßlich
Sicher ist sicherer als unsicher
Klug ist klüger als dumm
Ehrlich ist ehrlicher als unehrlich
Reich ist reicher als arm
Gut ist besser als schlecht

Rechts ist etwas weniger links als links
Unten ist nicht so hoch wie oben
Hinten ist fast so weit vorn wie vorn
Klein ist nicht ganz so groß wie groß
Kurz ist weniger lang als lang
Langsam ist nicht so schnell wie schnell
Schwach ist fast so stark wie stark
Häßlich ist weniger schön als schön
Unsicher ist nicht so sicher wie sicher
Dumm ist fast so klug wie klug
Unehrlich ist weniger ehrlich als ehrlich
Arm ist nicht so reich wie reich
Schlecht ist fast so gut wie gut

Erhardt, in: Krusche/Krechel (1984), 34

Hörbeispiel 216
Bausteine 11, 13

unbestimmte zahlwörter

alle haben gewußt
viele haben gewußt
manche haben gewußt
einige haben gewußt
ein paar haben gewußt
wenige haben gewußt
keiner hat gewußt

Wiemer, in: Krusche/Krechel (1984), 21

Hörbeispiel 217
Bausteine 13, 14, 15

Wo – vielleicht dort

wo
vielleicht dort
wohin
mal sehen
warum
nur so
was dann
dann vielleicht da
wie lange
mal sehen
mit wem
nicht sicher
wie
nicht sicher
wer
mal sehen
was noch
sonst nichts

Becker, in: Krusche/Krechel (1984), 44

9.3 Lieder

Hörbeispiel 218
Bausteine 11, 12, 13, 14, 15
Diphthonge
Konsonantenverbindungen

Deutschvergnügen

(1) Ja und nein. Apfelwein.
Loreley ist am Rhein.
Eisberg, Goldberg und ein Stein.
Fein, fein, fein ist Calvin Klein.

Deutsch hat Klasse,
Deutsch hat Stil
und Romantik und Gefühl.
Deutsch hat Rhythmus,
Deutsch hat Schall
Deutschvergnügen überall.

(2) Ja und nein. Apfelwein.
Ludwigshafen ist am Rhein.
Dummkopf, Kohlkopf, Marzipan,
Porsche, VW, Autobahn.

Deutsch hat Klasse,
Deutsch hat Stil …

(3) Ja und nein. Apfelwein.
Und Karlsruhe ist am Rhein.
Bauhaus, Brauhaus, Wetter, Wind,
Kindergarten, Wunderkind.

Deutsch hat Klasse,
Deutsch hat Stil …

(4) Ja und nein. Apfelwein.
Und Berlin ist nicht am Rhein.
Sauerkraut und Tannenbaum,
Deutschmusik und Liebestraum.

Deutsch hat Klasse,
Deutsch hat Stil …

Kind, in: Kind/Broschek (1996), 1

Hörbeispiel 219
Bausteine 10, 11, 12, 13, 14, 15
Diphthonge
Konsonantenverbindungen

Kein Schwein ruft mich an

Kein Schwein ruft mich an,
keine Sau interessiert sich für mich,
solange ich hier wohn' ist es fast wie Hohn –
schweigt das Telefon.

Kein Schwein ruft mich an,
keine Sau interessiert sich für mich,
und ich frage mich: denkt gelegentlich
jemand mal an mich?

Den Zustand find' ich höchst fatal –
für heut'ge Zeiten nicht normal –
wo jeder nur darüber klagt,
das Telefon an Nerven nagt.
Ich trau' mich kaum mehr aus der Tür,
denn stets hab' ich vermutet,
daß kaum, daß ich das Haus verlaß',
es klingelt oder tutet.
– doch –

Kein Schwein ruft mich an,
keine Sau interessiert sich für mich,
solange ich hier wohn' ist es fast wie Hohn –
schweigt das Telefon.

Kein Schwein ruft mich an,
keine Sau interessiert sich für mich,
und ich frage mich: denkt gelegentlich
jemand mal an mich?
Vielleicht, daß manche mich
im Land der Dänen wähnen
oder fern von hier,
wo die Hyänen gähnen.
– denn –

Kein Schwein ruft mich an,
keine Sau interessiert sich für mich,
doch liegt es nicht an mir –
ich zahle monatlich die Telefongebühr.

Das war für mich kein Zustand mehr,
es mußte eine Lösung her,
das war für mich sofort der
Anrufbeantworter

und als ich dann nach Hause kam,
war ich vor Glück und Freude lahm,
es blinkt mir froh der Apparat,
daß jemand angerufen hat.
Die süße Stimme einer Frau
verrät mir und erzählt:
„Verzeihen Sie, mein werter Herr –
ich habe mich verwählt."

Raabe (1993)

Hörbeispiel 220
Bausteine 10, 11, 12, 13, 14, 15
Diphthonge
Konsonantenverbindungen

Du mußt ein Schwein sein

Ich war immer freundlich, lieb und nett
kriegte nie irgend'ne Frau ins Bett

und dann auf Macho, cool und arrogant
plötzlich kamen sie angerannt.

Und wieder seh' ich wie's im Leben läuft
wer hart ist, laut und sich besäuft
kommt bei den Frauen besser an,
wer will schon 'nen lieben Mann.

Daraus ziehst Du Konsequenzen
und Du schaltest um auf schlecht
die Welt ist ein Gerichtssaal
und die Bösen kriegen Recht.

Du mußt ein Schwein sein in dieser Welt
Schwein sein
Du mußt gemein sein in dieser Welt
Gemein sein
Denn willst Du ehrlich durchs Leben geh'n
ehrlich
Kriegst'n Arschtritt als Dankeschön
gefährlich
Weil ich weiß, daß ich's mir leisten kann
stell' ich mich überall vorne an
und ist einer sanft und schwach
hör' mal wie ich drüber lach
bei den freundlichen Kollegen
halt ich voll dagegen
obwohl mich keiner mag
sitz' ich bald im Bundestag

Du mußt ein Schwein sein ...

Text/Musik: Die Prinzen (1995)

Hörbeispiel 221
Bausteine 11, 12, 13, 14, 15

Sie sind grün

Fahr mit mir den Fluß hinunter
in ein unbekanntes Land,
denn dort wirst du Leute sehen,
die bis heute unbekannt.
Sie sind nett und freundlich,
doch sie sehen etwas anders aus
als die Leute, die du kennst bei dir zu Haus.
Sie sind grün.
Und wenn wir vorübergehn,
dann tu bitte so, als hättest du die Farbe nicht gesehn.
Sie sind grün.
Und sie glauben fest daran, daß die Farbe der Haut nichts über
uns sagen kann.

Kiesewetter, in: Mebus u. a. (1987), 78

Hörbeispiel 222
Bausteine 12, 13, 14, 15

Das Wandern

Das Wandern ist des Müllers Lust,
das Wandern ist des Müllers Lust,
das Wandern.

Das muß ein schlechter Müller sein,
dem niemals fiel das Wandern ein,
dem niemals fiel das Wandern ein,
das Wandern.

Text: Müller (1821)/ Musik: Zöllner (1844), in: Kröher (1989), 52

Hörbeispiel 223
Bausteine 8, 9, 12, 13, 15

Es tönen die Lieder

Es tönen die Lieder, der Frühling kehrt wieder,
es spielet der Hirte auf seiner Schalmei:
la …

Kröher (1989), 24

Hörbeispiel 224
Bausteine 10, 11, 12, 13, 14, 15
Konsonantenverbindungen

Wenn alle Brünnlein fließen

Wenn alle Brünnlein fließen,
so muß man trinken,
wenn ich mein Schatz nicht rufen darf,
tu ich ihm winken.
Wenn ich mein Schatz nicht rufen darf, ju, ja,
rufen darf, tu ich ihm winken.

Silcher, in: Kröher (1989), 62

Hörbeispiel 225
Bausteine 10, 11, 12, 13, 14, 15
Diphthonge
Konsonantenverbindungen

Gute Nacht, Freunde

Gute Nacht Freude, es wird Zeit für mich zu gehn.
Was ich noch zu sagen hätte, dauert eine Zigarette
und ein letztes Glas im Stehn.
Für den Tag, für die Nacht unter eurem Dach habt Dank;
für den Platz an eurem Tisch, für jedes Glas, das ich trank,
für den Teller, den ihr mir zu den euren stellt,
als sei selbstverständlicher nichts auf der Welt.
Gute Nacht scheint.
Gute Nacht Stehn.

Text/Musik: Yondrascheck (R. Mey), in: Kröher (1989), 20

Hörbeispiel 226
Bausteine 11, 12, 13, 14, 15
Konsonantenverbindungen

Andre Länder, andre Sitten

Warum nickst du, wenn du nein sagst, mit dem Kopf?
Warum haben bei euch alle einen Zopf?
Warum küßt du mit der Nase,
warum läuft bei euch der Hase
nicht zu Ostern um die Ostereier rum?
Warum habt ihr lauter Tücher
an der Wand und keine Bücher?
Warum guckst du nur, bist du denn stumm?

Ref.: Andre Länder, andre Sitten,
du ißt Reis und ich eß' Fritten,
du trinkst Kumis
und ich lieber Kakao.
Andre Länder andre Sitten,
komm doch her und setz dich mitten
in den Kreis zu uns –
ich find dich schau!

Warum zappelst du beim Tanzen denn so rum?
Warum betest du so komisch, brumm, brumm, brumm?
Warum darf denn deine Schwester
nicht an Sonntag und Silvester
mit dem Bruder von mir in die Disco geh'n?
Warum heulst du nicht wie ich,
warum läßt du mich im Stich,
wenn die Mädchen mit mir auf dem Schulhof steh'n?

Ref.: Andre Länder, andre Sitten …

Warum schreibst du denn im Heft von rechts nach links?
Warum trägst du um den Hals denn so ein Dings?
Warum kauft denn deine Mutter
immer Öl und niemals Butter,
wo die Butter doch so viel, viel bill'ger ist?
Warum macht dein strenger Vater
denn nur immer so'n Theater,
wenn mein Onkel deine Tante küßt?

Ref.: Andre Länder, andre Sitten …

Text: Lorenz, Musik: Lotz, in: Sprüche an der Wand (1993)

Hörbeispiel 227
Bausteine 10, 11, 12, 13, 14, 15
Konsonantenverbindungen

Von der bunten, bunten Welt

Der Apfel ist rot,
der Apfel ist grün,
der Apfel ist gelb,
der Apfel ist braun,
ich esse gerne Äpfel,

oh, du bunte Welt.

Manchmal esse ich gerne rote Äpfel,
manchmal esse ich gerne grüne Äpfel,
manchmal esse ich gerne gelbe Äpfel,
manchmal esse ich gerne braune Äpfel,

oh, du bunte Welt.

Der Apfel ist rotgrün,
der Apfel ist grüngelb,
der Apfel ist gelbbraun,
und der Apfel ist braunrot,
und manchmal esse ich gerne Bananen,
ja, ich gestehe,
manchmal esse ich gerne Bananen.
So ist es halt, ja so ist das.
Da kann man doch gar nichts machen.

oh, du bunte Welt.

Text/Musik: Grosche, in: Sprüche an der Wand (1993)

9.4 Dialektales zum Hören

Hörbeispiel 228

Wienerisch

Wien ist eine Weltstadt. Das können Sie mir glauben. Was wir alles haben: den Stephansdom, das Burgtheater, die U-Bahn, die Fiaker, Schloss Schönbrunn, den Prater, den Heurigen und die UNO-City – ein Treffpunkt der Geheimdienste von West und Ost, obwohl es den Osten eigentlich gar nicht mehr gibt. Der Kaffee kommt zwar von den Türken, aber nur wir hätten die echte Kaffeehauskultur, wenn das Kaffeehaussterben nicht wäre. In meinem Reich geht die Sonne nie unter, das hat er gesagt, der Kaiser, der mit dem Bart. Oder hat er keinen gehabt? Ist ja auch Wurst. Heute sind wir ein neutrales Land im Herzen von Europa. Noch! Wenn dann einmal die EG bei uns ist, schaut's anders aus. Bloß den Wein, den müssen sie uns lassen. Da dürfen sie keine Umänderungen machen. Da haben wir ein Nationalbewusstsein. Wir sind wir. Unsere Musik ist weltberühmt: Mozart, Strauß, Langner, Karras. Den müssten Sie aber wirklich kennen. Der dritte Mann … oder so, Harry Limes' Team oder so. Dies ist amerikanisch. Aber wir sind Österreicher.

Fremdsprache Deutsch (7/1992);
Kassette, verschriftet und ins Hochdeutsche „übersetzt"
von U. Hirschfeld und K. Reinke

Hörbeispiel 229

Schweizerhochdeutsch

Die Deutschschweizer sprechen nicht gern Hochdeutsch. Eine Untersuchung an der Universität Bern im Jahre 1974 hat gezeigt, dass Schüler, die in Bern auf Hochdeutsch nach dem Weg gefragt wurden, meistens auf Dialekt antworteten.

Mit den Westschweizern und den Tessinern sprechen die Deutschschweizer lieber Französisch oder Italienisch, mit den Touristen Englisch, auch wenn sie diese Sprache nicht gut beherrschen.

Wenn die Deutschschweizer mit anderen Leuten Dialekt sprechen, heißt das nicht, dass sie unhöflich oder aggressiv sein wollen; sie sprechen einfach ihre Muttersprache. Dadurch kann es passieren, dass man sie nicht versteht. Dann ist es wichtig, dass man sie bittet, Hochdeutsch zu sprechen. Sie können nämlich Hochdeutsch, Schweizerhochdeutsch. Schweizerhochdeutsch tönt anders als die gesprochene Standardsprache in Deutschland, vielleicht nicht so elegant, etwas schwerfälliger und unbeholfener. Die Deutschschweizer sprechen im Vergleich zu den Deutschen auch langsamer.

Müller/Wertenschlag (1985), 54

Hörbeispiel 230

Schwäbische Sprichwörter

Es ist noch nie (k)eine Sau im Dreck erstickt.
Der Tod ist umsonst, doch der kostet das Leben.
Dreck ist mein Brot, hat der Straßenkehrer gesagt.
Im Hunger ist schlecht predigen.
Man sieht nicht in die Leute hinein, nur außen hin.
Andere Leute sind auch Leute.
Eigener Dreck stinkt nicht.
Wer lange handelt, kauft nicht viel.
Hinterm Berg sind auch Leute.

Wer aus Liebe heiratet, hat gute Nächte, aber schlechte Tage.
Ein jeder Topf findet seinen Deckel.

Fremdsprache Deutsch (7/1992);
Kassette, verschriftet und ins Hochdeutsche „übersetzt"
von U. Hirschfeld und K. Reinke

Hörbeispiel 231

Bairisch

Dass es nichts geworden ist mit seinem ersten Tanz und dass die Geschwister um halb vier heimgekommen sind, hat's Liesel grad noch verschmerzt. Aber wie die Marianne nun lang und breit mit der Freundin telefoniert hat, wie sie geredet haben, wie schön das war und dass wir heute nach Wimpelsingen hinfahren können zum Tanzen, da ist das Liesel stocknärrisch geworden. Und wie die Marianne nun fragt: „Kannst du mir deinen Mantel leihen? Bei mir schaut der Rock raus. Und die lange Kette zum Pullover brauchst du heute Nacht auch nicht.", da packt's Liesel seinen langen Mantel und die Kette, rast hoch in seine Kammer und weint und sperrt die Kammertür zu. Marianne kann bitten und betteln, so viel sie mag. Das Liesel macht nicht auf.

Fremdsprache Deutsch (7/1992);
Kassette, verschriftet und ins Hochdeutsche „übersetzt" von
U. Hirschfeld und K. Reinke

Hörbeispiel 232

Pfälzisch

Neuer Wein und Kastanien

An allen Straßenecken gibt's jetzt Kastanien
als Herbstgruß aus dem schönen Pfälzer Wald.
An jedem Markttag und an allen Festen
werden Kastanien angeboten – geröstet und kalt.
Zu jedem Essen tut man Kastanien machen,
die geben ja dem Ganzen erst den Glanz.
Mit Kastanien macht man jetzt die besten Sachen,
man füllt mit Kastanien auch die Martingans.
Schon wenn sie reif werden, ach, das ist ein Wunder.
Die Kinder schütteln sie von den Bäumen.
Und schlagen sie mit den Stöcken oben runter
und bringen ganze Säcke voll heim.
Am anderen Tag, da stehen sie an der Straße,
verkaufen die Kastanien Pfund für Pfund.
Die kleinen Kinder machen es wie die Großen
und rufen: „Pfälzer Kastanien sind gesund."
Ich glaub, in jedem Haus, da gibt's jetzt Kastanien,
wenn es Rotkraut geben tut und Gans und Wild.
Zum neuen Wein, da schmecken sie am besten.
Das ist im Herbst ein schönes Pfälzer Bild.
Und wie die Kastanien sind, so ist auch das Leben,
ringsum voll Stacheln, doch innen gut.
Zum Glück gibt's in der Pfalz die vielen Reben,
und das Trinken liegt uns Pfälzern ja im Blut.

Fremdsprache Deutsch (7/1992);
Kassette, verschriftet und ins Hochdeutsche „übersetzt"
von U. Hirschfeld und K. Reinke

10 Transkription der Hörszenen

(Sie finden hier die Transkriptionen der Hörbeispiele, die nicht im Textteil selbst abgedruckt sind.)

Hörbeispiel 1

Es grünt so grün, wenn Spaniens Blüten blühen.
Noch einmal:
Es grünt so grün, wenn Spaniens Blüten blühen.
Ich glaub, jetzt hat sie's.
Es grünt so grün, wenn Spaniens Blüten blühen.
Bei Gott, jetzt hat sie's.
Noch einmal: Wann ergrünt das Grün?
Wenn die Blüten erblüh'n.
Und was macht dann das Grün?
Es grünt so grün.

Ich sehe Krähen in der Nähe.
Rehe noch eher näher.
Ich weiß, wie gut Sie zu mir sind.
Noch einmal: Wann ergrünt das Grün?
Wenn die Blüten erblüh'n.
Was macht das blöde Grün?
Es grünt so grün.

My fair lady (CD)

Hörbeispiel 3

Dialog 1

A: Zwä Weanerschnitzel und oa gruenen Veltliner.
B: Entschuldigung, ich verstehe Sie nicht.
A: Na gengan S', i red holt Weanerisch.

Dialog 2

A: Entschuldigung, wo geht's hier zum Hafen?
B: Jo min Deern, dat geit do lang.
A: Können Sie das nochmal auf Deutsch sagen?
B: Nä, ick snack blouß Plattdütsch.

Dialog 3

A: En dr Huhestroos jit et dat beste Kölsch.
B: Wie bitte? Das habe ich nicht verstanden.
A: Dat jlöw esch, äwa esch ben ene Kölsche Jong, esch red Kölsch.

Dialog 4

A: Z Züri schlisset d'Läde um halb Siebni.
B: Wie bitte? Sprechen Sie Deutsch?
A: Goht's noo! I reed Tüütsch.

Dialog 5

A: Entschuldigung, wie komme ich denn zur Oper?
B: Sua Oubor, nu da geihnse da driem lang bis sua Geede Strooße und dann isses glei geicheniebor.
A: Äh – bis zu welcher Straße bitte?
B: Geede Straße, Geede – wie Schillor.

Vorderwülbecke/Vorderwülbecke (1995), 162

Hörbeispiel 4

Freiheit in meiner Sprache heißt *liberta*
Gibt es ein schöneres Wort als **liberta**?
Doch nicht nur in Italien, überall wo Menschen leben
stehst du an erster Stelle: *liberta*.

Hörbeispiel 6

1. Fragen beantworten

   Aus welchem Land und aus welcher Stadt kommen Sie?
   Seit wann lernen Sie Deutsch?
   Seit wann sind Sie in Deutschland?

   Ich komme aus Brasilien, aus Rio de Janeiro. Ich lerne Deutsch drei Monate. Ich bin in Deutschland sieben Monate.

   Ich komme aus Afghanistan und von der Hauptstadt Kabul. Seit ewig lerne ich Deutsch – und kann ich überhaupt kein Deutsch. Seit 15 Jahren bin ich in Deutschland.

   Ich komme aus Indonesien, und zwar aus Jakarta, der Hauptstadt von Indonesien. Ich lerne Deutsch seit 1990 – so zirka drei Jahre. Ich bin hier seit Ende Januar 1995, na ja, zirka zwei Wochen.

2. Lesen:

   Peter sagt zu Monika:
   „Du bekommst zwei Mark, wenn du mir eine Frage beantworten kannst."

   Monika ist einverstanden, und Peter fragt sie:
   „Wie viele Haare hat ein Hund?"
   „Es sind genau 267 Millionen 912 Tausend und 418",
   antwortet sie.
   „Woher weißt du das denn so genau?", fragt Peter erstaunt?
   „Das ist schon die zweite Frage – zwei Mark bitte!"

Hörbeispiel 7

Ein Freund von mir machte in Berlin Urlaub und verlor seinen Personalausweis. Er rief seine Mutter an und sagte ihr, sie soll ihm den Pass schicken, damit er sich auf der Rückfahrt ausweisen kann. Die Mutter schickte ihn sofort an das angegebene Postamt in Berlin. Mein Freund ging ein paar Tage später dorthin und fragte den Schalterbeamten, ob etwas unter seinem Namen angekommen ist. „Ja", sagte der Mann, „aber würden Sie sich bitte ausweisen?"

Hörbeispiel 11

vier, fünf, Brille, Stühle, sieben, Bürste, Biene, Tür, Schlüssel, Stiel, Rücken, Schürze
ein Bruder – zwei Brüder/eine Nuss – zwei Nüsse/ein Hut – zwei Hüte/ein Kuss – zwei Küsse

Hörbeispiel 21

Reise nach Phonetien

Dr. Scriptorius kommt nach vielen Jahren im Ausland nach Deutschland zurück. Aber was ist das? Überall sieht er eine fremde Schrift: Flughafen Frankfurt, Internationale Ankunft. Eine fremde Sprache? Nein, das ist ja Deutsch, wie man es spricht!
„Ja wissen Sie denn nicht", sagt eine Frau, „wir hatten eine Schriftrevolution!"

„Eine Schriftrevolution?"

„Ja. Alle Schulkinder haben gestreikt und gegen die alte Schrift demonstriert. Sie wollten schreiben, wie man spricht."

„Wirklich?"

„Ja, und die Regierung konnte nicht alle Schulen schließen. Die Kinder durften ja nicht dumm bleiben. Also musste die Regierung die neue Schrift akzeptieren. Die Kinder haben ein großes Fest gemacht, und dann sind sie wieder in die Schule gegangen."

„Und jetzt hat sicher keiner mehr Probleme mit dem Schreiben."

„Das stimmt. Und wissen Sie, wer besonders glücklich war? Alle Ausländer!"

Hörbeispiel 22

Ilse, Bilse, niemand will se,
kam der Koch und nahm sie doch.

Adam und Eva saßen auf dem Sofa.
Das Sofa kracht, Adam lacht, Eva schrie: Kikeriki!

Hörbeispiel 23

Erziehung

laß das
komm sofort her
bring das hin
kannst du nicht hören
hol das sofort her
kannst du nicht verstehen
sei ruhig
faß das nicht an
sitz ruhig
nimm das nicht in den Mund
schrei nicht
stell das sofort wieder weg
paß auf
nimm die Finger weg
sitz ruhig
mach dich nicht schmutzig
bring das sofort wieder zurück
schmier dich nicht voll
sei ruhig
laß das

wer nicht hören will
muß fühlen

Timm, in: Krusche/Krechel (1984), 41

Hörbeispiel 24

Bitte ausweisen

Ein Freund von mir machte in Berlin Urlaub und verlor seinen Personalausweis. Er rief seine Mutter an und sagte ihr, sie soll ihm den Pass schicken, damit er sich auf der Rückfahrt ausweisen kann. Die Mutter schickte ihn sofort an das angegebene Postamt in Berlin. Mein Freund ging ein paar Tage später dorthin und fragte den Schalterbeamten, ob etwas unter seinem Namen angekommen ist. „Ja", sagte der Mann, „aber würden Sie sich bitte ausweisen?"

nach: Brednich (1991), 60

Hörbeispiel 25

Wie heißt das auf Deutsch?
Das heißt Salat.
Wie heißt das auf Deutsch?
Das heißt Spinat, und das hier ist Milch.
Das ist Kaffee, und das sind zwei Eier, und das ist Tee.
Sag mal: I'm fine.
Es geht mir gut.
Wie sagt man: It tastes good?
Es schmeckt gut.
Wie sagt man: Thank you?
Danke schön.
Wie sagt man: You are welcome?
Bitte schön.

Kind (1996), 15f.

Hörbeispiel 26

– Wie heißt der König? August?
– Nein, August. Der König heißt August, der Monat aber heißt August.
– Dann heißt es: August der Erste.
– Ganz recht. August der Erste, aber: der erste August.
– August, August, das hab ich nicht gewusst.

Stock/Hirschfeld (1996), 9

Hörbeispiel 28

Test a) 1 Frau Mühler, 2 Frau Möhler, 3 Frau Möller, 4 Frau Müller

Test b) 1 Herr Dahler – Herr Dahler, 2 Herr Bieder – Herr Bidder, 3 Herr Schüler – Herr Schüller, 4 Herr Kuhler – Herr Kuller

Test c) 1 Dahler – Daller – Dahler, 2 Bieder – Bidder – Bidder, 3 Schüler – Schüler – Schüller, 4 Kuhler – Kuller – Kuller

---

Hörbeispiel 29

(1.4.1)				
1.	Züge	Ziege	zöge	Züge
2.	spülen	spülen	spülen	spielen
3.	er lügt	er lügt	er liegt	er legt
4.	du süßt	du siehst	du süßt	du süßt
5.	Türe	Türe	Tiere	Türe
6.	fühlen	fühlen	fielen	füllen

(1.4.2)				
1.	Züge	zöge	Ziege	Züge
2.	Türen	Tieren	Türen	Touren
3.	liegen	lügen	lögen	legen
4.	Hüte	Hütte	Tüte	Bütte
5.	fühlt	füllt	fehlt	fühlt
6.	Bühnen	Buhnen	Bienen	Bühnen
7.	Füller	Fühler	Fehler	Fühler
8.	dünnen	Dünen	dienen	Dünen

Hörbeispiel 30

Jena
echt
acht
Bach
Bäche
Jugend

Hörbeispiel 32

Ohr, Hose, Kirsche, Beeren, Rose, Bus, Uhr, Busch, Bären, Kirche

---

Hörbeispiel 33

Kuh, Gabel, Kuchen, Schnecke, Glas, Globus, Wecker, Wiege, Kinn, Wagen, Kirsche, Regen, Kette, Krone, Koffer

---

Hörbeispiel 36

Ich heiße Jack. Ich komme aus England. Meine Familie wohnt in Oxford. Das liegt ungefähr 100 km nordwestlich von London.

Hörbeispiel 37

„Ihre Fahrkarten bitte", sagt der Mann. „Ich habe keine." „Moment mal, das kostet 60 Mark." „Ich bezahle, aber ich habe eine Frage: Was kostet eine Karte für die Straßenbahn?"

Hörbeispiel 38

1 Begrüßung, Namen und Herkunft (nach L. 2)

Vorlauf: ca. 2 Minuten Musik
Musik wird leiser und untermalt den folgenden Dialog:
Sprecher: Es ist Nacht. José liegt im Bett.

Δ Ni hao!
O Hallo? – Hallo!
Δ Hello, how are you?
O Wie bitte?
Δ Strasdwudje!
Δ Namasthe!
O Das versteh' ich nicht.
Δ Salem aleikum!
Δ Bom dia!
O Kannst du das noch mal sagen?
Δ Guten Tag!
O Guten Tag, jaah! Das versteh' ich!
Δ Guten Tag!
O Guten Tag! Wo bist du denn?
Δ Hier!
O Wo denn?
Δ Hier oben!
O Ach da! – Woher kommst du denn?
Δ Aus Lunaria.
O Wie bitte? Woher?
Δ Aus Lunaria.
O Wo liegt das denn?
Δ Wo?
O Ja, wo? Im Norden, im Süden, im Osten oder im Westen?
Δ Lunaria liegt in Lunaria.
O Ist das weit von hier? Wie viele Kilometer ungefähr?
Δ Sehr, sehr weit.

O Hmm. – Und wo wohnst du in Lunaria?
Δ In Lunaria.
O Ja, aber wo da?
Δ In Lunaria.
O Ist das die Hauptstadt?
Δ Lunaria ist Lunaria.
O Hmm. – Und wie heißt du?
Δ Mein Name ist Lunija.
O Ist das dein Vorname?
Δ Lunija ist mein Name.
O Ja, aber ist Lunija dein Vorname oder dein Familienname?
Δ Ich versteh' das nicht.
O Heißt du mit Nachnamen Lunija oder ist Lunija dein Vorname?
Δ Ich heiße Lunija. Und du?
O José.
Δ Schossé?
O Nein, nicht Schossé, Jo-sé!
Δ Bist du Deutscher?
O Nein, Chilene. Ich lerne hier Deutsch.
Δ Die Sonne kommt! Auf Wiedersehn, José!
O Auf Wiedersehn, Lunija!
Δ Ich komme wieder!

Ausklang: ca. 1 Minute

Vorderwülbecke (1995), 6/7

Hörbeispiel 41

Die Bärenjagd

Wir gehen auf Bärenjagd.
Und haben gar keine Angst.
Denn wir haben Messer.
Und ein Gewehr.

Strophen 1 – 4

Was ist denn das?
Das ist ja ein See! (Berg, Moor, eine Höhle)
Kann man da rechts rum?
Kann man da links rum?
Kann man da oben drüber?
Kann man da unten drunter?
Man muss mitten durch!

Schluss

Was ist denn das?
Das ist ja ganz warm.
Das ist ja ganz weich.
Und das hat zwei gelbe Augen!
Das ist ja ein Bär!
Hilfe!

usw. (wie am Anfang, aber den Weg schnell zurück)

Endt/Hirschfeld (1995), 50

Hörbeispiel 44

Im Goethe-Institut schließen wir viele Freundschaften. Hier kannst du viel Spaß haben. Im Goethe-Institut gibt es eine große Bibliothek. Gestern haben wir im Goethe-Institut eine Party gemacht. Im Goethe-Institut kannst du Deutsch lernen.

Hörbeispiel 45

Liebe Susie, lieber Mario,

ihr könnt euch gar nicht vorstellen, was für eine Freude ihr mir mit eurem Geburtstagsgeschenk gemacht habt. Es ist ein tolles Erlebnis, mit diesem Zug zu fahren. Die Fahrt haben wir am ersten Tag noch etwas ausgedehnt, indem wir mit dem Berliner Express von St. Moritz nach Cyrano in Italien gefahren sind. Schade, dass ich nicht noch mal 60 werden kann.

Viele Grüße an euch, euer Manfred und eure Elli.

Hörbeispiel 46

Vergnügungen (Berthold Brecht)

Der erste Blick aus dem Fenster am Morgen
Das wieder gefundene alte Buch
Begeisterte Gesichter
Schnee, der Wechsel der Jahreszeiten
Die Zeitung
Der Hund
Die Dialektik
Duschen, Schwimmen
Alte Musik
Schreiben, Pflanzen
Reisen
Singen
Freundlich sein.

gekürzt nach: Brecht (1981), 441

Hörbeispiel 47

Goethe und die Studenten

Goethe kam einmal in eine Gaststätte. Er bestellte sich eine Flasche Wein und ein Glas Wasser. Studenten, die an einem anderen Tisch saßen und auch Wein tranken, lachten laut darüber. Einer von ihnen stand auf, ging zu Goethe und fragte ihn: „Warum trinken Sie den Wein mit Wasser?" Goethe antwortete:

„Wasser allein macht stumm,
das beweisen im Teiche die Fische.
Wein allein macht dumm,
das beweisen die Herren am Tische.
Und weil ich keines von beiden will sein,
trink ich mit Wasser vermischt den Wein."

(überliefert)

Hörbeispiel 48

Wetterbericht/Am Vormittag Sonne, später zunehmende Bewölkung und Regen. Tageshöchsttemperaturen nicht über fünf Grad. Am Nachmittag, in der Nacht Schnee und Temperaturen unter Null Grad. Die weiteren Aussichten: sonnig und kalt, viel Schnee.

Hörbeispiel 49

Hallo Alexander, ich möchte dir in die (zum) 16. Geburtstag viel viel Spaß haben (wünschen). Ich danke dir für die Einladung, und ich sage, dass ich komme. Viel Glück.

Hörbeispiel 50

Bin ich mit meiner Familie Schi gefahren. Und wir waren in ... Bayrischzell. Es war sehr schön, aber ein bisschen streng, weil der Schnee nicht sehr gut war. So, wir haben (sind) zu Hause um siebzehn ..., nein sieben Uhr angekommen. Und wir waren sehr, sehr müde. So, am Sonntag habe ich nicht so viel gemacht. Wir waren in der Kirche und dann haben wir ein fast food gegessen und dann nur – Fernsehen.

Hörbeispiel 51

Ich komme aus Polen, aus Krakau. Ich lerne Deutsch schon (seit) zwei Jahren, aber ich habe noch viele Probleme mit dieser Sprache. Mein Hauptfach ist Archäologie. Ich studiere auch in Leipzig Ur- und Vorgeschichte und Slawistik. Im (in der) Freizeit übe ich Yoga und auch schwimme (schwimme auch) und komme mit meinen Freunden in die Cafeteria und draußen ins Kino. Mein größter Wunsch ist, nach Himalaja (zu) fahren. Ich wandern (wandere) so oft, und Himalaja ist mein größter Wunsch.

Hörbeispiel 55

Kiste, Kirsche, Tür, Brille, Igel, Früchte, vierzehn, fünfzehn

Hörbeispiel 56

Zu den schönsten deutschen romantischen Gedichten gehören die Naturgedichte von Joseph von Eichendorff. Sie entstanden in der ersten Hälfte des 19. Jahrhunderts. Viele von ihnen sind vertont worden. Sie wurden wie echte Volkslieder bekannt und werden von vielen Menschen gern gesungen. Zu den beliebtesten Liedern zählen „In einem kühlen Grunde" und „O Täler weit, o Höhen."

Stock/Hirschfeld (1996), 97

Hörbeispiel 57

a) Haus – Häuser, Maus – Mäuse, Gras – Gräser
b) Bilder – Bild, Kinder – Kind, Hemden – Hemd
c) Uhr – Uhren, Ohr – Ohren, Tür – Türen
d) Mutter – Mütter, Tochter – Töchter, Bruder – Brüder

Hörbeispiel 59

gehen – der Gehweg, bremsen – der Bremsweg, neben – der Nebenweg, Recht – der Rechtsweg, Leben – der Lebensweg, Verkehr – der Verkehrsweg

Hörbeispiel 63

Ein Märchen

Es war einmal ein kleines Männchen. Das lebte in einem kleinen Häuschen. Im Häuschen war ein Schränkchen. In dem Schränkchen waren die Strümpfchen und Jäckchen. Auf dem Tischchen stand ein Töpfchen mit einem Süppchen.

Hörbeispiel 67

Sportschausong

Schiedsrichter Helmut Kohl hat die Partie im großen und ganzen gut über die Bühne gebracht. Die letzte Minute läuft. Mißgeschick von Schiedsrichter Helmut Kohl
Und Tor, Tor, ... Tor, ...

In der Deutschstunde hab ich's oft probiert
Doch die Fälle, ich hab sie niemals kapiert
Ja, ich blieb ein mäßiger Schüler
wollte nur 'nen sexy Hintern wie Gerd Müller
Und als wäre ich ein deutscher junger Mann
Schalt ich jeden Samstag die Sportschau an
Völler auf Goethe, Doppelpaß mit Bein
Die anschließende Ecke brachte nichts ein

Sportschau, Sportschau, ich will dir danken
Für Abwehrschwächen und Bananenflanken
Schwalbe, Torwartfehler, abseitsverdächtig
Die deutsche Fußballsprache ist ja prächtig.

Danielson (1994), 3

Anmerkung:

Die Transkriptionen der weiteren Hörbeispiele sind im Textteil abgedruckt.

11 Lösungsschlüssel

Aufgabe 1

Parallelen zwischen Elizas Situation und dem Ausspracheerwerb in der Fremdsprache (Deutsch):

- <u>Lernziele</u>: in erster Linie Verständlichkeit, aber – wegen der sozialen Akzeptanz – auch Anstreben einer regional und sozial neutralen Ausspracheform (also der Standardaussrache);
- <u>Übungsmethoden</u>: vor allem Nachahmung (Imitation), besser ist Methodenvielfalt (vgl. Kapitel 3);
- <u>Übungsmaterial (-beispiele)</u>: Nonsenssätze, wichtig ist aber auch die Verwendung von Alltagslexik;
- <u>Verhältnis von Aufwand und Erfolg</u>: oft nicht günstig – viel Mühe bis zum Erfolg, aber es lohnt sich am Ende.

Aufgabe 3

In einigen Ländern bzw. Institutionen wird die Lehrwerksituation noch immer unbefriedigend sein, so dass viele Fragen nur mit „Nein" beantwortet werden können. Lehrerinnen und Lehrer, die davon betroffen sind, müssen sich also selbst um Übungen für ihre Schüler kümmern – sie finden in dieser Studieneinheit viele Anregungen.

Aufgabe 4

1. z. B. Land, Hand, Wand, Band, Sand, fand, …
2. <u>reden</u>, <u>hören</u>, hörst, verstehen, <u>Wort</u>, <u>Frage</u>, Leser, <u>Leserin</u>
   (zu den Regeln vgl. Kapitel 7.12)

Aufgabe 5

Wenn Sie den Begriff *Intonation* im engeren Sinne kennen, ist damit nur die Melodie gemeint, im weiteren Sinne umfasst der Begriff alle genannten Merkmale.

Aufgabe 6

Dialog 1: Wien; Dialog 2: Hamburg; Dialog 3: Köln; Dialog 4: Zürich; Dialog 5: Leipzig

Aufgabe 7

Für das Erlernen einer <u>regionalen</u> Variante: enger Kontakt zu dieser Region (Nachbarregion, private oder berufliche Verbindungen).

Für das Erlernen der <u>Standardaussprache</u>: Verständlichkeit und Akzeptanz im gesamten deutschsprachigen Raum.

Aufgabe 12

[s]: Artikulationsstelle 3; [m]: Artikulationsstelle 1; [k]: Artikulationsstelle 8

Aufgabe 13

Richtung der Zungenhebung: vorn – zentral – hinten

Grad der Zungenhebung: hoch – mittel – niedrig

Aufgabe 15

2. a) Der Lehrer kann an sich selbst arbeiten; man kann auch als Fortgeschrittener Fortschritte machen (in deutschsprachigen Radio- und Fernsehsendungen auf die Aussprache achten, Kontakt mit Muttersprachlern suchen).
   b) Der Lehrer kann im Unterricht Beispiele von Kassetten usw. demonstrieren und auf „korrekte" Aussprache hinweisen.

Aufgabe 16

3. Hier gilt wie bei Aufgabe 15: an sich selbst arbeiten, in deutschsprachigen Radio- und Fernsehsendungen auf die Aussprache achten, Kontakt mit Muttersprachlern suchen.

Aufgabe 19

Stufe 1: Zu dieser Kategorie gehören u. a. Wissenschaftler, die vor allem Fachtexte lesend verstehen wollen und sich dabei z. B. Namen von Autoren und Titel notieren, und Übersetzer (vor allem von Fachtexten, bei schöngeistiger Literatur spielt der Klang der Sprache schon wieder eine große Rolle).

Stufe 2: Zur Gruppe dieser Lernenden zählen z. B. Wissenschaftler, die auf Kongressen Vorträgen und Diskussionen verstehend folgen, ohne sich selbst in der fremden Sprache äußern zu können oder zu wollen. Bei Gesprächen unter Wissenschaftlern wird so nach dem Modus verfahren, dass z. B. der Deutsche Deutsch, der Franzose aber Französisch spricht, wobei die Verständigung mühelos klappt.

Stufe 3: So verfahren z. B. Touristen und andere Reisende, die sich nur vorübergehend im fremden Land aufhalten.

Stufe 4: Zu dieser Gruppe gehören z. B. Schüler, Studierende, Lehrer, auch Rundfunk- und Fernsehjournalisten u. a., für die Sprache ihr eigenstes Werkzeug („Mundwerkzeug") ist.

Stufe 5: Hierhin gehören vor allem Fremdsprachenlehrer und Fremdsprachenlehrerstudenten, auch Dolmetscher, die ja feine (z. B. emotionale) Varianten in die andere Sprache hinüberbringen sollen.

Aufgabe 20

1. Stufe 3: Sprecherin aus Brasilien (sehr viele Abweichungen in der Intonation und Artikulation)

   Stufe 4: Sprecher aus Indonesien (einige Abweichungen in der Artikulation, wenige Abweichungen in der Intonation)

   Stufe 5: Sprecher aus Afghanistan (wenige Abweichungen, aber – noch – nicht perfekt)

Aufgabe 21

1. Muttersprache: Spanisch

   Intonation

   a) Rhythmus/Gliederung/Pausierung: selten richtig
   b) Melodieverlauf im Satz und besonders an Satzzeichen: oft richtig
   c) Akzentuierung im Wort und im Satz: oft richtig

   Artikulation

   a) Vokale
      – Quantität (Länge und Kürze): sehr abweichend
      – *Ö*- und *Ü*-Laute: etwas abweichend
      – *E*-Laute: etwas abweichend
      – Vokalneueinsatz: etwas abweichend
   b) Konsonanten
      – fortis – lenis/stimmhaft – stimmlos: etwas abweichend
      – *Ich*-Laut und *Ach*-Laut: sehr abweichend
      – mehrteilige Verbindungen ([pf, ts, pfl, tsv, ʃp, y]): etwas abweichend

Aufgabe 24

1. Ein Griechisch Sprechender dürfte im Deutschen Probleme haben:
   – im Bereich der Vokale (Quantität, *Ö*- und *Ü*-Laute, Neueinsatz),
   – mit Konsonantenverbindungen,
   – mit der Assimilation.

Aufgabe 25

1	2	3
Riegen	Regen	Rügen
Segen	saugen	sagen
Schnee	Schneid	Schnur
weh	wie	wo
sie	so	See
Ruh	roh	Reh
Tau	Tee	Tor
vor	Vieh	Fee
Klo	Klee	klau

Aufgabe 26

Wörter mit <ü>: fünf, Stühle, Bürste, Tür, Schlüssel, Rücken, Schürze
Wörter mit <i>: vier, Brille, sieben, Biene, Stiel

1. ernst, 2. schreist, 3. Fels, 4. reicht, 5. Herz, 6. Marx, 7. kaust, 8. warnt Aufgabe 28

Aufgabe 29

1. Die Aufmerksamkeit des Lernenden wird bei phonetischen Hörübungen auf bestimmte phonetische Besonderheiten gelenkt, die nur zum Teil aus dem Kontext erschließbar sind, d. h., er muss sich ganz genau auf einzelne Laute, auf Lautverbindungen und Akzentuierungs- oder Melodiemerkmale konzentrieren.
2. Mit diesen speziellen phonetischen Hörübungen kann man erreichen, dass der Lernende
   - allgemein für Aussprachebesonderheiten sensibilisiert wird,
   - bestimmte phonetische Merkmale des Deutschen, die er wegen der muttersprachigen Interferenz nicht wahrnehmen kann, nach und nach immer besser erkennt.

Aufgabe 31

In dieser Übung geht es um die *Sprechmelodie*, die in Ergänzungsfragen und Aussagen (Antworten) meist deutlich fällt. Wird die Melodie nicht richtig erkannt und imitiert, können z. B. übertriebene Melodieführung, Bewegungen oder das Summen der Beispiele helfen (siehe dazu Kapitel 6).

Aufgabe 32

1. <u>Ursachen</u> für Schwierigkeiten beim Nachsprechen können sein:
   - Hörprobleme,
   - Probleme mit Lautbildung, Melodie, Rhythmisierung,
   - Sprechhemmungen.

Aufgabe 36

1. la la la la
2. la la ‾
3. la l̄a la la la
4. la la ‾ la la la la la
5. la l̄a la
6. la l̄a la la la la la
7. la la la l̲a l̄a

Aufgabe 39

Zu Hörbeispiel 19:
b) Gemeinsames Merkmal: Dehnung ohne Markierung in der Schrift (Spalte 1), Dehnung durch Doppelschreibung des Vokals (Spalte 2), durch Vokal + <h> (Spalte 3) sowie durch Schreibung <ie> (Spalte 4).

Zu Hörbeispiel 20:
Der Wortakzent liegt bei Komposita meist auf dem Bestimmungswort, und zwar auf dem normalen Akzent des Bestimmungswortes.

Aufgabe 41

1. nein, deutsch, schwarz, setzen, Schnur
2. auf Wiedersehen, die öffentliche Toilette, Prüfung, Bücher, Nacht

Aufgabe 42

[ˈʃuːlə], [ˈleːrɐ], [buːx], [ˈyːbʊŋ], [ˈfrɛmtʃpraːxə]

Aufgabe 45

1. Zu empfehlen: für die Lehrerausbildung, bei ausreichender Unterrichtszeit oder wenn es den Lerntraditionen entspricht.

   Abzulehnen: in Kurzzeitkursen oder wenn es gegen die Lerntraditionen verstößt.

Aufgabe 46

Aus Gründen der Objektivität sind
- unbedingt zu berücksichtigen: Annäherung an den Aussprachestandard, Schweregrad der Abweichungen, Fehlerzahl,
- unter bestimmten Umständen zu berücksichtigen: Gesamtziel der Sprachausbildung, Lernetappe/Sprachstand, Alter, Motivation,
- möglichst nicht zu berücksichtigen: Muttersprache, Klassensituation, individuelle Fähigkeiten, eigene Ausspracheprobleme.

Aus didaktischen Gründen können die Kriterien allerdings auch anders bewertet werden.

<table>
<tr><td>Aufgabe 48</td><td>

Von den <u>Empfehlungen</u> des Erasmus von Rotterdam sind nach wie vor folgende Aspekte aktuell:
- vorsprechen – nachsprechen lassen
- Lob und Kritik (Futter und Stock)
- vorsichtige, aber häufige Fehlerkorrektur
- Modellwirkung der Lehreraussprache
- methodisches Wissen des Lehrers („ … er muss wissen, wie er vorgehen soll … ")

</td></tr>
</table>

Aufgabe 48

Von den <u>Empfehlungen</u> des Erasmus von Rotterdam sind nach wie vor folgende Aspekte aktuell:
- vorsprechen – nachsprechen lassen
- Lob und Kritik (Futter und Stock)
- vorsichtige, aber häufige Fehlerkorrektur
- Modellwirkung der Lehreraussprache
- methodisches Wissen des Lehrers („ … er muss wissen, wie er vorgehen soll … ")

Aufgabe 51

Der Dialog ist eine einführende Hörübung zur Wortakzentuierung.

Aufgabe 52

a) *Beliebige Beispiele* weisen neben den Unterschieden, um die es konkret geht (hier: Länge und Kürze der *A*-Laute) sehr viele andere Unterschiede auf (Lautkontext, Silbenzahl, Akzentverhältnisse u. a.), so dass es sehr schwer wird, die Höraufgabe zu lösen.

b) *Nonsens-Wörter* machen zwar die phonetischen Unterschiede gut deutlich, sind aber nicht empfehlenswert, weil sie für den Sprachalltag keine Relevanz haben und die Lernenden nicht motiviert sind, „Nonsens" zu üben.

c) *Namen* sind Quasi-Nonsens-Material, aber alle wissen, dass man Namen genau hören und aussprechen muss. Die Lernenden sind motiviert, die phonetischen Unterschiede werden gut deutlich – Namen sind empfehlenswert.

d) Echte *Minimalpaare* sind ebenso gut wie Namen, aber es gibt nur wenig geeignete Beispiele.

Aufgabe 53

Test a) 1. <u>Frau Mühler</u> – Frau Müller
2. Frau Mühler – <u>Frau Möhler</u>
3. Frau Möhler – <u>Frau Möller</u>
4. <u>Frau Müller</u> – Frau Möller

Test b) 1. = (Herr Dahler – Herr Dahler)
2. ≠ (Herr Bieder – Herr Bidder)
3. ≠ (Herr Schüler – Herr Schüller)
4. ≠ (Herr Kuhler – Herr Kuller)

Test c)

	1	2	3
1.		✗	
2.	✗		
3.			✗
4.		✗	

1. Dahler – Daller – Dahler
2. Bieder – Bidder – Bidder
3. Schüler – Schüler – Schüller
4. Kuhler – Kuller – Kuhler

Aufgabe 54

1. (1.4.1)

	1	2	3	4
1.				✗
2.		✗	✗	
3.		✗		
4.			✗	✗
5.		✗		✗
6.		✗		

(1.4.2)

	1	2	3	4
1.	✗			✗
2.	✗		✗	
3.		✗		
4.	✗		✗	
5.	✗			✗
6.	✗			✗
7.		✗		✗
8.		✗		✗

2. Übungsbeispiele zur Diskriminierung von *Ö*- und *Ü*-Lauten finden Sie in Kapitel 7 (Bausteine 8 und 9, S. 121ff.).

1.

[ç]	[x]	[j]	
		✗	(Jena)
✗			(echt)
	✗		(acht)
	✗		(Bach)
✗			(Bäche)
		✗	(Jugend)

2. Eine Übung für das Erkennen der Wortakzentsilbe finden Sie in Baustein 2, S. 101 ff.

Aufgabe 55

1. 1 Ohr, 2 Hose, 3 Kirsche, 4 Beeren, 5 Rose, 6 Bus, 7 Uhr, 8 Busch, 9 Bären, 10 Kirche
2. Minimalpaare: Ohr – Uhr, Hose – Rose, Kirsche – Kirche, Beeren – Bären, Bus – Busch

Aufgabe 56

Johannes Brahms war zu einem Abendessen eingeladen. ↘ Die schönsten Fleischstücke von Rind, → Schwein und Huhn wurden aufgetragen. ↘ Brahms speiste mit gutem Appetit. ↘ Als Nachtisch servierte ihm die Tochter des Hauses Beethoven, → Mozart und auch Brahms auf dem Klavier. ↘ Nach dem Vortrag eilte die Mutter auf den Komponisten zu und fragte gespannt: → „Großer Meister, → welches Stück hat Ihnen am besten gefallen? " ↘ Ruhig antwortete Brahms: → „Das Stück vom Rind." ↘

Aufgabe 57

Kontrollmöglichkeiten für Hörübungen:

– Ankreuzen
– Markieren (Unterstreichen, Durchstreichen)
– Ordnen
– Transkribieren
– Schreiben (Diktat, Lückendiktat)
– Nachsprechen
– (Hand-)Zeichen
– Körperbewegungen

Aufgabe 58

2. Diktat: Ich heiße Jack. Ich komme aus England. Meine Familie wohnt in Oxford. Das liegt ungefähr 100 km nordwestlich von London.
3. Lückendiktat: 1. „Ihre Fahrkarten bitte", sagt der Mann.
       2. „Ich habe keine."
       3. „Moment mal, das kostet 60 Mark."
       4. „Ich bezahle, aber ich habe eine Frage:
       5. Was kostet eine Karte für die Straßenbahn?"

Aufgabe 59

Fehlerursachen: z. B. Schwierigkeiten beim Artikulieren, Schwierigkeiten beim Umsetzen von Laut in Schrift (Codewechsel) oder der Lernende „stolpert" über unbekannte Wörter. Vielleicht hat er auch Probleme beim Segmentieren von Sätzen. Er erkennt die Silben-, Wort- und Akzentgruppengrenzen nicht.

Aufgabe 60

Die Beispiele in a) bestehen aus rhythmischen Gruppen, die im normalen Sprachgebrauch vorwiegend verwendet werden – wir sprechen nur selten in Einzelwörtern. Sie haben außerdem einen inhaltlichen Zusammenhang, so dass einmal Merkprozesse unterstützt werden, zum anderen lässt sich mit dieser Übung dann noch sehr viel mehr anfangen: Sätze bilden, die eine Geschichte erzählen, die Geschichte weitererzählen u. Ä.

Die Beispiele in b) erfüllen diese Anforderungen nicht, sie sind mehr oder weniger willkürlich zusammengestellt. An Übungen dieser Art herrscht leider kein Mangel.

Aufgabe 62

Das *Chorsprechen* sollte als Übungsmethode nicht vergessen werden. Es gestattet dem Lehrer zwar nicht, einzelne Schüler zu hören, aber es gibt den Lernenden die Gelegenheit, sich zu verstecken, sich auzuprobieren, sich mit anderen zu vergleichen, sich zu

Aufgabe 63

korrigieren, Hemmungen zu überwinden – und es vervielfacht die Zeitspanne, in der im Unterricht jeder laut sprechen kann.

<table>
<tr><td>Aufgabe 64</td><td>Bei der kaschierten Nachsprechübung können ganz unterschiedliche zusätzliche Anforderungen gestellt werden. Im vorliegenden Beispiel geht es um die Veränderung der Sprechmelodie – im Stimulus steigend, in der Antwort fallend. Außerdem ist schnelles Reaktionsvermögen gefragt.</td></tr>
</table>

<u>Aufgabe 64</u>

Bei der kaschierten Nachsprechübung können ganz unterschiedliche zusätzliche Anforderungen gestellt werden. Im vorliegenden Beispiel geht es um die Veränderung der Sprechmelodie – im Stimulus steigend, in der Antwort fallend. Außerdem ist schnelles Reaktionsvermögen gefragt.

<u>Aufgabe 66</u>

<u>Übung</u>: z. B. mit *Substantiven*: das Haus – die Häuser, das Los – die Lose, …; mit *Verbformen*: lesen – er liest, reisen – er reist, …

<u>Aufgabe 67</u>

Kurt ist groß, Kurtchen ist klein.
Die Gans ist groß, das Gänschen ist klein.
Der Park ist groß, der Garten ist klein.
Der Berg ist groß, der Hügel ist klein.
Das Klavier ist groß, die Geige ist klein.
Kassel ist groß, Kleinkleckersdorf ist klein.

<u>Aufgabe 68</u>

1. Die Schwierigkeiten Portugiesisch – Deutsch führen zu Abweichungen in folgenden Bereichen:

Intonation
   - Akzentuierung
   - Rhythmus
   - Melodie

Vokale
   - lang – gespannt vs. kurz – ungespannt
   - *Ö*- und *Ü*-Laute
   - reduzierte Vokale

Konsonanten
   - fortis (gespannt) vs. lenis (ungespannt)
   - Konsonantenverbindungen
   - Assimilation

2. Es treten auch Fehler in Wortschatz und Grammatik auf, die man korrigieren muss, obwohl die Aufmerksamkeit hier eben der Aussprache gelten sollte.

<u>Aufgabe 69</u>

2. Zu **Hörbeispiel 45**
<u>Muttersprache</u>: Indonesisch
<u>Abweichungen</u>: Satzakzent, Gliederung/Pausen, Melodie, Vokalquantität, *E*-Laute, *Ö*- und *Ü*-Laute, reduzierte Vokale, Vokalneueinsatz, Fortis-Lenis-Konsonanten, *R*-Laute, *Ich*- und *Ach*-Laute, Konsonantenverbindungen, Assimilation

Zu **Hörbeispiel 46**
<u>Muttersprache</u>: Spanisch (Mexiko)
<u>Abweichungen</u>: Satzakzent, Wortakzent, Vokalquantität und -qualität, Laute, reduzierte Vokale, Vokalneueinsatz, Fortis-Lenis-Konsonanten, [b] – [v], *R*-Laute, *Ich*- und *Ach*-Laute, Konsonantenverbindungen, Auslautkonsonanten, *Ang*-Laut

Zu **Hörbeispiel 47**
<u>Muttersprache</u>: Finnisch
<u>Abweichungen</u>: Melodie, Wortakzent, *A*-Laute, *Ö*- und *Ü*-Laute, *E*-Laute, Auslautkonsonanten, Konsonantenverbindungen, *R*-Laute

Zu **Hörbeispiel 48**
<u>Muttersprache</u>: Spanisch (Spanien)
<u>Abweichungen</u>: Satzakzent, Wortakzent, Vokalquantität und -qualität, *Ö*- und *Ü*-Laute, *E*-Laute, reduzierte Vokale, Vokalneueinsatz, Fortis-Lenis-Konsonanten, [b] – [v], *R*-Laute, *Ich*- und *Ach*-Laute, [ʃ], Konsonantenverbindungen, Auslautkonsonanten

Zu **Hörbeispiel 49**

1. Muttersprache: Portugiesisch (Brasilien)
   Abweichungen: Melodie, Vokalquantität, *Ö*- und *Ü*-Laute, reduzierte Vokale, Vokalneueinsatz, Fortis-Lenis-Konsonanten, *s*-Laute, *R*-Laute, *Ich*-Laute, Konsonantenverbindungen, Assimilation

   Zu **Hörbeispiel 50**
   Muttersprache: Spanisch (Spanien)
   Abweichungen: Satzakzent, Melodie, Wortakzent, Vokalquantität und -qualität, reduzierte Vokale, Vokalneueinsatz, Fortis-Lenis-Konsonanten, [b] – [v], *R*-Laute, *Ich*- und *Ach*-Laute, [ʃ], *S*-Laute, Konsonantenverbindungen, Auslautkonsonanten, *Ang*-Laut

Zu **Hörbeispiel 51**

   Muttersprache: Polnisch
   Abweichungen: Melodie, Wortakzent, Vokalquantität, *Ö*- und *Ü*-Laute, *E*-Laute, reduzierte Vokale, *Ich*- Laute, *R*-Laut

2. Wenn alle Lernenden in einer Gruppe wären, sollte man Akzent und Vokallänge besonders üben, auch die generelle Unterscheidung von Lenis- und Fortiskonsonanten wäre ein Schwerpunkt, ehe man sich den festgestellten Einzelproblemen zuwendet.

Aufgabe 70

2. *Zungenbrecher* dürfen nicht das einzige Übungsmaterial bleiben und nicht allzu ernsthaft geübt werden, weil sie die Schüler oft überfordern. Sie sind nur „Bonbons", nicht das tägliche Brot.

Aufgabe 72

b) s: sein; Sie

Aufgabe 74

c) Schreibmöglichkeiten für [[ʃ]:

sch	– schön	s(t)	– Start
s(p)	– Spiel	ch	– Chef

1. Lösung der Aufgaben:

   (1) 1 <ss>, 2 <ß>, 3 <ß>, 4 <ß>, <s>, 5<s>, 6 <s>

   (2) *Maus:* Regel 5/*müssen, Tasse:* Regel 1/*er musste, er wusste:* Regel 3/*sie liest:* Regel 4/*Grüße, Straße, draußen:* Regel 2/*Pass, er maß, er stieß:* Regel 3

2. Veränderung der Regeln nach der neuen Rechtschreibung: *Fluss, ich ess, er lässt;* diese Beispiele fallen aus den bisherigen Regeln heraus und bilden eine neue Gruppe: nach kurzem Vokal wird statt des früheren <ß> jetzt <ss> geschrieben.

Aufgabe 76

1. Kiste, Kirsche, Tür, Brille, Igel, Früchte, vierzehn, fünfzehn

2. Beim *Lückendiktat* können sich die Schüler (und Lehrer) auf den jeweiligen Schwerpunkt konzentrieren. Andere Fehler werden ausgeschlossen, und damit entfallen aufwändige, an dieser Stelle nicht passende Korrekturen.

3. Das *Lückendiktat* ist eine Identifizierungsübung.

Aufgabe 77

1. Vgl. Sie die Transkription von Hörbeispiel 56 auf Seite 160.

2. Der *Murmelvokal* (Schwa), das unbetonte und reduzierte *E*, fällt in der Endung *-en* oft aus, muss aber geschrieben werden.

3. Diktate von der Kassette sind mehrmals in der gleichen Art reproduzierbar.

4. Solche Hörtexte eignen sich auch
   – als Eintauchtexte,
   – als kontrollierbare Hörübungen, wenn Aufgaben zum Markieren (von bestimmten Lauten, Melodieformen, Pausen …) gestellt werden,
   – als Lesetexte (synchron mitlesen, vorlesen, gestalten).

Aufgabe 78

a) Auslautverhärtung/Umlautbildung:
   Haus – Häuser, Maus – Mäuse, Gras – Gräser

Aufgabe 79

b) Auslautverhärtung:
   Bilder – Bild, Kinder– Kind, Hemden – Hemd

c) R-Laute (vokalisiert – frikativ):
   Uhr – Uhren, Ohr – Ohren, Tür – Türen

d) Ö- und Ü-Laute:
   Mutter – Mütter, Tochter – Töchter, Bruder – Brüder

Aufgabe 80

loben – lobte – gelobt
lieben – liebte – geliebt
glauben – glaubte – geglaubt
geben – gab – gegeben
schreiben – schrieb – geschrieben
bleiben – blieb – geblieben

Weitere Verben: liegen, legen, biegen, tragen, …

Aufgabe 81

1. Vgl. Sie die Transkription von Hörbeispiel 59 auf Seite 160.
   Weitere Komposita: der Umweg, der Wanderweg, der Ausweg, …

2. Verben mit *weg*-: wegnehmen, weglaufen, wegsehen, …

Aufgabe 82

Phonetische Erscheinung (Kapitel/Baustein)	Grammatik
Melodie (7.5)	Satzzeichen
Gliederung (7.4)	Satzzeichen und Pause (*Sie, nicht er. – Sie nicht, er.*)
Wortakzentuierung (7.2)	Kompositabildung (*Fahrkarte – Straßenbahnfahrkarte*) Flexion (Stammbetonung erhalten: *Straße, Straßen* oder verändert: *Doktor, Doktoren*) trennbare (Präfix betont), untrennbare (stammbetonte) Verben (**um**fahren – um**fahren**) Ableitungen (**A**frika – Afri**kaner**) Antonymbildung mit *un*- (ge**nau** – **un**genau) *ur*-, -*ei*, -*ieren* (betont: **Ur**sache, Bäcke**rei**, stu**dieren**) *miss*- (betont: **Miss**geschick, unbetont: miss**lingen**) kontrastiver Akzent (**be**- und ent**laden**)
Vokallänge (7.7 – 7.10)	Orthographie (z. B. Doppelschreibung von Vokal- und Konsonantenbuchstaben) Silbenstruktur (lang in offener, kurz in geschlossener Silbe: *Weg – We-ge – weg*)
Vokalwechsel	Konjugation (*sprechen, spricht, gesprochen, sprach*) Pluralbildung (*Mutter – Mütter*) Verkleinerung (*Haus – Häuschen*) Modus (*lesen – läsen*)
Auslautverhärtung (7.13)	Konjugation (*werden – wird*) Pluralbildung (*Berge– Berg*) Adjektivformen (*gelb – gelbe*)
R-Laute (7.12)	Konjugation (*hören – hörst*) Pluralbildung (*Ohren – Ohr*) Adjektivformen (*schöner – schönere*)
<ch>-Realisation (7.14)	Konjugation (*sprechen –spricht*) Pluralbildung (*Koch – Köche*)
Konsonantenhäufungen	Konjugation (*leben – lebst*) Kompositabildung (*Geburtstagskarte*)
Koartikulation/Assimilation (7.15)	Endungen (*leben –* [ˈleːbn̩]) Wortbildung (gleiche Laute werden nur einmal realisiert: *auffangen*; stimmhafte Laute werden nach stimmlosen Lauten stimmlos: *wegsehen*)

1. Was kann man alles ernten? Es gibt z. B. *die Apfelernte* – was noch? (Bildet Zusammensetzungen mit dem Wort *Ernte* als Grundwort.)

2. Was für Kuchen kennt ihr? Ich kenne *Apfelkuchen* – und ihr? (Bildet Zusammensetzungen mit dem Wort *Kuchen* als Grundwort.)

3. Wir machen ein Kettenspiel mit folgenden Wörtern: *Schule, Hof, Pause, Zeichen, Stunde, Plan* (bei weit Fortgeschrittenen geht es auch ohne Vorgabe von Wörtern). Das Wort, das hinten ist, muss im nächsten Beispiel vorn stehen, z. B. *Kindergarten – Gartentisch*. Unser erstes Wort heißt *Schulhof* – wer findet ein Wort mit *Hof* am Anfang?

Aufgabe 83

1. Geübt werden die Aussprache des *Ich*-Lautes, die Veränderung des betonten Vokals und Konsonantenhäufungen (*Schränkchen, Strümpfchen*, …).

2. Vgl. Sie die Transkription von Hörbeispiel 63 auf Seite 160.

Aufgabe 84

Mögliche Arbeitsschritte:

– hören
– hören, still mitlesen
– Semantisierung
– Ergänzungen finden: *Aha, die Deutschen sind Fußballweltmeister, …*
– Bewusstmachung phonetischer Merkmale (hier: Aussprache des <sch>, Melodieverläufe, emotionale Sprechweise – je nach Bedeutung der Interjektionen)
– hören, nachsprechen (zeilenweise)
– hören, synchron halblaut mitlesen
– vorlesen
– vortragen (spielen)
– …

Aufgabe 85

– An dem Gedicht lassen sich üben: der Wortakzent, die Sprechmelodie, die Verbindung [ts] (= <z>).

Aufgabe 87

Siehe Lösung zu Aufgabe 85; eingehen sollte man auf die Länge und Kürze der *O*-Laute.

Aufgabe 88

3. Singen lockert auf, es fördert die Atmosphäre.

4. Bei geeigneten Liedern werden Melodie und Rhythmus sehr deutlich, sie prägen sich gut ein. Falsche Pausierung ist nicht möglich. Achten muss man darauf, dass im gewählten Lied nicht gerade das verändert ist, was man gerade übt, dass also z. B. die Vokallänge nicht verzerrt wird (*i-hi-him* statt *im*), dass keine Akzentverschiebungen auftreten (*Schneeflöckchen* statt *Schneeflöckchen*) usw. (Bei Hörbeispiel 68 z. B. werden die Wochentage in zwei Versionen gesungen: Weisen Sie Ihre Schüler auf die sprechrichtige Version hin.)

5. Mögliche Arbeitsschritte:
   – Lied hören
   – hören, still mitlesen
   – unbekannte Lexik erklären
   – Bewusstmachung (phonetische Besonderheiten, Laut-Buchstaben-Beziehungen)
   – hören, nachsprechen (zeilenweise)
   – hören, synchron halblaut mitsingen
   – vorlesen
   – mitsingen, singen, spielen (falls vorgesehen)

Aufgabe 89

Bei *Ton* und *Musik* werden die Lippen nach vorn gestülpt und gerundet, bei *macht* ist der Mund am weitesten geöffnet. Bei *Ton* bewegt sich der Zungenrücken nach hinten, bei *Töne* nach vorn (wie bei den *E*-Lauten).

Aufgabe 90

Aufgabe 91	Der *Ich*-Laut wird vorn gebildet – genauso wie das [j].

Der *Ich*-Laut wird vorn gebildet – genauso wie das [j].
Der *Ach*-Laut wird hinten gebildet – genauso wie das Reibe-*R*.

Aufgabe 92

1. Es gibt große individuelle Unterschiede in der Gestik – sowohl was die Art der Gesten als auch was ihr (räumliches) Ausmaß und ihre Häufigkeit betrifft.
2. Unterdrückte Gesten führen häufig zu einer unnatürlichen Sprechweise. Der Sprecher wirkt zudem unglaubwürdig und der Kontakt zum Hörer ist gestört.

Aufgabe 93

Körperbewegungen aller Art, die eine körperliche Spannung erzeugen, unterstützen die Akzentuierung. Die Körperspannung wird auf die Sprechspannung übertragen: durch Klatschen, Klopfen, Springen, Werfen …

Aufgabe 94

1. 1. Silbe: Greifswald, Tübingen
   2. Silbe: Hannover, Schwerin
   3. Silbe: Neuruppin, Kaiserslautern

Aufgabe 95

1.b) Vorher: vorbereitende Übungen zum Erkennen und Reproduzieren; Korrektur von Artikulation und Intonation
Nachher: konkrete Auswertung mit Korrekturhinweisen

Aufgabe 97

1. **Integrierte Materialien zur Phonetik**
   Vorteile: Die phonetischen Übungen sind mit dem Lehrwerk in Lexik, Grammatik und didaktischem Vorgehen abgestimmt; Lehrer und Lernende „stolpern" zumindest ab und zu über Phonetikaufgaben.
   Nachteile: Die phonetischen Übungen sind an Lektionen gebunden, stehen also nicht zur Verfügung, wenn sie gebraucht werden (z. B. in früheren Lektionen) bzw. werden nicht gemacht, wenn sie dran sind, weil sie zu diesem Zeitpunkt nicht wichtig sind.

Separate Materialien zur Phonetik
Vorteile: Lehrer und Lernende haben ständigen Zugriff; es gibt eine gesonderte Kassette, so dass auch die individuelle Wiederholung früherer Schwerpunkte einfach ist; es ist ein ausreichendes Übungsangebot da.
Nachteile: Es kann Probleme mit der Lexik und Grammatik geben, da die separaten Materialien mit dem Lehrwerk nicht abgestimmt sind.

Aufgabe 101

Lösung 3 und 5 sind praktikabel.
Lösung 1: Ist nicht praktikabel, weil der phonetische Einführungskurs aus der Mode gekommen ist, faktisch also nicht mehr existiert. Er müsste erst wieder „neu erfunden" werden (siehe dazu auch Kapitel 2.7 und Neuner u. a., *Neuer Start*, 1991, der einen Anfang macht).
Lösung 2: Manches wird der Lehrer hier finden, aber manches wird er auch vermissen, manches wird er verwerfen. Und vor allem: Nicht immer werden Lernstufe und sprachlicher Schwierigkeitsgrad übereinstimmen. In vielen Fällen wird er die Materialien erst für seine Schüler adaptieren müssen. So bleiben auch hier viele Wünsche offen.
Lösung 4: Solche Materialien, die in den entsprechenden Ländern existieren mögen, wären sehr wichtig und nützlich, dem Lehrer im Inland sind sie jedoch meist nicht bekannt und auch nicht unbedingt zugänglich. Für Südostasiaten hat Kelz (1992a) ein entsprechendes Material vorgelegt, das als Modell für andere vergleichbare Arbeiten dienen könnte.

Aufgabe 102

Neue Materialien sollten:
– sehr anschaulich sein, Regeln erkennbar machen,
– mehrere Kanäle (Hören, Sprechen, Denken, Fühlen …) ansprechen,
– didaktisch gut aufbereitet sein (Vielfalt an Übungsformen, Kontrollierbarkeit, Spaß),
– Individualisierung im Unterricht bzw. individuelles Arbeiten (Selbstlernen) ermöglichen,

- Phonetik mit der Arbeit an der Lexik und Grammatik verbinden,
- landeskundliche Gesichtspunkte berücksichtigen.

2. <u>Fachlicher Einwand</u>: Die Methode hilft nicht, wenn die in den Zungenbrechern enthaltenen Laute nicht korrekt gebildet werden können, die Lautbildung selbst wird durch den vollen Mund nicht korrigiert.

<u>Aufgabe 104</u>

   <u>Ästhetischer Einwand</u>: Manchen Lernenden ist es unangenehm, mit vollem Mund zu sprechen und u. U. etwas aus dem Mund herauskrümeln zu lassen.

1. <u>Einsatzt von Ton- und Videotechnik</u>
   Pro: Authentizität, Wiederholbarkeit
   Kontra: eventuelle Schwierigkeiten mit der Technik

<u>Aufgabe 107</u>

5. Computerprogramme können die Arbeit individualisieren, sie können (noch) keine konkreten Korrekturhilfen geben, d. h. dem Nutzer mitteilen, was er z. B. bei der Lautbildung verändern muss, um dem Muster nahe zu kommen.

1. *Schriftstück*: Schrift – stück: KKVKK – KKVK
   Textsorte: Text – sor – te: KVKK – KVK – KV
   Aufsatz: Auf – satz: VK – KVKK
   Inhaltsangabe: In – halts – an – ga – be: VK – KVKKK – VK – KV – KV
   schriftlich: schrift – lich: KKVKK – KVK

<u>Aufgabe 109</u>

2. In deutschen Silben kommen zu einem Vokal/Diphthong in der Regel mehrere Konsonanten. Es entstehen innerhalb von Silben und besonders an Silbengrenzen teilweise umfangreiche Konsonantenverbindungen, z. B. in <u>Strumpf</u>, <u>du sprichst</u> <u>Tschechisch</u>. Viele deutsche Silben enden mit einem oder mehreren Konsonanten.

zwei Silben: im Zoo, Affen, ein Schwein
drei Silben: Giraffen, ein Löwe, Nicht füttern!
vier Silben: bunte Fische, Papageien, lange Schlangen
fünf Silben: alte Kamele, drei kleine Tiger, Füttern verboten!
sechs Silben: Elefantenkinder, ein Tierkindergarten
sieben Silben: so viele Pinguine, Bitte fotografieren

Baustein 1/Ü 3

Jo-hann Wolf-gang Goe-the (6 Silben)
Wolf-gang A-ma-de-us Mo-zart (8 Silben)
Al-bert Ein-stein (4 Silben)
Karl May (2 Silben)
Mar-le-ne Diet-rich (5 Silben)
Ka-tha-ri-na Witt (5 Silben)
Bo-ris Be-cker (4 Silben)

Baustein 1/Ü 4

Tiger, Hose, über, Rose, Insel, Norden, gemütlich, Elbe, November: **Thüringen**

Baustein 1/Ü 6

<u>Regeln:</u>

<u>Aufgabe 110</u>

a) Einfache Wörter sind stammbetont: ***arb**eiten, die **Arb**eit, der **Arb**eiter*.
b) Wörter mit *be-, ge-, ver-, zer-* u. a. unselbstständigen Präfixen sind ebenfalls stammbetont: *er**arb**eiten, die Be**arb**eitung, ge**arb**eitet*.
c) Untrennbare Verben sind auch stammbetont: *wieder**hol**en, um**reiß**en, durch**fah**ren*.
d) Trennbare Verben sind präfixbetont: ***wieder**holen, **um**reißen, **vor**fahren*.
e) Komposita haben den Akzent auf dem Bestimmungswort: ***Fremd**sprache, **Sprach**unterricht, **Fremd**sprachenunterricht*.
f) Buchstabenwörter sind auf dem letzten Teil betont: *ABC, USA, PNdS* (= Prüfung zum Nachweis deutscher Sprachkenntnisse).

Baustein 2/Ü 1	Akzentsilben sind:	lauter, höher, langsamer, deutlicher
	Akzent auf der ersten Silbe:	Januar, Februar, Juni, Juli,
	Akzent auf der zweiten Silbe:	April, August, September, Oktober, November, Dezember

Baustein 2/Ü 2

SCHNICK-SCHNACK, PING-PONG, SE-SAM, KLIM-BIM
ZAP-ZE-RAP, FIR-LE-FANZ
SIM-SA-LA-BIM, HO-KUS-PO-KUS, HO-KUS-PO-KUS FI-DI-BUS
A-BRA KA-DA-BRA

Baustein 2/Ü 3

Mag-de-burg, Ber-lin, Ham-burg, Dres-den, Re-gens-burg, Wies-ba-den, Pa-ris, London, Ma-drid, Ve-ne-dig, Ca-sa-blan-ca

Baustein 2/Ü 4

Schleswig-Holstein, Mecklenburg-Vorpommern, Niedersachsen, Sachsen-Anhalt, Brandenburg, Sachsen, Thüringen, Hessen, Nordrhein-Westfalen, Rheinland-Pfalz, Saarland, Baden-Württemberg, Bayern, Bremen, Hamburg, Berlin

Bei den Doppelnamen liegt der Akzent auf dem zweiten Namen.

Baustein 2/Ü 5

die Schulklasse – der Klassenraum, das Lehrerzimmer – die Zimmernummer, die Deutschstunde – der Stundenplan, die Hörübung – das Übungsheft, das Fremdwort – das Wörterbuch, die Hausarbeit – das Arbeitsblatt

Der Akzent liegt auf dem Bestimmungswort.

Baustein 2/Ü 6

Gemüse, Möhren, Zwiebeln, Kartoffeln, Gurken und Salat
Äpfel, Birnen, Kirschen, Apfelsinen, Bananen und Zitronen

Baustein 2/Ü 7

kaufen, verkaufen, die Verkäuferin, einkaufen, der Einkauf
fragen, befragen, die Befragung, anfragen, die Anfrage
bieten, verbieten, das Verbot, anbieten, das Angebot
fahren, erfahren, die Erfahrung, abfahren, die Abfahrt

Wörter ohne Präfix sind:	stammbetont
Trennbare Verben sind:	präfixbetont
Untrennbare Verben sind:	stammbetont

Aufgabe 112

1. a) Wien ist die Hauptstadt von Österreich.
   b) Wien ist die Hauptstadt von Österreich.
   c) Wien ist die Hauptstadt von Österreich.
   d) Wien ist die Hauptstadt von Österreich.
   Sachlich ist nur Satz c), alle anderen sind kontrastiv-emotional.
2. b) Wien ist die Hauptstadt von Österreich, nicht Linz.
   a) Wien ist die Hauptstadt von Österreich, nicht irgendeine Stadt.
   d) Wien ist die Hauptstadt von Österreich, zweifellos.

Aufgabe 113

1.

	betonbar	*nicht betonbar*
a) Substantive	✗	
b) Verben	✗	
c) Hilfsverben		✗
d) Präpositionen		✗
e) Adjektive	✗	
f) Konjunktionen		✗
g) Pronomen		✗

2. Der Akzent liegt in Prädikats- oder Objektergänzungen auf der Ergänzung.

a) *Falsch:*
   Neulich fuhr ich mit <u>dem</u> Bus. Ich habe <u>nicht</u> aufgepasst. Ich bin eine Haltestelle zu <u>spät</u> ausgestiegen. Ich <u>musste</u> zurücklaufen. Also kam ich <u>viel</u> zu spät zum Unterricht. Mein Lehrer <u>sah</u> mich traurig an. „<u>Er</u> sagte: Es ist <u>immer</u> dasselbe mit dir!"

b) *Sinnentsprechend:*
   Neulich fuhr ich mit dem <u>Bus</u>. Ich habe nicht <u>aufgepasst</u>. Ich bin eine Haltestelle zu <u>spät</u> ausgestiegen. Ich musste <u>zurücklaufen</u>. Also kam ich viel zu spät zum <u>Unterricht</u>. Mein Lehrer sah mich traurig <u>an</u>. „Er <u>sagte</u>: Es ist <u>immer</u> <u>dasselbe</u> mit dir!"

Aufgabe 114

Komm!	<u>Nicht</u>.
Komm <u>her</u>!	<u>Ich</u> nicht.
Komm bitte <u>her</u>!	Ich <u>will</u> nicht.
Komm mal bitte <u>her</u>!	Ich will nicht <u>mit</u>.
Komm mal bitte schnell <u>her</u>!	Ich will nicht mit ins <u>Kino</u>.
Komm mal bitte ganz schnell <u>her</u>!	Ich will nicht mit <u>dir</u> ins Kino.
Komm mal bitte ganz schnell <u>her</u> zu mir!	Ich will <u>heute</u> nicht mit dir ins Kino.

Baustein 3/Ü 1

Akzentwörter sind: lauter, höher/tiefer, langsamer, deutlicher.

Falsch betont: *Richtig betont:*
Wenn <u>Mai</u> ist,   Wenn <u>Mai</u> ist,
soll Mai <u>sein</u>,   soll <u>Mai</u> sein,
<u>wer</u> nicht frei ist,   wer nicht <u>frei</u> ist,
<u>soll</u> frei sein.   soll <u>frei</u> sein.

Baustein 3/Ü 2

Aller Anfang ist <u>schwer</u>. / Aller <u>Anfang</u> ist schwer.
Übung macht den <u>Meister</u>. / <u>Übung</u> macht den Meister.
Ohne Fleiß kein <u>Preis</u>. / <u>Ohne</u> Fleiß kein Preis.
Keine Regel ohne <u>Ausnahme</u>. / Keine <u>Regel</u> ohne Ausnahme.
<u>Alle</u> Tage ist kein Sonntag. / Alle Tage ist kein <u>Sonntag</u>.

Baustein 3/Ü 3

1. Hast du Peters neue Freundin schon <u>gesehen</u>?   **zu c)**
2. Hast du <u>Peters</u> neue Freundin schon gesehen?   **zu d)**
3. Hast <u>du</u> Peters neue Freundin schon gesehen?   **zu b)**
4. Hast du Peters <u>neue</u> Freundin schon gesehen?   **zu a)**

Baustein 3/Ü 4

<u>Ines</u>.
Ines und <u>Wolfgang</u>.
Ines und Wolfgang <u>spielen</u>.
Ines und Wolfgang spielen seit zwei <u>Stunden</u>.
Ines und Wolfgang spielen seit zwei Stunden am <u>Strand</u>.
Ines und Wolfgang spielen seit zwei Stunden am Strand in der <u>Sonne</u>.
Ines und Wolfgang spielen seit zwei Stunden am Strand in der Sonne <u>Schach</u>.

Baustein 3/Ü 5

1. Monika will, Christian nicht.
2. Monika will Christian nicht.
3. Hans sagt, Franz wird nie Professor.
4. Hans, sagt Franz, wird nie Professor.

Pausen gliedern die Rede. Sie können bedeutungsdifferenzierend sein.

Aufgabe 115

Plötzlich stand ein Mensch vor mir auf dem Kopfe, einen steifen Hut an den Füßen, zerrissene Schuhe in der Hand, einen dicken Stock im Munde, eine erloschene Zigarre in finsteres Schweigen gehüllt.

Plötzlich stand ein Mensch vor mir, auf dem Kopfe einen steifen Hut, an den Füßen zerrissene Schuhe, in der Hand einen dicken Stock, im Munde eine erloschene Zigarre, in finsteres Schweigen gehüllt.

Aufgabe 116

| Baustein 4/Ü 1 | Claudia liest viel. ‖ Sie liest gern Märchen. ‖ Viele Märchen,│ die sie kennt,│ fangen so an: ‖ In den alten Zeiten,│ wo das Wünschen noch geholfen hat,│ lebte ein König,│ der eine sehr schöne Tochter hatte. ‖ |

Baustein 4/Ü 2

Kleiner Unsinn

Wernichtrichtiglesenkann
fangnochmalvonvornean
dennichschreibehierdieWorte
andersalsmanseuchgelehrt
zwarnichtunbedingtverkehrt
sonderneinfachaneinander
daßmansienichtgleicherkennt
auchwennihrdasUnsinnnennt
docheinkleinerUnsinnmacht
daßmangerndarüberlacht

Kleiner Unsinn

Wer nicht richtig lesen kann
fang noch mal von vorne an
denn ich schreibe hier die Worte
anders als mans euch gelehrt
zwar nicht unbedingt verkehrt
sondern einfach aneinander
daß man sie nicht gleich erkennt
auch wenn ihr das Unsinn nennt
doch ein kleiner Unsinn macht
daß man gern darüber lacht

Herold (1987), 78

| Baustein 4/Ü 3 | Die Wurst, nicht den Käse! Den Honig nicht, die Marmelade! Kakao nicht, Milch! Fisch, nicht Fleisch! Suppe nicht, Salat! Pudding, nicht Kuchen! |

| Baustein 4/Ü 4 | Ein Herr hatte dreißig Autos. Die Leute sagten: Oh, wie viele Autos er hat. Dieser Herr hatte auch dreißig Haare. Und die Leute sagten: Nein, wie wenig Haare er hat. Schließlich blieb ihm nichts weiter übrig, als sich eine Perücke zu kaufen. |

| Baustein 4/Ü 5 | Zehn Finger hab ich, an jeder Hand fünf, und zwanzig an Händen und Füßen! (Anmerkung: In dieser überlieferten Geschichte werden die „Zehen" auch als „Finger" bezeichnet.) |

Aufgabe 117

Ich koche gern. ↘ Am Wochenende koche ich für die Familie. ↘ Gib mir das Kochbuch! ↘ Kauf bitte Äpfel, Mehl und Eier! ↘ Wo warst du so lange? ↘ Warum hast du kein Mehl gekauft? ↘ Hast du die Eier? ↗ Gab es keine anderen Äpfel? ↗ Ich nehme zuerst die Eier, → und dann … Du kannst die Äpfel schälen, → weil … ↘

Die wichtigsten Regeln, hier stark verkürzt und vereinfacht:

terminal:	Am Ende einer Äußerung sinkt die Melodie. Das gilt für Aussagen, Befehle und für Fragen mit Fragewort (Ergänzungsfragen).
interrogativ:	Am Ende einer Äußerung steigt die Melodie. Das gilt für Fragen ohne Fragewort (Entscheidungsfragen). Auch in sehr freundlichen Aussagen, Aufforderungen und Ergänzungsfragen wird diese Melodieform benutzt.
progredient:	In Satzverbindungen und Satzgefügen bleibt die Melodie vor einer Pause (z. B. am Komma) in der Schwebe.

Aufgabe 118

1. a) ironisch; b) neutral; c) neutral; d) ironisch; e) ironisch; f) neutral; g) ironisch; h) neutral

2. Die Ironie ist an den größeren Melodieintervallen und am Stimmklang zu erkennen.

| Baustein 5/Ü 2 | (1) Wann kommst du? ↘ (2) Kommst du heute? ↗ (3) Am Nachmittag oder am Abend? ↘ (4) Komm doch gleich! ↘ (5) Ich warte hier auf dich. ↘ (6) Ich warte so lange, → bis du kommst. ↘ |

Regeln:

1. … in Fragesätzen mit Fragewort, in Aussage- und Ausrufesätzen.
2. … in Entscheidungsfragen.
3. … in nicht abgeschlossenen Teiläußerungen.

| Baustein 5/Ü 3 | (1) Warten Sie? ↗ (2) Hören Sie mir zu! ↘ (3) Schreiben Sie das auf? ↘ (4) Stehen Sie jetzt auf! ↘ (5) Nehmen Sie die Tasche mit? ↗ (6) Schließen Sie das Fenster? ↗ (7) Öffnen Sie die Tür! ↘ (8) Kommen Sie mit! ↘ |

Eierkuchen (+); Kartoffelsuppe (–); Nudeln (+); Thüringer Klöße (–); Tomatensalat (–); Schokoladeneis (+); Limonade (+); Apfelsaft (+); Mineralwasser (–); Vanille-pudding (+)

Baustein 5/Ü 4

In welchem Monat isst man am wenigsten? ↘ (*im Februar, der hat nur 28 Tage*)
Er geht mit mir baden und wird nicht nass. ↘ Wer ist das? ↘ (*mein Schatten*)
Ein Ei kocht fünf Minuten. ↘ Wie lange kochen drei Eier? ↘ (*auch fünf Minuten*)
Zwei Väter und zwei Söhne gehen zusammen spazieren. ↘ Es sind aber nur drei Personen. ↘ Ist das möglich? ↗ (ja: *Großvater, Vater und Sohn*)
Welche Frage kann man nicht mit „Ja" beantworten? ↘ (*Schläfst du?*)
Was hat der Affe vorn und das Zebra hinten? ↘ (*ein A*)
In welche Teegläser kann man keinen Tee gießen? ↘ (*in volle Gläser*)
(Anmerkung: Die Fragen mit Fragewort kann man auch mit steigender Melodie sprechen – z. B. wenn man neugierig ist.)

Baustein 5/Ü 5

a) Langsam, fast jedes Wort betont, kaum Spannungsunterschiede zwischen betonten und unbetonten Silben, unrhythmisch (unnatürlich).

b) Auch langsam, aber nur die sinnwichtigsten Wörter betont, rhythmisch.

c) Schnell (normal), sinnwichtigste Wörter betont, rhythmisch; diese Version kommt dem deutschen Rhythmus (beim Vorlesen) am nächsten und entspricht der Bedeutung: besinnlich, philosophische Weisheit.

Aufgabe 119

<u>Komm</u> doch! – Komm <u>her</u>! – Komm <u>mit</u>!	x	–	–
Geh <u>weg</u>! – <u>Geh</u> jetzt! – Geh <u>los</u>!	–	x	–
<u>Bleib</u> doch noch! – Bleib doch <u>hier</u>! – Bleib bei <u>mir</u>!	x	–	–
Wo <u>bist</u> du? – Bist du <u>hier</u>? – Bist du <u>weg</u>?	x	–	–
Geh doch hier <u>weg</u>! – <u>Geh</u> doch endlich! – Geh doch schon <u>los</u>!	–	x	–

Baustein 6/Ü 1

bam-ba: <u>Hallo</u>! <u>Morgen</u>! <u>Tschüs</u> denn! <u>Schlaf</u> schön!
ba-bam: Grüß <u>Gott</u>! Bis <u>gleich</u>! Mach's <u>gut</u>! Bis <u>dann</u>! Bis <u>bald</u>! A<u>de</u>!

Baustein 6/Ü 4

laß das
komm sofort <u>her</u>
bring das <u>hin</u>
kannst du nicht <u>hören</u>
hol das <u>sofort</u> her
kannst du nicht <u>verstehen</u>
sei <u>ruhig</u>
faß das nicht <u>an</u>
<u>sitz</u> ruhig
nimm das nicht in den <u>Mund</u>
<u>schrei</u> nicht

stell das sofort wieder <u>weg</u>
paß <u>auf</u>
nimm die <u>Finger</u> weg
sitz <u>ruhig</u>
mach dich nicht <u>schmutzig</u>
bring das <u>sofort</u> wieder zurück
schmier dich nicht <u>voll</u>
sei <u>ruhig</u>
<u>laß</u> das

wer nicht <u>hören</u> will
muß <u>fühlen</u>

Baustein 6/Ü 6

lang/gespannt		*kurz/ungespannt*	
[aː]	Staat	[a]	Stadt
[eː]	Beet	[ɛ]	Bett
[iː]	bieten	[ɪ]	bitten
[oː]	Ofen	[ɔ]	offen
[uː]	Ruhm	[ʊ]	Rum
[øː]	Höhle	[œ]	Hölle
[yː]	fühlen	[ʏ]	füllen

Aufgabe 121

	lang/kurz	Beispielwörter
doppelt geschriebene Vokale	lang	Loome
Vokalbuchstaben + *h*	lang	Dahler
i + e	lang	Schiefer
Vokale vor doppelten Konsonanten	kurz	Daller

Baustein 7/Ü 2 (Tabelle oben)

Baustein 7/Ü 3

Wagner (l), Schiller (k), Uhland (l), Raabe (l), Bach (k), Macke (k), Grimm (k), Fried (l), Hesse (k)

Baustein 7/Ü 4

Schokolade (l), ein Buch (l), eine Bluse (l), ein Rock (k), eine Hose (l), ein Ball (k), ein Spiel (l), eine Kette (k), eine Puppe (k), ein Stift (k), Schuhe (l), Blumen (l)

Baustein 7/Ü 5

lang: war, vier, Frühling, Blumen, Klee, Trauben, Schnee
kurz: Mutter, Kinder, Sommer, Herbst, Winter

Aufgabe 122

1. Tour, Tier, Tür – Biene, Buhne, Bühne – losen, lesen, lösen – hehlen, holen, Höhlen
2. Zungenstellung: vorn bei *I-, Ü-, E-, Ö-*Lauten, hinten bei *U-, O-*Lauten
   Lippen: gerundet bei *Ü-, U-, Ö-, O-*Lauten, ungerundet bei *I-, E-*Lauten

Baustein 8/Ü 1

lang: möglich, schöne, Schönheit, höre, fröhlich, unmöglich
kurz: Köpfe, Können, Töpfe

Baustein 8/Ü 2

Mehler, Moller, Meller, Möhler, Mohler, Möller,
1 Peter Mehler, 2 Kerstin Meller, 3 Thomas Mohler, 4 Tom Moller, 5 Sören Möhler, 6 Dörte Möller

Baustein 8/Ü 3

der Sohn – die Söhne, der Ton – die Töne, das Wort – die Wörter, der Koch – die Köche, der Topf – die Töpfe, der Vogel – die Vögel, der Frosch – die Frösche, der Storch – die Störche, der Wolf – die Wölfe

Baustein 8/Ü 4

lang:
Möwenberg, Römerweg, Goetheallee, Königsplatz, Möwenviertel, Löbauer Straße, Döbeln, Köthen, Löbau, Böhlen, Römhild

kurz:
Kölner Straße, Am Mönchsberg, Köln

Baustein 9/Ü 1

lang: grün, Füßen; *kurz:* müssen

Baustein 9/Ü 2

fuhren, Mütter, Brüder, drucken, nutzen, Günther, Biene, Flüge, spielen, müssen

Baustein 9/Ü 3

der Bruder – die Brüder, die Mutter – die Mütter, der Zug – die Züge, das Buch – die Bücher, der Fuß – die Füße, der Fluss – die Flüsse, der Stuhl – die Stühle, der Hut – die Hüte, der Wunsch – die Wünsche, der Turm – die Türme, die Kunst – die Künste

Baustein 9/Ü 4

1. München (k), 2. Tübingen (l), 3. Fürth (k), 4. Nürnberg (k), 5. Kühlungsborn (l), 6. Würzburg (k), 7. Münster (k), 8. Lübeck (l), 9. Zürich (l), 10. Grünau (l)

Baustein 9/Ü 5

lang: grün, Füße, Brüder, Frühstück, Gemüse, Bücher

Baustein 9/Ü 6

lang: Grüß, Süden,
kurz: München, Bürger, Künstler, Künste, Nymphenburg

[eː]	e eh ee	Weg sehen Tee
[ɛ]	e ä	stellen kräftig
[ɛː]	ä äh	spät zählen
[ə]	e	beginnen

Aufgabe 123

lang: Peter (J), Vera (M), Grete (M), Eva (M), Fred (J)
kurz: Ben (J), Ellen (M), Helmut (J), Kerstin (M), Steffen (J)

Baustein 10/Ü 2

lang/gespannt: Mehler, geht, Regenschirm, entgegen, stehen, gesehen, sehen, den, geben

Baustein 10/Ü 3

Erklärung:
Beim Vokalneueinsatz wird die Stimme kurz unterbrochen, die geschlossenen Stimmlippen werden mit einem Knackgeräusch geöffnet und beginnen zu schwingen. Beim Flüstern kann man dieses Knackgeräusch hören.

Aufgabe 124

Regel:
Der Vokalneueinsatz tritt im Deutschen immer bei Vokalen im Wort- und Silbenanlaut (-anfang) auf, nur beim schnellen, nachlässigen Sprechen verschwindet er.

1. mit Anne, 2. von Nina, 3. im Ei, 4. beim Messen, 5. Berlin erleben, 6. Himbeereis

Baustein 11/Ü 2

1. gegen/über, 2. über/all, 3. ver/ändern, 4. be/achten, 5. be/antworten, 6. er/öffnen, 7. sich er/innern, 8. an/erkennen

Baustein 11/Ü 3

Heut kommt der Hans nach Haus, freut sich die Lies.
Ob/er/aber/über/Ober/ammergau/oder/aber/über/Unter/ammergau/oder/aber/überhaupt nicht kommt,/ist nicht gewiss.

Baustein 11/Ü 7

Für das vokalisierte [r] gilt die Regel:

– nach langen Vokalen (*hörst*),
– in den Präfixen *er-, ver-, zer-* (*verstehen*) und
– in den Endungen *-er* (*Leser*) wird kein *R*, sondern ein Vokal gesprochen.

Aufgabe 125

Konsonantische *R*-Laute in diesen Positionen sind keine standardsprachlichen, sondern dialektale, z. B. bairische, Varianten.

	konsonantisch	*vokalisch*	*Beispiele*
am Wortanfang	✗		*rauchen*
am Silbenanfang	✗		*befahren*
nach Konsonanten	✗		*freihalten*
nach kurzen Vokalen	✗		*darf*
nach langen Vokalen		✗	*nur*
als *-er*-Kombination		✗	*verboten*

Baustein 12/Ü 1

die Meere – das Meer, die Tiere – das Tier, die Bären – der Bär, die Türen – die Tür, die Tore – das Tor, die Papiere – das Papier, die Uhren – die Uhr, die Chöre – der Chor, die Flure – der Flur, die Haare – das Haar, die Paare – das Paar

Baustein 12/Ü 3

1. Mein Vater fährt nach Amsterdam. 2. Hörst du mir zu? 3. Peter stört mich immer wieder. 4. Auch ein Tier spürt die Kälte im Winter. 5. Verlier nur das Geld nicht! 6. Erklärst du mir die Aufgabe?

Baustein 12/Ü 4

Baustein 12/Ü 6

Der blaue Hund

Geh ich in der Stadt umher
Kommt ein blauer Hund daher,
Wedelt mit dem Schwanz so sehr,
Nebenher,
Hinterher
Und verlässt mich gar nicht mehr.
Wedelt mit den blauen Ohren,
Hat wohl seinen Herrn verloren.

nach: Hacks (1976), 35

Aufgabe 126

fortis		*lenis*	
[p]	Paar	[b]	Bar
[t]	tanken	[d]	danken
[k]	Kern	[g]	gern
[f]	vier	[v]	wir
[s]	reißen	[z]	reisen
[ç]	Che(mie)	[j]	je(mand)
[x]	Kuchen	[ʁ]	Kuren

Aufgabe 127

fortis: Bild, Berg, beliebt, Reis; *lenis:* Reise, lieben, bilden, Berge

Baustein 13/Ü 2

die Züge – der Zug, die Wege – der Weg, die Berge – der Berg, die Wälder – der Wald, die Felder – das Feld, die Länder – das Land, die Betriebe – der Betrieb, die Körbe – der Korb, die Siebe – das Sieb, die Felsen – der Fels, die Häuser – das Haus, die Gänse – die Gans

Baustein 13/Ü 6

Heute ist es heiß, 35 Grad. Peter kommt mit dem Fahrrad, er ist schon 12 Kilometer gefahren. Nur noch ein paar Meter, dann ist er endlich zu Hause. Er hat Durst und trinkt einen ganzen Liter Wasser. Dann macht er seine Hausaufgaben. Zuerst Mathematik, er soll die richtige Lösung aufschreiben: „Eine Tonne hat 1000 Kilogramm, 2000 Pfund und 1 000 000 Gramm. Ein Hektar hat 10 000 Quadratmeter." Stimmt das? Ja. Zur Belohnung nimmt er sich ein Stück Kuchen – es ist genau acht Zentimeter breit.

Aufgabe 128

Ich-Laut ([ç]): sprechen, Gespräch, Sprüche, Sprichwort
Ach-Laut ([x]): Sprache, Spruch, gesprochen

Regel: <ch> wird gesprochen als *ch*-Laut nach den hinteren Vokalen <a, o, u, au>, als *Ich*-Laut nach den vorderen Vokalen.

Baustein 14/Ü 1

Zehn, zwanzig, dreißig,
Mädchen, du bist fleißig.
Vierzig, fünfzig, sechzig,
Mädchen, du bist prächtig.

Siebzig, achtzig, neunzig,
Mädchen, du bist einzig.
Hundert, tausend, Million,
Mädchen, du verdienst die Kron.

Baustein 14/Ü 2

Ich-Laut ([ç]): endlich, gleich, manchmal, zunächst, rechtzeitig, täglich
Ach-Laut ([x]): nachher, noch, auch, danach, nachts

Baustein 14/Ü 3

ein Buch – viele Bücher, ein Tuch – viele Tücher, ein Spruch – viele Sprüche, eine Nacht – viele Nächte, ein Fach – viele Fächer, ein Dach – viele Dächer

Ich-Laut ([ç]): Bücher, Tücher, Sprüche, Nächte, Fächer, Dächer
Ach-Laut ([x]): Buch, Tuch, Spruch, Nacht, Fach, Dach

Herr und Frau Koch aus Bochum sind bei Freunden zu Besuch. Spät in der Nacht klingelt das Telefon. Eine Stimme spri<u>ch</u>t: „Ihre Kinder schlafen ni<u>ch</u>t. Sie machen furchtbaren Krach. I<u>ch</u> habe sie ins Bett gebracht. Ich habe den Hahn zugemacht, damit die Badewanne ni<u>ch</u>t überläuft. I<u>ch</u> habe den Hund aus dem Kühlschrank befreit. I<u>ch</u> habe das Li<u>ch</u>t ausgemacht und die Türen geschlossen. Sie können froh sein, dass i<u>ch</u> so ein anständiger Einbre<u>ch</u>er bin."

Baustein 14/Ü 4

Bach: 1.3.1685, Brecht: 10.2.1898, Einstein: 4.3.1879, Goethe: 28.8.1749, Luther: 10.11.1483, Mozart: 27.1.1756

Baustein 14/Ü 5

In Peking spricht man Chinesisch. In Prag spricht man Tschechisch. In Athen spricht man Griechisch. In Tokio spricht man Japanisch. In Rio spricht man Portugiesisch. In Rom spricht man Italienisch.

Baustein 14/Ü 6

Der erste Konsonant des zweiten Wortes bzw. der zweiten Silbe bleibt stimmhaft, wenn ein Vokal oder ein stimmhafter Konsonant vorangeht: *in <u>G</u>era, vor <u>d</u>rei, ein <u>B</u>uch, von <u>d</u>ir, hin<u>g</u>ehen, an<u>s</u>ehen, von <u>B</u>erlin.*
Er wird (fast) stimmlos, wenn ein stimmloser Konsonant vorangeht: *aus <u>G</u>era, nach <u>d</u>rei, das <u>B</u>uch, mit <u>d</u>ir, weg<u>g</u>ehen, aus<u>s</u>ehen, ab <u>B</u>erlin.* In den letzten drei Beispielen wird nur jeweils ein Konsonant gesprochen (nicht 2 x [k/g, s, p/b]).

Aufgabe 129

In Variante (a) klingt alles stimmhaft und weich, in Variante (b) klingt es hart. Variante (b) klingt richtig.

Baustein 15/Ü 1

Wasch dich! Put<u>z d</u>ir die Zähne! La<u>ss d</u>as sein! I<u>ch</u> bitte dich! Gi<u>b d</u>och Acht! Wa<u>s s</u>oll das? Wer ha<u>t d</u>ich gefragt? Du ha<u>st g</u>enu<u>g g</u>eredet! Ma<u>ch</u> deine Hausaufgaben! Le<u>g d</u>ich ins <u>B</u>ett!

Baustein 15/Ü 4

Bewaffneter Friede
Ganz unverhofft an einem Hügel
sin<u>d s</u>ich <u>b</u>egegnet Fuchs und Igel.
„Halt", rie<u>f d</u>er Fuch<u>s</u>, „du Bösewicht!
Kenn<u>st d</u>u des Königs Order nicht?
Ist ni<u>ch</u>t <u>d</u>er Friede längst verkündigt,
un<u>d w</u>eißt du nicht, daß jeder sündigt,
der immer no<u>ch g</u>erüstet <u>g</u>eht?
Im Namen seiner Majestät
geh her und übergi<u>b d</u>ein Fell."
Der Igel sprach: „Nur nich<u>t s</u>o schnell.
La<u>ß d</u>ir erst <u>d</u>eine Zähne brechen,
dann wollen wir un<u>s w</u>eiter sprechen!"
Und allsogleich macht er si<u>ch</u> rund,
schließ<u>t s</u>einen dichten Stachelbund
und trotz<u>t g</u>etrost <u>d</u>er ganzen Welt,
bewaffne<u>t</u>, <u>d</u>och als Friedensheld.

nach: Busch (1964), 85

Baustein 15/Ü 5

a) Was könnte man gelten lassen: 6, 9, 12, 13, 17, 18, 19, 20.
b) Was ist nur bedingt richtig (unter bestimmten Umständen): 1, 5, 7, 8, 10, 14, 15.
c) Was ist reiner Unsinn: 2, 3, 4, 11, 16.

Aufgabe 130

12 Glossar

(Das Glossar enthält auch einige phonetische Begriffe, die in dieser Fernstudieneinheit nicht verwendet werden, die aber in der Phonetik häufig vorkommen; bei diesen Begriffen finden Sie also keinen Seitenverweis.)

Affrikate, die (S.40): Enge Verbindung eines (→) Explosivs mit einem (→) Frikativ, der an der gleichen bzw. unmittelbar benachbarten (→) Artikulationsstelle gebildet wird, z. B. [pf] in *Pfennig*, [ts] in *Zeit, rechts*.

akustisch (S.11): Physikalisch messbare, über das Gehör aufnehmbare Schallmerkmale (z. B. von Sprache), (→ auditiv).

Akzent, der/Akzentuierung, die (S. 26): Betonung/Hervorhebung von (→) Silben (Lauten, Lautgruppen) in Wörtern und Wortgruppen durch Veränderung der Tonhöhe, durch größere Lautstärke, geringeres Sprechtempo sowie größere Spannung und damit Deutlichkeit.

akzentzählend (S. 26): (→ Rhythmus).

Allophon, das: Realisierungsvariante eines (→) Phonems, z. B. vokalisiertes *R* (wie in *Meer*) und Reibe-*R* (wie in *Meere*) als Allophone des Phonems [r].

API/IPA (S. 37): Association Phonétique Internationale/International Phonetic Association; internationale Gesellschaft, die u. a. die gebräuchlichste Lautschrift entwickelt hat (API-Transkription), (→ Transkription).

Artikulation, die (S. 11): Lautbildung, d. h. die für das Hervorbringen von Vokalen und Konsonanten erforderlichen Einstellungen und Bewegungen der Sprechorgane.

Artikulationsstelle, die: Genaue Stelle, an der ein Laut gebildet wird, z. B. bilabial (an beiden Lippen).

Artikulationsweise, die (S. 19): Art und Weise der Lautbildung, d. h. der Beeinflussung der Ausatmungsluft durch Öffnung, Enge und Verschluss im Mundraum, z. B. (→) frikativ, (→) explosiv, (→) nasal.

Aspiration/Aspirierung, die: Behauchung der (→) Explosive vor betontem Vokal und im Wortauslaut, z. B. in *Tag* [tʰaːkʰ].

Assimilation, die (S. 28): Angleichung benachbarter Laute in Artikulationsart, (→) Artikulationsstelle und Stimmbeteiligung. Nach der Wirkungsrichtung ist die Assimilation (→) regressiv (der vorangehende (→) Laut wird beeinflusst) oder progressiv (der nachfolgende Laut wird beeinflusst). Im Deutschen dominiert die progressive Assimilation, sie ist oft mit (→) Reduktionen und (→) Elisionen verbunden, z. B. *wegsehen* [gz], *leben* [m̩].

audiolinguale Methode, die (S. 43): Lehr- und Lernmethode, bei der die Fertigkeiten Hören und Sprechen im Mittelpunkt des Sprachunterrichts stehen.

audiovisuelle Methode, die (S. 43): Eine Variante der (→) audiolingualen Methode, bei der viel mit visuellen Impulsen gearbeitet wird.

auditiv (S. 11): Über das Gehör aufgenommen (sprachliche Signale); die auditive Wahrnehmung ist subjektiv geprägt, u. a. durch die muttersprachigen Hörgewohnheiten, so dass z. T. größere Diskrepanzen zu den objektiv gemessenen Daten auftreten (→ akustisch).

Auslautverhärtung, die (S. 28): Anstelle von (stimmhaften) (→) Lenisexplosiven und (→) Lenisfrikativen treten am Wort- und Silbenende in der Regel stimmlose (→) Fortiskonsonanten auf, z. B. *Hand* [t], aber *Hände* [d].

bilabialer Explosiv/Verschlusslaut, der: Durch den Verschluss beider Lippen gebildeter Konsonant ([p, b]).

Diphthong, der (S. 39): (Untrennbare) Verbindung von zwei Vokalen innerhalb einer Silbe, z. B. in *neu, auch, drei*.

direkte Methode, die (S.43): Lehr und Lernverfahren unter Ausschluss der Muttersprache.

Distinktion (Opposition), die: Phonologische Merkmale bzw. (→) Phoneme, die zwei Wörter in ihrer Bedeutung voneinander unterscheiden, z. B. die (→) Vokalqualität in *lesen – läsen*, die (→) Artikulationsstelle in *Rinne – Ringe*.

distinktiv (S. 27): Bedeutungsunterscheidendes Merkmal, in der Regel bezogen auf Merkmale der (→) Phoneme (distinktives Merkmal), gelegentlich auch bezogen auf intonatorische Merkmale. Distinktiv sind z. B. die (→) Artikulationsstelle der (→) Konsonanten, wie bei [p – k] (*Pole – Kohle*), oder die (→) Vokallänge, wie bei [aː – a] (*Staat – Stadt*).

Distribution, die: Gesamtheit der Bedingungen für das Auftreten von (→) Lauten und Lautverbindungen in bestimmten Positionen (z. B. Silbenanlaut, Wortauslaut) bzw. in Kombination mit anderen Lauten (z. B. kann der Konsonant [h] nur vor Vokalen vorkommen, wie in *Hand* [hant], nicht aber nach Vokalen, wie in *sah* [zaː], hier ist der Buchstabe <h> nur ein Dehnungszeichen).

Dynamik, die: Lautstärke.

dynamisch: Auf die Lautstärke bezogen.

elidieren/Elision, die (S. 116): Ausfall eines Lautes, z. B. des unbetonten Endsilben-*E* in *lesen* [zn̩].

Experimentalphonetik, die (S. 90): Untersuchung phonetischer Merkmale mit Hilfe technischer Geräte.

Explosiv (Plosiv, Verschlusslaut), der (S. 28): Konsonant, der durch die Bildung eines Verschlusses im Mundraum entsteht, an dem sich die Ausatmungsluft staut und eine Sprengung erfolgt ([p, b, t, d, k, g]).

Fortis, die (S. 25, 66): Mit starker Spannung und starkem Geräusch gebildeter stimmloser (→) Explosiv oder (→) Frikativ (z. B. [p, t, s]).

Frikativ (= Reibelaut), der (S. 10): Konsonant, der durch die Bildung einer Enge im Mundraum entsteht, an der sich die Ausatmungsluft reibt (z. B. [f, v, s, z]).

funktionales oder analytisches Hören, das (S. 48): Erkennen abweichender Lautbildungen.

Gebrauchsnorm, die (S. 13): Aussprachenorm, die sich am tatsächlichen Gebrauch in bestimmten Situationen (z. B. Sprechen/Lesen in den Medien) orientiert, d. h. keine idealisierte Norm.

Geminate, die: „Doppelkonsonant", d. h. ein mit größerer Dauer gesprochener Konsonant. Im Deutschen gibt es keine echten Geminaten; doppelt geschriebene Konsonanten sind nur Zeichen für die Kürze des vorangegangenen Vokals (z. B. *Kaffee* ['kafeː]). Es kann aber an Silben- und Wortgrenzen zur Gemination (Dehnung) kommen, wenn gleiche Konsonanten zusammentreffen (z. B. in *einnehmen*, im Gegensatz zu *Ei nehmen*).

gerundete Vokale (Pl.) (S. 90): Vokale, die mit gerundeten Lippen gebildet werden, im Deutschen die *Ö*-, *Ü*-, *O*- und *U*-Laute.

Glottisverschlusslaut (Glottisschlag, Knacklaut), der (S. 130): (→ Neueinsatz).

Graphem, das (S. 38): Kleinste bedeutungsunterscheidende Einheit der geschriebenen Sprache; wie das (→) Phonem eine Abstraktion, die durch verschiedene Buchstabenformen (Schrifttypen, individuelle Schriftform) realisiert wird.

Halbvokal/Halbkonsonant, der: Laut, der in seiner Bildung zwischen Vokal und Konsonant steht, z. B. das [i̯] in *Nation* zwischen [i] und [j].

Hauchlaut, der (S. 25, 130): Bezeichnung für den Konsonanten [h].

heterosyllabisch: Zu verschiedenen aufeinander folgenden Silben gehörend, z. B. <e> und <u> in *beurteilen* (im Gegensatz zu <e> und <u> in *heute*).

Hinterzungenvokal, der: Vokal, der durch Hebung des hinteren Zungenrückens gebildet wird, im Deutschen sind das die *O*- und *U*-Laute.

Identifizierung/Identifikation, die (S. 52): Erkennen und Zuordnen eines gehörten (→) Lautes und seiner Merkmale (im Wortkontext) zu einem (→) Phonem oder (→) Allophon, findet häufig Anwendung in Hörtests und -übungen, z. B. in Aufgaben wie: *Hören Sie in „WEG" ein langes oder ein kurzes E?*

Implosiv (Plosiv, Verschlusslaut), der: Im Gegensatz zum (→) Explosiv strömt die Luft nach der Sprengung nicht von innen nach außen, sondern von außen nach innen; im Deutschen gibt es keine Implosive.

Interferenz, die (S. 17): Prozess und Ergebnis der Übertragung sprachlicher Merkmale und Regeln aus einer (Muttersprache) in eine andere Sprache (Fremdsprache).

interrogativ (S. 112): Steigende Melodie am Ende einer Äußerung, tritt vorwiegend bei Entscheidungsfragen, aber auch bei sehr freundlichen Aussagen auf.

Intonation, die (S. 112): Im engeren Sinne Verlauf der Sprechmelodie, im (gebräuchlicheren) weiteren Sinne die Gesamtheit der (→) suprasegmentalen (prosodischen) Merkmale, d. h. der Veränderungen von Tonhöhe, Lautstärke, Dauer, Tempo und Spannung – also auch (→) Akzentuierung, (→) Rhythmus, Gliederung.

Intonem(realisation), die (S. 112): Bedeutungsunterscheidender melodischer Verlauf, z. B. *Sie warten hier!* ((→) terminal = fallend), *Sie warten hier?* ((→) interrogativ = steigend), *Sie warten hier, ...* ((→) progredient = weiter weisend).

Kinetik, die (S. 77): Bewegungslehre.

Knacklaut, der (S. 25): (→ Neueinsatz).

Koartikulation, die (S. 141): Ineinandergreifen der Artikulationsbewegungen benachbarter Vokale und Konsonanten, z. B. werden in dem Wort *kommen* schon bei der Bildung des [k] die Lippen gerundet (im Wort *kamen* dagegen nicht).

Kognition, die (S.43): Erkenntnis.

kommunikative Didaktik, die (S. 43): Vorrangig auf die Entwicklung kommunikativer Fertigkeiten bezogene Lehr- und Lernverfahren.

kommunikative Fertigkeiten (Pl.) (S. 14): Sprachliche und außersprachliche Fertigkeiten, die für das Kommunizieren (schriftlich/mündlich) gebraucht werden.

kommunikative Übungen (Pl.) (S. 81): Auf die Kommunikation vorbereitende bzw. Kommunikation umfassende Übungen, also kein mechanisches Üben sprachlicher Strukturen.

Konsonant (Mitlaut), der (S. 8): Laut, der durch Engen (→ Frikative) oder Verschlüsse (→ Explosive) im Mund gebildet wird; er kann in der Regel nur in Verbindung mit Vokalen gesprochen werden.

Konsonantencluster, der (-verbindung, die) (S. 28): Verbindung von mehr als zwei Konsonanten, z. B. in *zwei* [tsy̆].

labial(isiert)e Vorderzungenvokale/Labiale (Pl.): Vokale, die durch Hebung des vorderen Zungenteils und gleichzeitiger Rundung der Lippen gebildet werden, im Deutschen sind das die *Ö*- und *Ü*-Laute.

Laut, der (S. 11): Konkrete Realisation eines (→) Phonems durch einen Sprecher. Die Zahl der Laute ist also unendlich, da die physiologischen und physikalisch-akustischen Bedingungen von Sprecher zu Sprecher und von Lautkontext zu Lautkontext variieren.

Laut-Buchstaben-Beziehung, die (S. 16): Das Verhältnis zwischen Aussprache und Schreibung. Im Deutschen ist dieses Verhältnis kompliziert: nicht immer entspricht einem (→) Laut eine Schreibweise. So kann z. B. der Vokal [i:] durch <i, ie, ih, ieh> wiedergegeben werden, der Buchstabe <z>entspricht der Konsonantenverbindung [t + s] usw.

Lautphysiologie, die: Gesamtheit der zur Bildung eines (→) Lautes notwendigen Bewegungen und Merkmale (→ Artikulationsart, -stelle, -spannung usw.).

Lenis, die (S. 25, 66): Mit geringer Spannung und geringem Geräusch gebildeter, oft stimmhafter (→) Explosiv oder (→) Frikativ (z. B. [b, d, z]).

Lernergrammatik, die (S. 12): Von den Lernenden selbst erkannte und angewendete grammatische Regularitäten.

Lernerphonetik, die (S. 12): Von den Lernenden selbst erkannte und angewendete phonologische bzw. phonetische Regularitäten.

Liquid, der (S. 40): Fließlaut, oft als Oberbegriff für *R*- und *L*-Laute verwendet.

Minimalpaar, das (S. 50): Wörter bzw. Sätze mit verschiedener Bedeutung, die sich nur in einem (→) Phonem bzw. einem Merkmal unterscheiden, z. B. *Staat – Stadt, Sie kommen? – Sie kommen.*

Mittlerfertigkeit, die (S. 59): Ziel einer Übung oder Aufgabe ist nicht die Herausbildung einer bestimmten sprachlichen Fertigkeit (Sprechen, Hören, Lesen Schreiben), sondern die Übung ist nur „Mittel zum Zweck“, z. B. Sprechübung, bei der es um das Einüben von Grammatik und nicht um Kommunikation geht (→ Zielfertigkeit).

Monophthong, der: Einfacher Vokal, im Unterschied zum (→) Diphthong.

Morphem, das (S. 106): Teil eines Wortes, der sich aus der Wortstruktur ergibt und nicht mit der (→) Silbe übereinstimmen muss; es werden z. B. Stamm- und Endungsmorpheme unterschieden wie in *Fest-e (Feste).*

Murmelvokal, der (S. 68): (→ Schwa(laut)).

Nasal, der (Nasenlaut) (S. 40): Durch Verschluss des Mundraumes gebildeter Laut, bei dem die Ausatmungsluft durch die Nase strömt; im Deutschen gibt es drei Nasale: [m, n, ŋ].

Neueinsatz/Vokalneueinsatz, der (S. 25, 40): Einsetzen der Stimmlippenschwingungen bei einem Vokal, der am Anfang einer Silbe oder eines Wortes steht und nicht an einen vorausgehenden Vokal oder Konsonanten gebunden wird: *be | achten, (das) ess | ich.* Er ist im Deutschen kein selbstständiger Laut.

Nukleus (, der) einer Silbe: Silbenkern, in der Regel ein Vokal oder (→) Diphthong.

Orthoepie/Orthophonie, die: Standardlautung, Standardaussprache, d. h. überregionale und allgemein akzeptierte, vorwiegend in den Medien und in der öffentlichen Kommunikation zu findende Ausspracheform.

Palatogramm, das (S. 94): Abbildung der Berührungsflächen von Zunge und Gaumen.

perzeptiv (S. 12): Auf das Hören bzw. die Sprachverarbeitung bezogen.

Phon, das: a) Synonym für (→) Laut. b) Maßeinheit der Lautstärke.

Phonem, das (S. 10): Kleinste bedeutungsunterscheidende sprachliche Einheit, eine Abstraktion, der gesprochene (→) Laute zugeordnet werden können.

Phonemopposition, die: Sich gegenüberstehende (in einem (→) distinktiven Merkmal verschiedene) (→) Phoneme, die jeweils zwei Wörter in ihrer Bedeutung unterscheiden, z. B. _Fisch – Tisch, schön – schon_ (→ Phonem, → Minimalpaar).

Phonemrealisation, die: Laut, d. h. die hörbare, messbare, konkrete Umsetzung des (→) Phonems durch einen Sprecher.

Phonetik, die (S. 10): Lehre bzw. Wissenschaft, die die physiologischen (artikulatorischen) und akustischen (physikalischen), d. h. die messbaren Eigenschaften von (→) Lauten, unabhängig von ihrer Funktion im sprachlichen System untersucht.

phonetisches Hören, das (S. 31/48): Erkennen phonetischer (d. h. nicht nur bedeutungsunterscheidender) Merkmale, z. B. die unterschiedlichen _R_-Varianten.

Phonologie/Phonematik, die (S. 10): Lehre bzw. Wissenschaft, die die bedeutungsunterscheidende Funktion von (→) Lauten im Sprachsystem untersucht.

phonologisches/phonematisches Hören, das (S. 48): Erkennen bedeutungsunterscheidender Merkmale, z. B. den Unterschied zwischen langem und kurzem _A_.

phonostilistische Varianten (Pl.) (S. 12): Aussprachebesonderheiten verschiedener Stilebenen. So sind für Vortrag und Lesung sehr viel weniger phonetische Veränderungen (→ Elisionen, → Reduktionen, → Assimilationen) charakteristisch als für ein Unterhaltungsgespräch, in dem Endungen „verschluckt", Laute verkürzt und geschwächt werden oder wegfallen.

Physiologie, die (S. 11): Wissenschaft von der Funktion menschlicher Organe.

physiologische Abläufe (Pl.) (S. 11): Die für die Bildung von (→) Lauten bzw. Lautverbindungen erforderlichen Bewegungen der Sprechorgane.

Plosiv, der: Synonym für (→) Explosiv; in manchen Sprachen, z. B. im Laotischen, Oberbegriff für Explosiv und Implosiv.

prävokalisch: Einem Vokal vorangehender Konsonant bzw. vorangehende Konsonantenverbindung innerhalb einer Silbe.

produktiv (S. 12): Auf das Sprechen bzw. Aussprechen bezogen.

progredient (S. 112): Schwebende (weiter weisende) Melodie vor Pausen in nicht abgeschlossenen Äußerungen.

progressive Assimilation, die (S. 28): (→ Assimilation)

Prosodie/Prosodik, die (prosodisch) (S. 98): a) Gesamtheit der (→) suprasegmentalen Eigenschaften. b) Teilgebiet der (→) Phonologie und (→) Phonetik, das sich mit a) beschäftigt.

Quantität, die (S. 25): (→ Vokalquantität).

Qualität, die: (→ Vokalqualität).

Reduktion, die (S. 116): Abschwächung, Verkürzung und Ausfall von (→) Lauten, tritt vor allem und sehr häufig in unbetonten (→) Silben bei hohem Sprechtempo und niedriger Spannung (d. h. in niedrigeren phonostilistischen Ebenen, wie z. B. im Gespräch) auf.

Regiolekt, der (S. 13): Dialektale, d. h. auf ein bestimmtes Territorium beschränkte sprachliche Form.

regressive Assimilation, die (S. 28): (→ Assimilation).

Reibelaut, der (S. 10): (→ Frikativ).

Rhythmus, der (S. 26): Regelmäßige Aufeinanderfolge betonter und unbetonter Redeteile, durch die der Redestrom gegliedert wird. Die rhythmischen Muster sind sprachabhängig, es wird zwischen (→) silbenzählenden (hier liegen etwa gleich viele Silben zwischen zwei (→) Akzenten) und (→) akzentzählenden Sprachen (mit, je nach Sprechtempo, unterschiedlich vielen Silben, aber etwa gleichen Zeitspannen zwischen zwei Akzenten) unterschieden. Das Deutsche gehört zu den akzentzählenden Sprachen, das Französische z. B. zu den silbenzählenden.

Schwa(laut)/Murmelvokal, der (S. 94): Bezeichnung für einen unbetonten, reduzierten, zentralisierten Mittelzungenvokal, z. B. im Deutschen das Endungs-_E_ in _bitte, kommen_.

Schwa-Anaptyxe, die: Einfügung eines Murmelvokals in Konsonantenverbindungen, tritt z. B. bei Deutschlernenden auf, die dann für _Arzt_ [artəst/artsət] sagen.

segmental/Segment, das/Segmentalia (Pl.) (S. 53): Auf einen (→) Laut bzw. ein (→) Phonem bezogen.

Semantisierung, die/semantisieren (S. 51): Die Bedeutung von Sprache (eines Wortes, eines Satzes usw.) erkennen bzw. erklären

Silbe (Sprechsilbe), die (S. 26): (Phonetische) Gestaltungseinheit eines Wortes, die nur zum Teil mit dem (→) Morphem übereinstimmt, z. B. *Straß-e* (Morphem ≠ Silbe); der Silbenbegriff spielt vor allem im Zusammenhang mit (→) Akzentuierung und (→) Rhythmus, aber auch mit phonetischen Veränderungen an der Silbengrenze, z. B. bei der *R*-Realisation in *hören* (frikativ) und *hört* (vokalisiert), eine Rolle. **Geschlossene Silbe**: Silbe, die mit einem (→) Konsonanten endet; **offene Silbe**: Silbe, die mit einem Vokal endet.

Silbencoda, die: Dem Silbenkern (Vokal, Diphthong) nachfolgende(r) (→) Konsonant(en).

Silbenkopf, der: Dem Silbenkern (Vokal, Diphthong) vorausgehende(r) (→) Konsonant(en).

silbenzählend (S. 26): (→ Rhythmus).

soziophonetische Methoden, die: Methoden zur Untersuchung des Gebrauchs bzw. der Akzeptanz bestimmter phonetischer Merkmale und Formen in bestimmten sozialen Gruppen.

Sprechtakt, der/rhythmische Gruppe, die (S. 40): Rhythmische Einheit mit einer betonten und unterschiedlich vielen unbetonten (→) Silben, bestehend aus einem oder mehreren inhaltlich zusammengehörigen Wörtern.

Standardaussprache, die (S. 13): Überregional akzeptierte und als Norm anerkannte Aussprache (z. B. der Nachrichtensprecher im Fernsehen), die auch im Fremdsprachenunterricht Deutsch verwendet wird.

Stimmeinsatz, der: Bezogen auf den Beginn der Stimmgebung beim Sprechen; unterschieden werden u. a. der gehauchte Einsatz, bei dem die Stimmlippen langsam zu schwingen beginnen (wie in heute) und der (→) Neueinsatz.

stimmhaft (S. 8): Mit Stimmbeteiligung gebildete (→) Laute, z. B. [b, d, g, v, z, j, r]; sie gehören zu den ungespannten (→) Leniskonsonanten.

stimmlos (S. 8): Ohne Stimmbeteiligung gebildete (→) Laute, z. B. [p, t, k, f, s, ʃ, x]; sie gehören zu den gespannten (→) Fortiskonsonanten.

suprasegmental/Suprasegment, das/Suprasegmentalia (Pl.) (S. 40): Sich über mehrere Segmente erstreckendes Merkmal, wie (→) Akzent, Dauer, Melodie.

tautosyllabisch: Zu ein und derselben Silbe gehörend, z. B. <e> und <u> in *heute* (im Gegensatz zu <e> und <u> in *beurteilen*, hier gehören sie zu verschiedenen aufeinander folgenden Silben und sind → heterosyllabisch).

terminal (S. 112): Fallende Melodie am Ende abgeschlossener Äußerungen (Aussagen, Befehle, Ergänzungsfragen).

Tonhöhenunterschiede (Pl.) (S. 27): Unterschiedliche Tonhöhen in der Sprechmelodie.

Transkription, die (S. 27): Lautschrift/Umschrift, mit deren Hilfe gesprochene Sprache verschriftet werden kann, wenn – wie im Deutschen – Schreibung und Aussprache voneinander abweichen bzw. Aussprachevarianten erfasst werden sollen; (→) Phoneme werden in Schrägstriche gesetzt (/ /), (→) Laute in eckige Klammern ([ ]) (→ API/IPA).

ungerundete Vokale (Pl.) (S. 90): Vokale, die ohne Rundung der Lippen gebildet werden, im Deutschen die *I-*, *E-* und *A*-Laute (→ gerundete Vokale).

uvulare Realisierung (von *R*), die: Bildung des *R* am Zäpfchen (Uvula); das ist eine mögliche Realisierungsvariante neben dem (→) Reibe-*R* (Rachenwand) und dem (→) Zungenspitzen-*R*.

Vokalisierung von *R*, die/vokalisches, vokalisiertes *R* (S. 10): Realisierung des (→) Phonems /r/ als (reduziertem Mittelzungen-)Vokal unter bestimmten Bedingungen: nach langem Vokal, z. B. in *Uhr* [ɐ], sowie in unbetonten Suffixen und Präfixen mit *er*, z. B. in *Vertreter* [ɐ]

Vokalneueinsatz, der (S. 25): (→ Neueinsatz).

Vokalphonen, das (S. 10): (→ Phonem).

Vokalqualität, die (S. 118): Vokalspannung/-klang, gespannte/geschlossene und ungespannte/offene Vokale stehen sich im Deutschen gegenüber, z. B. *Beeren – Bären*; Vokalqualität und (→) Vokalquantität sind im Deutschen miteinander verbunden.

Vokalquantität/Vokallänge, die (S. 28): Lange und kurze Vokale stehen sich im Deutschen gegenüber, z. B. *Staat – Stadt*; in der Regel sind die langen Vokale gespannt/geschlossen, die kurzen ungespannt/offen.

Vokalviereck, das (S. 18): Grafische (abstrakte) Darstellung der Bildung von Vokalen durch die verschiedenen Möglichkeiten der Zungenbewegung.

Vorderzungenvokale (Pl.) (S. 93): Vokale, die im vorderen Bereich der Zunge gebildet werden, im Deutschen sind das die *E-*, *I-*, *Ö-* und *Ü*-Laute.

Wortakzent, der (S. 27): Betonung/Hervorhebung einer (→) Silbe in mehrsilbigen Wörtern, die bestimmten Regeln unterliegt und durch die Kombination von Tonhöhe, Lautstärke, Sprechtempo sowie Spannung zustande kommt.

Zäpfchen-*R*, das (S. 10): Variante des (→) Phonems /r/, die mit dem Zäpfchen (vgl. Sagittalschnitt im Anhang 15.1, S. 195) gebildet wird.

Zielfertigkeit, die (S. 22): Durch eine Übung oder Aufgabe tatsächlich geübte sprachliche Fertigkeit, z. B. Hörübung, die das Hörverstehen in kommunikativen Alltagssituationen übt (→ Mittlerfertigkeit).

Zungenspitzen-*R*, das (S. 11): Variante des (→) Phonems /r/, die mit der Zungenspitze gebildet wird.

13 Literaturhinweise

13.1 Publikationen über Phonetik sowie andere (verwendete Fach-)Literatur

zitierte Fernstudieneinheiten sind mit einem * gekennzeichnet.

ABERCROMBIE, David (1974): *Konversation und gesprochene Prosa.* In: FREUDENSTEIN/GUTSCHOW (Hrsg.): *Fremdsprachen Lehren und Erlernen.* München: Piper, S. 196 – 205.

AMMON, Ullrich (1995): *Die deutsche Sprache in Deutschland, Österreich und der Schweiz.* Berlin/New York: de Gruyter.

AUER, Peter/COUPER-KUHLEN, Elizabeth (1994): *Rhythmus und Tempo konversationeller Aussprache.* In: *Zeitschrift für Literaturwissenschaft und Linguistik 96*, S. 78 – 106.

AUER, Peter/UHMANN, Susanne (1988): *Silben- und akzentzählende Sprachen. Literaturüberblick und Diskussion.* In: *Zeitschrift für Sprachwissenschaft 7, 2*, S. 214 – 259.

BARRY, William (1975): *Was testen Hörtests eigentlich?* In: *Arbeitsberichte,* H. 4/1975. Institut für Phonetik Universität Kiel, S. 1 – 19.

BEHME, Helma (1993): *Zur Theorie und Praxis des Sprechspiels unter besonderer Berücksichtigung interdisziplinärer Aspekte.* München: iudicium.

BOLINGER, Dwight (1961): *Forms of English.* Harvard University Press.

* BOLTON, Sibylle (1996): *Probleme der Leistungsmessung.* Fernstudieneinheit 10. Berlin/München: Langenscheidt.

BREITUNG, Horst (Hrsg.) (1994): *Phonetik – Intonation – Kommunikation.* Werkstattbericht des Goethe-Instituts. München: Goethe-Institut.

BREITUNG, Horst/EICHHEIM, Hubert (1995): *Erklärung zur Stellung der Phonetik.* In: *Fremdsprache Deutsch,* H. 12/1995, S. 5.

BUSSMANN, Hadumod (1990): *Lexikon der Sprachwissenschaft.* Stuttgart: Kröner.

CAUNEAU, Ilse (1992): *Hören – Brummen – Sprechen. Angewandte Phonetik im Unterrichtsfach „Deutsch als Fremdsprache".* München: Klett Editon Deutsch.

CONRAD, Rudi (Hrsg.) (1985): *Lexikon sprachwissenschaftlicher Termini.* Leipzig: Bibliographisches Institut.

* DAHLHAUS, Barbara (1994): *Fertigkeit Hören.* Fernstudieneinheit 5. Berlin/München: Langenscheidt.

DIELING, Helga (1992): *Phonetik im Fremdsprachenunterricht Deutsch.* Berlin/München: Langenscheidt.

DIELING, Helga (1994): *Phonetik in Lehrwerken für Deutsch als Fremdsprache von 1980 bis 1992 – Eine Analyse.* In: BREITUNG, Horst (Hrsg.): *Phonetik – Intonation – Kommunikation. Standpunkte zur gesprochenen Sprache 2.* München: Goethe-Institut, S. 13 – 20.

DUDEN Band 6: *Das Aussprachewörterbuch* (1990). Mannheim/Wien/Zürich: Dudenverlag.

EGGERS, Dietrich (1992): *Wir können Sie so schlecht verstehen. Sprechschulung für das Halten von Referaten.* In: VORDERWÜLBECKE (1992 a), S. 143 – 148.

EHNERT, Rolf (1989): *Ausspracheschulung.* In: EHNERT, Rolf (Hrsg.): *Einführung in das Studium des Faches Deutsch als Fremdsprache. Handreichungen für den Studienbeginn.* Werkstattreihe DaF. Frankfurt/M.: Peter Lang, S. 127 – 148.

ESSEN, Otto von (1979): *Allgemeine und angewandte Phonetik.* Berlin: Akademie-Verlag.

FARNES, Ceris (1992): *Survive in five languages.* London: Usborne.

FISCHER, Andreas (1995): *Rhythmische Sprechstücke.* In: ENDT, Ernst/HIRSCHFELD, Ursula (Hrsg.): *Die Rhythmuslokomotive.* München: Goethe-Institut, S. 56 – 66.

FISCHER, Andreas (1996): *Frühdeutsch mit Hand und Fuß.* Goethe-Institut, Nancy.

FISCHER, Wolfgang (1997): *Über das Wegräumen germanischer Stolpersteine.* Lyon: Goethe-Institut.

FRANKE, Ingolf (1996): *Sprachlabor.* Trier: Media Enterprise (CD-ROM).

FREY, Evelyn (1993): *Angewandte Phonetik im Unterricht Deutsch als Fremdsprache: Methoden und Erfahrungen.* In: *Zielsprache Deutsch 24/4*, S. 195 – 202.

FREY, Evelyn (1995): *Kursbuch Phonetik.* Ismaning: Hueber.

Fremdsprache Deutsch (1992): Themenheft „Hörverstehen". München: Klett Edition Deutsch.

*FUNK, Hermann/KOENIG, Michael (1991): *Grammatik lehren und lernen.* Fernstudieneinheit 1. Berlin/ München: Langenscheidt.

GÖBEL, Heinz/GRAFFMANN, Heinrich (1977): *Ein Stiefkind des Unterrichts DaF: Ausspracheschulung.* In: *Zielsprache Deutsch 3,* S. 2 – 8.

GÖBEL, Heinz u. a. (1991): *Ausspracheschulung Deutsch.* Bonn: Inter Nationes.

GRASSAU, Ulrike (1992a): *Ausspracheschulung mit Aussiedlerkindern aus Polen in der ersten und zweiten Klasse der Grundschule.* Pädagogisches Zentrum Berlin, BLK-Projekt: *Maßnahmen zur Förderung und Integration von Aussiedlern – Sprachförderung und Abbau von Vorurteilen,* Arbeitspapiere Heft 12.

GRASSAU, Ulrike (1992b): *Über das Üben von Einzellauten mit Erstklässlern polnischer Herkunftssprache.* In: VORDERWÜLBECKE (Hrsg.) (1992b), S. 165 – 174.

HAKKARAINEN, Heikki J. (1995): *Phonetik des Deutschen.* München: Fink (UTB für Wissenschaft: Uni-Taschenbücher; 1835).

HÄUSSERMANN, Ulrich/PIEPHO, Hans-Eberhard (1996): *Aufgabenhandbuch Deutsch als Fremdsprache.* München: iudicium.

HEIN, Christoph (1987): *Sprache und Rhythmus.* In: *Öffentlich Arbeiten.* Berlin: Aufbau-Verlag, S. 39 – 42.

HIRSCHFELD, Ursula (1987): *Zur Bewertung phonetischer (Fehl-)Leistungen im Fremdsprachenunterricht.* In: *Deutsch als Fremdsprache,* H. 4/1987, S. 220 – 233.

HIRSCHFELD, Ursula (1992): *Einführung in die deutsche Phonetik.* Videokurs mit Begleitheft. München: Hueber.

HIRSCHFELD, Ursula u. a. (Hrsg) (1994 a): *Tagungsbericht der X. Internationalen Deutschlehrertagung.* München: iudicium.

HIRSCHFELD, Ursula (1994b): *Phonetik in Deutsch als Fremdsprache – Desiderata.* In: BREITUNG, Horst (Hrsg.): *Phonetik – Intonation – Kommunikation. Standpunkte zur gesprochenen Sprache 2.* München: Goethe-Institut, S. 21 – 28.

HIRSCHFELD, Ursula (1994c): *Untersuchungen zur phonetischen Verständlichkeit Deutschlernender.* Frankfurt/ M.: Hector. (Forum Phoneticum, Bd. 57).

HIRSCHFELD, Ursula (1995a): *Fremdsprache Deutsch,* Heft 12/1995 „Aussprache".

HIRSCHFELD, Ursula (1995b): *Grammatik und Phonetik.* In: *Deutsch als Fremdsprache. An den Quellen eines Faches.* Hrsg. von Heidrun Popp. München: iudicium, S. 13 – 25.

HIRSCHFELD, Ursula u. a. (Hrsg.) (1999): *Phonetik international. Grundwissen von Albanisch bis Zulu.* Grimma: Heidrun Popp Verlag.

HUCKVALE, Mark (1995): *Phonetic characterization and lexical access in non-segmental speech recognition.* In: *Proceedings of the XIIIth International Congress of Phonetic Sciences.* Stockholm 1995, vol. 4, S. 280 – 283.

JENTZSCH, Klaus (1992): *Rhetorik.* Frankfurt/M.: Haag + Herchen.

JOHANSSON, Angela (1994): *Der Ton macht die Musik. Kleiner Leitfaden für den praktischen Ausspracheunterricht in Schweden.* Stockholm: Stockholms Universitetet, Tyska Institutionen.

*KAST, Bernd (1999): *Fertigkeit Schreiben.* Fernstudieneinheit 12. Berlin/München: Langenscheidt.

KELZ, Heinrich (1976): *Phonetische Probleme im Fremdsprachenunterricht.* Hamburg: Buske Verlag.

KELZ, Heinrich (1992a): *Deutsche Aussprache, Kursmaterial für Südostasiaten.* Bonn: Dümmler Verlag.

KELZ, Heinrich (1992b): *Lernziel deutsche Aussprache.* In: VORDERWÜLBECKE, Klaus (Hrsg.) (1992b): *Phonetik, Ausspracheschulung und Sprecherziehung im Bereich Deutsch als Fremdsprache.* Materialien Deutsch als Fremdsprache, H. 32/1992. Regensburg, S, 23 – 38.

KIM, Swetlana (1995): *Wortakzentuierung.* In: *Fremdsprache Deutsch,* H. 12/1995, S. 46 – 48.

KRECHEL, Rüdiger (1983): *Konkrete Poesie im Unterricht des Deutschen als Fremdsprache.* Heidelberg: Groos.

KRUSCHE, Dietrich/KRECHEL, Rüdiger (1984): *Anspiel. Konkrete Poesie im Unterricht Deutsch als Fremdsprache.* Bonn: Inter Nationes.

LADO, Robert (1971): *Testen im Sprachunterricht.* Ismaning: Hueber.

LAUTERBACH, Stefan/KÜBL, Brigitte Merzig de (1995): *Akzentuierung von Äußerungen*. In: *Fremdsprache Deutsch, H.* 12/1995, S. 42–45.

MEBUS, Gudula (1995): *Erfolgskontrolle, Prüfung, Bewertung – auch für die Aussprache?* In: *Fremdsprache Deutsch, H.* 12/1995, S. 26–30.

MEINHOLD, Gottfried/STOCK, Eberhard (1980): *Phonologie der deutschen Gegenwartssprache*. Leipzig: Bibliographisches Institut.

MEUNMANY, Nirath (1992): *Konfrontative phonetisch-phonologische Untersuchung des Laotischen und des Deutschen*. Dissertation (A), Universität Halle.

*NEUF-MÜNKEL, Gabriele/ROLAND, Regine (1994): *Fertigkeit Sprechen*. Fernstudieneinheit (Erprobungsfassung). München: Goethe-Institut.

MEUNMANY, Nirath/SCHMIDT, Lothar (1995): *Sprechmelodie*. In: *Fremdsprache Deutsch*, H. 12/1995, S. 32–35.

* NEUNER, Gerhard/HUNFELD, Hans (1993): *Methoden des fremdsprachlichen Deutschunterrichts. Eine Einführung*. Fernstudieneinheit 4. Berlin/München: Langenscheidt.

O'CONNOR, J. (1974): *Phonetics*. Middlessex: Penguin Books.

POMPINO-MARSCHALL, Bernd (1995): *Einführung in die Phonetik*. Berlin/New York: de Gruyter.

RAUSCH, Rudolf/RAUSCH, Ilka (1992): *Deutsche Phonetik für Ausländer*. Lehr- und Übungsbuch. Berlin/München/Leipzig: Langenscheidt/Verlag Enzyklopädie.

REINKE, Kerstin (1995): *Konsonantenverbindungen*. In: *Fremdsprache Deutsch, H.* 12/1995, S. 51–54.

SEGERMANN, Krista (1992): *Typologie des fremdsprachlichen Übens*. Bochum: Brockmeyer.

SIEBS, Theodor (1969): *Deutsche Aussprache. Reine und gemäßigte Hochlautung mit Aussprachewörterbuch*. Hrsg. von H. de Boor u. a. Berlin: de Gruyter.

SLEMBEK, Edith (1986): *Lehrbuch der Fehleranalyse und Fehlertherapie*. Heinsberg: Agentur Dieck.

SLEMBEK, Edith (1995): *Lehrbuch der Fehleranalyse und Fehlertherapie*. Heinsberg: Agentur Dieck (2., erweit. Auflage).

SOLMECKE, Gert (Hrsg.) (1992): *Hörverstehen*. In: *Fremdsprache Deutsch*, H. 7/1992.

STOCK, Eberhard (1996): *Deutsche Intonation*. Berlin/München: Langenscheidt.

STOCK, Eberhard/HIRSCHFELD, Ursula (Hrsg.) (1996): *Phonothek. Deutsch als Fremdsprache*. Berlin/München: Langenscheidt.

STÖTZER, Ursula u. a. (1982): *Großes Wörterbuch der deutschen Aussprache*. Leipzig: Bibliographisches Institut.

TERNES, Elmar (1987): *Einführung in die Phonologie*. Darmstadt: Wissenschaftliche Buchgesellschaft.

VÖLTZ, Michael (1994): *Sprachrhythmus und Fremdsprachenerwerb*. In: *Deutsch als Fremdsprache,* H. 2/1994, S. 100–104.

VORDERWÜLBECKE, Klaus (1992a): *Vom Sprechen zum Vorlesen*. In: VORDERWÜLBECKE, Klaus (Hrsg.) (1992b), S. 131–141.

VORDERWÜLBECKE, Klaus (Hrsg.) (1992b): *Phonetik, Ausspracheschulung und Sprecherziehung im Bereich Deutsch als Fremdsprache*. Materialien Deutsch als Fremdsprache, H. 32/1992. Regensburg: Fachverband Deutsch als Fremdsprache.

WÄNGLER, Hans-Heinrich (1964): *Atlas deutscher Sprachlaute*. Berlin: Akademie-Verlag.

* WESTHOFF, Gerard (1997): *Fertigkeit Lesen*. Fernstudieneinheit 17. Berlin/München: Langenscheidt.

WIPF, Joseph A. (1996): *Vorschläge zur Bewertung von Ausspracheleistungen*. In: *Deutsch als Fremdsprache,* H. 1/1996, S. 34–38.

WÒJCIK, Anna (1986): *mini rozmówki niemieckie*. Warszawa: Wiedza Powszechna.

ZAPP, Franz Josef/SCHRÖDER, Konrad (1984): *Tractatus Philosophico – Philologicus de Methodo Recte Tractandi linguas Exoticas Speciatim Gallicam*, Italicam Et Anglicam (1724). Faksimiliert, übersetzt und herausgegeben von Franz Josef Zapp und Konrad Schröder, mit einer Darstellung der Geschichte des Fremdsprachenunterrichts an der Universität Wittenberg. Augsburger Schriften. Hrsg. von Thomas Finkenstaedt und Konrad Schröder, Universität Augsburg.

13.2 Lehr- und Übungsmaterialien zur Phonetik (Ausspracheschulung)

CAUNEAU, Ilse (1992): *Hören – Brummen – Sprechen. Angewandte Phonetik im Unterrichtsfach „Deutsch als Fremdsprache".* München: Klett Editon Deutsch.

ENDT, Ernst/HIRSCHFELD, Ursula (Hrsg.) (1995): *Die Rhythmuslokomotive.* München: Goethe-Institut.

FRANKE, Ingolf (1996): *Sprachlabor.* Trier: Media Enterprise (CD-ROM).

FREY, Evelyn (1995): *Kursbuch Phonetik.* Ismaning: Hueber.

GÖBEL, Heinz u. a. (1991): *Ausspracheschulung Deutsch.* Phonetikkurs. Bonn: Inter Nationes.

GRASSAU, Ulrike (1992): *Ausspracheschulung mit Aussiedlerkindern aus Polen in der ersten und zweiten Klasse der Grundschule.* Pädagogisches Zentrum Berlin, BLK-Projekt: *Maßnahmen zur Förderung und Integration von Aussiedlern – Sprachförderung und Abbau von Vorurteilen*, Arbeitspapiere Heft 12.

HIRSCHFELD, Ursula (1992): *Einführung in die deutsche Phonetik.* Videokurs mit Begleitheft. Ismaning: Hueber.

HIRSCHFELD, Ursula/REINKE, Kerstin (1998): *Simsalabim. Übungskurs zur deutschen Phonetik.* Videokurs. Berlin/München: Langenscheidt.

JOHANSSON, Angela (1994): *Der Ton macht die Musik. Kleiner Leitfaden für den praktischen Ausspracheunterricht in Schweden.* Stockholm: Stockholms Universitetet, Tyska Institutionen.

KAUNZNER, Ulrike A. (1997): *Aussprachekurs Deutsch.* Heidelberg: Groos.

MIDDLEMAN, Doris (1996): *Sprechen – Hören – Sprechen. Übungen zur deutschen Aussprache.* Ismaning: Verlag für Deutsch.

NECKERMANN, Bruno (1986): *Die gute Aussprache.* Düsseldorf: Econ.

RAUSCH, Rudolf/RAUSCH, Ilka (1992): *Deutsche Phonetik für Ausländer.* Lehr- und Übungsbuch. Berlin/München/Leipzig: Langenscheidt/Verlag Enzyklopädie.

RUG, Wolfgang/Tomaszewski, Andreas (1996): *Meine 199 liebsten Fehler.* München: Klett Edition Deutsch.

SLEMBEK, Edith (1986): *Lehrbuch der Fehleranalyse und Fehlertherapie.* Heinsberg: Agentur Dieck.

SLEMBEK, Edith (1995): *Lehrbuch der Fehleranalyse und Fehlertherapie.* Heinsberg: Agentur Dieck. (2., erweit. Auflage).

STOCK, Eberhard u. a. (1986): *Phonetik der deutschen Sprache. Lehr- und Übungsmaterial für den Fortgeschrittenenunterricht Deutsch als Fremdsprache.* Berlin: Institut für Film, Bild und Ton.

STOCK, Eberhard (1996): *Deutsche Intonation.* Berlin/München: Langenscheidt.

STOCK, Eberhard/HIRSCHFELD, Ursula (Hrsg.) (1996): *Phonothek Deutsch als Fremdsprache.* Berlin/München: Langenscheidt.

13.3 Lehrwerke, in denen Phonetik behandelt wird

BIMMEL, Peter u. a. (1991ff.): *So isses. Deutsch für die 90er.* Malmberg: Den Bosch.

BIMPAGE, Heiko u. a. (1990ff.): *Mit uns leben. Ein Lehrwerk für den Unterricht mit Aussiedlern.* München: Klett Edition Deutsch.

DALLAPIAZZA, Rosa-Maria u. a. (1998): *Tangram.* Ismaning: Hueber.

EISMANN, Volker u. a. (1993ff.): *Die Suche. Das andere Lehrwerk für Deutsch als Fremdsprache.* Berlin/München: Langenscheidt.

FUNK, Hermann u. a. (1994ff.): *sowieso. Deutsch als Fremdsprache für Jugendliche.* Berlin/München: Langenscheidt.

FUNK, Hermann/KOENIG, Michael (1996ff.): *eurolingua Deutsch.* Berlin: Cornelsen.

HÄUSSERMANN, Ulrich u. a. (1989ff.): *Sprachkurs Deutsch.* Neufassung. Frankfurt/M.: Diesterweg.

JACOBEIT, Hildegard u. a. (1993): *Deutsch komplex neu.* Ein Lehrbuch für Ausländer, Mittelstufe I und II. Leipzig: Sachsenbuch.

LINDNER, Hans u. a. (1979): *Deutsch. Ein Lehrbuch für Ausländer.* Leipzig: Enzyklopädie.

MEBUS, Gudula u. a. (1987ff.): *Sprachbrücke*. München: Klett Edition Deutsch.

MÜLLER, Martin/WERTENSCHLAG, Lukas (1985): *Los emol: Schweizerdeutsch verstehen*. Berlin/München: Langenscheidt.

NEBE-RIKABI, Ursula u. a. (1993): *Fremde Sprache Deutsch*. Leipzig: Verlag Harald Schubert.

NEUNER, Gerhard u. a. (1983ff.): *Deutsch konkret. Ein Lehrwerk für Jugendliche*. Berlin/München: Langenscheidt.

NEUNER, Gerhard u. a. (1986ff.): *Deutsch aktiv Neu. Ein Lehrwerk für Erwachsene*. Berlin/München: Langenscheidt.

NEUNER, Gerhard u. a. (1990ff.): *Neuer Start. Sprachbuch und Sachinformationen für Aussiedler und Ausländer in Deutschland*. Berlin/München: Langenscheidt.

PIEPHO, Hans-Eberhard/HUNFELD, Hans (Hrsg.) (1996ff.): *Elemente. Ein Lehrwerk für Deutsch als Fremdsprache*. Köln: Dürr + Kessler.

SCHERLING, Theo u. a. (1982ff.): *Deutsch hier. Ein Unterrichtswerk für ausländische Arbeitnehmer – Erwachsene und Jugendliche*. Berlin/München: Langenscheidt.

TETZELI VON ROSADOR, Hans Jürg u. a. (1992ff.): *Wege. Lehrwerk für die Mittelstufe und zur Studienvorbereitung*. Ismaning: Hueber (Neuausgabe).

VORDERWÜLBECKE, Anne/VORDERWÜLBECKE, Klaus (1986ff.): *Stufen. Kolleg Deutsch als Fremdsprache*. München: Klett Edition Deutsch.

VORDERWÜLBECKE, Anne/VORDERWÜLBECKE, Klaus (1995ff.): *Stufen international*. München: Klett Edition Deutsch.

WERTENSCHLAG, Lukas u. a. (1997): *Moment mal. Lehrwerk für Deutsch als Fremdsprache*. Berlin/München: Langenscheidt.

14 Quellenangaben

ABC-Spaß Englisch, Sesamstraße (1993). Berlin/München: Langenscheidt, o. S.

ABERCROMBIE, David (1974): *Konversation und gesprochene Prosa.* In: FREUDENSTEIN/GUTSCHOW (Hrsg.): *Fremdsprachen Lehren und Erlernen.* München: Piper, S. 198.

BEHME, Helma (1993): *Zur Theorie und Praxis des Sprechspiels unter besonderer Berücksichtigung interdisziplinärer Aspekte.* München: iudicium, S. 18.

BOLTON, Sibylle (1996): *Probleme der Leistungsmessung.* Fernstudieneinheit 10. Berlin/München: Langenscheidt, S. 137.

BORRIES, Mechthild u. a. (1991): *Spielstraße deutsch. Materialien und Spiele für den Unterricht Deutsch als Fremdsprache im Primarbereich.* München: Goethe-Institut/List/Schroedel, S. 13.

BRECHT, Bertolt (1981): *Gedichte.* Hrsg. von W. Mittenzwei. Berlin und Weimar: Aufbau-Verlag, S. 441/442.

BREDNICH, Rolf Wilhelm (1991): *Die Spinne in der Yucca-Palme. Sagenhafte Geschichten von heute.* München: Beck, S. 60.

BUSCH, Wilhelm (1964): *Zwiefach sind die Phantasien.* Gedichte. Leipzig: Reclam, S. 85.

BUSSMANN, Hadumod (1990): *Lexikon der Sprachwissenschaft.* Stuttgart: Kröner, S. 352f., 579, 581.

CAUNEAU, Ilse (1992): *Hören – Brummen – Sprechen. Angewandte Phonetik im Unterrichtsfach Deutsch als Fremdsprache.* München: Klett Edition Deutsch, S. 3, 14/15, 30.

CONRAD, Rudi (Hrsg.) (1985): *Lexikon sprachwissenschaftlicher Termini.* Leipzig: Bibliographisches Institut, S. 103.

CROS, Rotraud (1991): *10 kleine Zappelmänner.* München: Klett Edition Deutsch, S. 34.

DAHLHAUS, Barbara (1994): *Fertigkeit Hören.* Fernstudieneinheit 5. Berlin/München: Langenscheidt, S. 130, 145, 151.

DANIELSON, Åke (1994): *Frühstück in Berlin.* Amsterdam: Goethe-Institut, S. 3 (CD).

DIE PRINZEN (1995): *Du mußt ein Schwein sein.* Ariola (CD).

Die Zeit vom 21. 5. 1993.

DUDEN, Band 6: *Das Aussprachewörterbuch* (1990). Mannheim/Wien/Zürich: Dudenverlag, S. 25.

EGGEMANN, Werner u. a. (1989): *Sieben junge Leute stellen sich vor.* München: Goethe-Institut/Klett Edition Deutsch, S. 67.

EISMANN, Volker u. a. (1994): *Die Suche.* Arbeitsbuch 1. Berlin/München: Langenscheidt, S. 23, 27, 216, 217, 219, 221.

ENDT, Ernst/HIRSCHFELD, Ursula (Hrsg.) (1995): *Die Rhythmuslokomotive.* München: Goethe-Institut, S. 50, 88, 91, 93, 95.

Es grünt so grün. In: *My fair lady* (ohne Jahr): Hamburg: Spectrum (CD).

FARNES, Ceris (1992): *Survive in five languages.* London: Usborne, o. S.

Fremdsprache Deutsch (7/1992): „Hörverstehen". Kassette. München: Klett Edition Deutsch.

FREY, Evelyn (1995): *Kursbuch Phonetik.* Ismaning: Hueber, S. 24, 32.

FÜHMANN, Franz (1973): *Zweiundzwanzig Tage oder die Hälfte des Lebens.* Rostock: Hinstorff Verlag, S. 25.

FÜHMANN, Franz (1985): *Die dampfenden Hälse der Pferde.* Berlin: Kinderbuchverlag, S. 201.

FUNK, Hermann/KOENIG, Michael (1991): *Grammatik lehren und lernen.* Fernstudieneinheit 1. Berlin/München: Langenscheidt, S. 13f.

GÖBEL, Heinz u. a. (1985): *Ausspracheschulung Deutsch.* Bonn: Inter Nationes, S. 21, 28.

GOETHE, Johann Wolfgang (1988): *Splittert nur nicht alles klein. Vers- und Prosasprüche.* Berlin: Buchverlag Der Morgen, S. 20.

GOROSHANINA, Natalja (1995): *Übersichten und Regeln zur deutschen Phonetik.* In: *Fremdsprache Deutsch,* H. 12/1995, S. 58 – 60.

GRASSAU, Ulrike (1992a): *Ausspracheschulung mit Aussiedlerkindern aus Polen in der ersten und zweiten Klasse der Grundschule.* Pädagogisches Zentrum Berlin, BKL-Projekt: *Maßnahmen zur Förderung und Integration von Aussiedlern – Sprachförderung und Abbau von Vorurteilen.* Arbeitspapiere Heft 12, S. 14.

GROSZ, Christiane (1985): *Die fremde Sprache.* In: *Lesebuch Klasse 4.* Berlin: Volk und Wissen, S. 12.

GUGGENMOS, Josef (1990): *Leselöwen – Rätselgeschichten.* Bindlach: Loewe, S. 10ff..

HACKS, Peter (1976): *Der Flohmarkt, Gedichte für Kinder.* Berlin: Kinderbuchverlag, S. 35.

HÄRTLING, Peter (1994): *Eine Reise zurück oder Der Anfang der Geschichte.* In: *neue deutsche literatur*, H. 4/1994. Berlin und Weimar: Aufbau-Verlag, S. 20.

HÄUSSERMANN, Ulrich u. a. (1991): *Sprachkurs Deutsch 3.* Neufassung. Frankfurt/M./Aarau: Moritz Diesterweg/ Sauerländer, S. 54.

HÄUSSERMANN, Ullrich u. a. (1992): *Sprachkurs Deutsch 4.* Neufassung. Leichte Mittelstufe. Frankfurt/M./ Aarau: Moritz Diesterweg/Sauerländer.

HEIN, Christoph (1987): *Öffentlich arbeiten. Essais und Gespräche.* Berlin und Weimar: Aufbau-Verlag, S. 39.

HEROLD, Gottfried (1987): *Kleiner Unsinn.* In: HEROLD, Gottfried: *Mein Emil heißt Dackel.* Berlin: Kinderbuchverlag, S. 18.

HUCKVALE, Mark (1995): *Phonetic characterization and lexical access in non-segmental speech recognition.* In: *Proceedings of the XIIIth International Congress of Phonetic Sciences.* Stockholm 1995, vol. 4, S. 283.

JANDL, Ernst (1988): *im delikatessenladen.* Berlin: Kinderbuchverlag, S. 32.

JANDL, Ernst (1990): *das röcheln der mona lisa. Ein hör- und lesebuch.* Berlin: Verlag Volk und Welt, S. 82.

JENTZSCH, Klaus (1992): *Rhetorik.* Frankfurt/M.: Haag & Herchen, S. 136.

JOHANSSON, Angela (1994): *Der Ton macht die Musik. Kleiner Leitfaden für den praktischen Aussprache-unterricht in Schweden.* Stockholm: Stockholms Universitetet, Tyska Institutionen, S. 12, 30.

KEUN, Irmgard (1983): *Klick.* In: *Wenn wir alle gut wären.* Köln: Kiepenheuer & Witsch, S. 24.

KIM, Swetlana (1995): *Wortakzentuierung.* In: *Fremdsprache Deutsch,* H. 12/1995, S. 48.

KIND, Uwe/BROSCHEK, Erika (1996): *Deutschvergnügen. Deutsch lernen mit Rap und Liedern.* Berlin/München: Langenscheidt, S. 1, 15f.

KIRSCH, Rainer (1984): *Ausflug machen.* Rostock: Hinstorff, S. 50.

KRAMER, Johannes (Hrsg.) (1978): *Erasmus von Rotterdam: Dialog über die richtige Aussprache der lateinischen und griechischen Sprache.* Meisenheim, S. 216.

KRÖHER, Oss (1989): *Liederreise. 77 deutsche Lieder.* München: Klett Edition Deutsch, S. 20, 24, 52, 79, 81.

KRUSCHE, Dietrich/KRECHEL, Rüdiger (1984): *Anspiel. Konkrete Poesie im Unterricht Deutsch als Fremdspra-che.* Bonn: Inter Nationes, S. 6, 19, 21, 27, 34, 44.

KRÜSS, James (1965): *James' Tierleben.* München: Annette Betz Verlag, S. 103, 173.

KRÜSS, James (1967): *Mein Urgroßvater, die Helden und ich.* Hamburg: Friedrich Oetinger Verlag, S. 39/40.

LAUTERBACH, Stefan/KÜBL, Brigitte Merzig de (1995): *Akzentuierung von Äußerungen.* In: *Fremdsprache Deutsch,* H. 12/1995, S. 44.

Leipziger Volkszeitung vom 20. 6. 1997.

LINDNER, Hans u. a. (1979): *Deutsch. Ein Lehrbuch für Ausländer.* Leipzig: Enzyklopädie, S. 17.

LORIOT (1981): *LORIOTs Dramatische Werke.* Zürich: Diogenes, S. 118/119, 120-123.

MANZ, Hans (1991): *Die Welt der Wörter.* Weinheim: Beltz, S. 71, 117, 287.

MEBUS, Gudula u. a. (1987): *Sprachbrücke 1.* München: Klett Edition Deutsch, S. 78, 88, 97, 132.

MEBUS, Gudula u. a. (1989): *Sprachbrücke 2.* München: Klett Edition Deutsch, S. 121, 152.

MEBUS, Gudula (1995): *Erfolgskontrolle, Prüfung, Bewertung – auch für die Aussprache?* In: *Fremdsprache Deutsch,* H. 12/1995, S. 30.

MEINHOLD, Gottfried/STOCK, Eberhard (1980): *Phonologie der deutschen Gegenwartssprache.* Leipzig: Biblio-graphisches Institut, S. 173.

MEUNMANY, Nirath/SCHMIDT, Lothar (1995): *Sprechmelodie.* In: *Fremdsprache Deutsch,* H. 12/1995, S. 34.

MIDDLEMAN, Doris (1996): *Sprechen – Hören – Sprechen. Übungen zur deutschen Aussprache.* Ismaning: Verlag für Deutsch, S. 15, 64f.

MÜLLER, Adam (Hrsg.) (1812): *Zwölf Reden über die Beredsamkeit und deren Verfall in Deutschland* von Arthur Salz. München 1920.

MÜLLER, Martin/WERTENSCHLAG, Lukas (1985): *Los emol: Schweizerdeutsch verstehen.* Berlin/München: Langenscheidt, S. 54.

NECKERMANN, Bruno (1986): *Die gute Aussprache.* Düsseldorf: Econ, S. 26.

NEUNER, Gerhard u. a. (1983): *Deutsch konkret. Ein Lehrwerk für Jugendliche,* Lehrbuch 1. Berlin/München: Langenscheidt, S. 58.

PACHNICKE, Bernd (Hrsg.) (1980): *All mein Gedanken. Deutsche Volkslieder.* Leipzig: Edition Peters, S. 341.

RAABE, Max (1993): *Kein Schwein ruft mich an.* In: Wintergarten Edition vol. 3 (CD).

RALL, Marlene (1990): *Sprachbrücke 1.* Handbuch für den Unterricht. München: Klett Edition Deutsch, S. 275.

RAUSCH, Rudolf/RAUSCH, Ilka (1992): *Deutsche Phonetik für Ausländer.* Lehr- und Übungsbuch. Berlin/München/Leipzig: Langenscheidt/Verlag Enzyklopädie, S. 280.

REINKE, Kerstin (1995): *Konsonantenverbindungen.* In: *Fremdsprache Deutsch,* H. 12/1995, S. 52.

RINGELNATZ, Joachim (1986): *Mein Herz in Muschelkalk.* Gesammelte Gedichte. Berlin: Eulenspiegel Verlag, S. 120.

RODARI, Gianni (1992): *Grammatik der Phantasie.* Leipzig: Reclam, S. 137.

SCHNEIDER, Wolf (1989): *Wörter machen Leute. Magie und Macht der Sprache.* München: Piper.

SHAW, Bernard (1990): *Pygmalion.* Frankfurt/M.: suhrkamp taschenbuch, S. 22f.

SLEMBEK, Edith (1986): *Lehrbuch der Fehleranalyse und Fehlertherapie.* Heinsberg: Agentur Dieck, S. 79, 83, 117.

SLEMBEK, Edith (1995): *Lehrbuch der Fehleranalyse und Fehlertherapie.* Heinsberg: Agentur Dieck (2., erweit. Aufl.), S. 27, 90, 124.

SOLMECKE, Gert (Hrsg.) (1992): *Hörverstehen.* In: *Fremdsprache Deutsch,* H. 7/1992, S. 9.

SPENDER, Waldemar (1981): *Die Eisenbahn hat Stiefel an.* Berlin: Kinderbuchverlag, S. 39.

Sprüche an der Wand. Lieder gegen Ausländerfeindlichkeit (1993). Düsseldorf: Patmos (MC).

Stern (9/1995), S. 228.

STOCK, Eberhard u. a. (1986): *Phonetik der deutschen Sprache. Lehr- und Übungsmaterial für den Fortgeschrittenen-unterricht Deutsch als Fremdsprache.* Berlin: Institut für Film, Bild und Ton, S. 19f.

STOCK, Eberhard/HIRSCHFELD, Ursula (Hrsg.) (1996): *Phonothek Deutsch als Fremdsprache.* Berlin/München: Langenscheidt, S. 9, 19, 23, 40, 47f., 51, 61, 86, 97, 106, 117, 135, 155, 174, 191, 194f.

TIMM, Uwe (1984): *Erziehung.* In: KRUSCHE, Dietrich/KRECHEl, Rüdiger: *Anspiel. Konkrete Poesie im Unterricht Deutsch als Fremdsprache.* Bonn: Inter Nationes, S. 41.

VORDERWÜLBECKE, Anne (1995): *Gespräche mit Lunija. Ein Hörprogramm mit Musik für die Grundstufe.* München: Klett Edition Deutsch, S. 6/7.

VORDERWÜLBECKE, Anne/VORDERWÜLBECKE, Klaus (1986): *Stufen 1.* Handbuch für den Unterricht. München: Klett Edition Deutsch, S. 44.

VORDERWÜLBECKE, Anne/VORDERWÜLBECKE, Klaus (1987): *Stufen 2.* München: Klett Edition Deutsch, S. 7, 29, 173, 178.

VORDERWÜLBECKE, Anne/VORDERWÜLBECKE, Klaus (1995): *Stufen international 1.* München: Klett Edition Deutsch, S. 6/7, 17, 24, 44, 133, 162.

VORDERWÜLBECKE, Klaus (1992a): *Vom Sprechen zum Vorlesen.* In: VORDERWÜLBECKE, Klaus (Hrsg.): *Phonetik, Ausspracheschulung und Sprecherziehung im Bereich Deutsch als Fremdsprache.* Materialien Deutsch als Fremdsprache, H. 32/1992. Regensburg, S. 133.

WÄNGLER, Hans-Heinrich (1964): *Atlas deutscher Sprachlaute.* Berlin: Akademie-Verlag, Tafel 10, 11, 18.

WARNKE, Uwe (1990): *Mit MOZART durch die Woche.* In: DEISLER, Guillermo/KOWALSKI, Jörg (Hrsg.). *wortBild, Visuelle Poesie in der DDR.* Halle/Leipzig: Mitteldeutscher Verlag, S. 25.

WOJCIK, Anna (1986): *mini rozmówki niemieckie.* Warszawa: Wiedza Powszechna, o. S.

ZAPP, Franz Josef/SCHRÖDER, Konrad (1984): *Tractatus Philosophico – Philologicus de Methodo Recte Tractandi linguas Exoticas Speciatim Gallicam,* Italicam Et Anglicam (1724). Faksimiliert, übersetzt und herausgegeben von Franz Josef Zapp und Konrad Schröder, mit einer Darstellung der Geschichte des Fremdsprachenunterrichts an der Universität Wittenberg. Augsburger Schriften. Hrsg. von Thomas Finkenstaedt und Konrad Schröder, Universität Augsburg, S. XXII.

15 Anhang

15.1 Übersicht über Vokal- und Konsonantensystem/Sagittalschnitt

Vokale

		vorn		Mitte	hinten
		nichtlabial	labial		
hoch	geschlossen	iː	yː		uː
	offen	ɪ	ʏ		ʊ
mittelhoch	geschlossen	eː	øː	ɐ	oː
	offen	ɛ ɛː	œ	ə	ɔ
flach				a aː	

Stock/Hirschfeld (1996), 19

Konsonanten

Rückverweis

Artikulationsstellen (siehe auch Kapitel 1.6, Aufgabe 12, S. 18):
1. bilabial (beide Lippen)
2. labiodental (Unterlippe und obere Schneidezähne)
3. dental-alveolar (Vorderzunge und obere Schneidezähne)
4. alveolar (Vorderzunge und Zahndamm)
5. präpalatal (Vorderzunge und vorderer – harter – Gaumen)
6. palatal (mittlerer Zungenrücken und vorderer – harter – Gaumen)
7. lateral (seitlicher Zungenrand und Backenzähne)
8. postpalatal (Hinterzunge und hinterer Gaumen)
9. velar (Hinterzunge und hinterer Gaumen/Gaumensegel)
10. laryngal (im Kehlkopf)

		Artikulationsstelle									
		1	**2**	**3**	**4**	**5**	**6**	**7**	**8**	**9**	**10**
Explosive	**fortis**	p			t				k		
	lenis	b			d				g		
Frikative	**fortis**		f	s		ʃ	ç			x	
	lenis		v	z		ʒ	j			r	h
Nasale		m			n				ŋ		
Liquide								l			

Stock/Hirschfeld (1996), 23

Sagittalschnitt (Querschnitt durch die Sprechorgane)

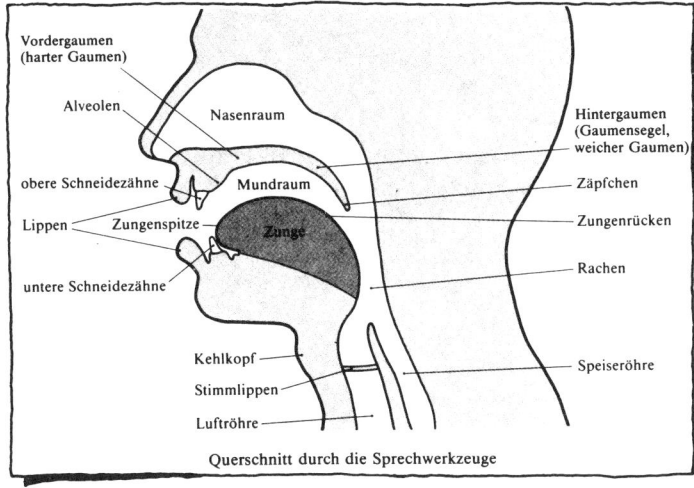

DUDEN. Aussprachewörterbuch (1990), 25

15.2 Buchstaben-Laut-Beziehungen

Buchstaben	Laute	Beispiele	Buchstaben	Laute	Beispiele
a	[a]	Stadt	m	[m]	Mann
a	[aː]	baden	mm	[m]	kommen
ä	[ɛ]	kräftig	n	[n]	Name
ä	[ɛː]	spät	ng	[ŋ]	singen
aa	[aː]	Staat	n(k)	[ŋ]	Bank
ah	[aː]	Bahn	nn	[n]	Mann
äh	[ɛː]	zählen	o	[ɔ]	voll
ai	[ae̯]	Mai	o	[oː]	Brot
au	[ao̯]	Auge	ö	[œ]	Löffel
äu	[ɔø̯]	Träume	ö	[øː]	lösen
ay	[ae̯]	Bayern	oh	[oː]	wohnen
b	[b]	Ober	öh	[øː]	fröhlich
-b	[p]	gelb	oo	[oː]	Boot
ch	[ç]	Licht	p	[p]	Oper
ch	[x]	Buch	pf	[pf]	Pfennig
chs	[ks]	wachsen	pp	[p]	doppelt
ck	[k]	Zucker	qu	[kv]	bequem
d	[d]	reden	r	[r]	rot
-d	[t]	Hund	r	[ɐ]	Tür
dt	[t]	Stadt	rh	[r]	Rhetorik
e	[ɛ]	stellen	rr	[r]	Herr
e	[eː]	Weg	s	[s]	Haus
e	[ə]	beginnen	s	[z]	reisen
ee	[eː]	Tee	sch	[ʃ]	Schule
eh	[eː]	sehen	sp	[ʃp]	Spiel
ei	[ae̯]	Wein	ss	[s]	Tasse
-er-	[ɐ]	Erzähler	st	[ʃt]	Stufe
ey	[ae̯]	Meyer	ß	[s]	reißen
eu	[ɔø̯]	heute	t	[t]	Tür
f	[f]	Feld	tt	[t]	bitte
ff	[f]	hoffen	th	[t]	Theorie
g	[g]	liegen	-tion	[ts]	Lektion
-g	[k]	Weg	ts	[ts]	rechts
g	[ʒ]	Etage	tz	[ts]	Platz
gs	[ks]	du sagst	u	[ʊ]	Gruppe
h	[h]	Hut	u	[uː]	Buch
i	[ɪ]	Bitte	ü	[ʏ]	Glück
i	[iː]	Kino	ü	[yː]	Schüler
ie	[iː]	sieben	uh	[uː]	Stuhl
ieh	[iː]	ziehen	üh	[yː]	früh
-ig	[ç]	Leipzig	v	[f]	Vater
ih	[iː]	ihr	v	[v]	Visum
j	[j]	Jacke	w	[v]	Welt
j	[ʒ]	Journalist	x	[ks]	Text
k	[k]	können	y	[ʏ]	Ypsilon
ks	[ks]	links	y	[yː]	Typ
l	[l]	Lampe	z	[ts]	zehn
ll	[l]	hell	zz	[ts]	Skizze

Einige Regeln zu den Buchstaben-Laut-Beziehungen

☛ Lange Vokale erkennt man im Schriftbild an der Doppelschreibung des Vokalbuchstabens (aa, ee, oo, ie) und am nachfolgenden <h>: St**aa**t, T**ee**, B**oo**t, v**ie**l, s**eh**en.

☛ Kurze Vokale erkennt man an nachfolgenden doppelt geschriebenen Konsonanten: bi**tt**e, ko**mm**en. Oft ist der Vokal auch kurz, wenn ihm drei oder mehr Konsonanten folgen: Wu**rst**, He**rbst**.

☛ Die Buchstaben <b, d, g, s, v> werden am Wort- und Silbenende wie [p, t, k] ausgesprochen (Auslautverhärtung):

gel**b**	[**p**]	aber:	gel**b**e	[**b**]
Kin**d**	[**t**]		Kin**d**er	[**d**]
Ta**g**	[**k**]		Ta**g**e	[**g**]
Hau**s**	[**s**]		Häu**s**er	[**z**]
Moti**v**	[**f**]		Moti**v**e	[**v**]

☛ Der Konsonant R wird frikativ – d.h. als Reibe-, Zäpfchen- oder Zungenspitzen-R – gesprochen [**r**]:
a) am Anfang eines Wortes oder einer Silbe: **R**ose, Bü**r**o
b) nach Konsonanten: g**r**au
c) nach kurzen Vokalen: Ma**r**k
d) bei Doppelschreibung: He**rr**

☛ R wird vokalisiert ([ɐ]):
a) in der unbetonten Verbindung er-, ver-, zer-, -er: **er**zählen, **ver**suchen, **zer**stören, Arbeit**er**, bess**er**
b) nach langen Vokalen: Uh**r**, Mee**r**, ih**r**

☛ Die Buchstaben <ch> werden gesprochen als
a) [**x**] nach „u",„o",„a",„au": Bu**ch**, no**ch**, Fa**ch**, au**ch**
b) [**ç**] nach allen anderen Vokalen, nach „l",„n",„r" und in „-chen": ni**ch**t, Bü**ch**er, Fä**ch**er, eu**ch**, dur**ch**, man**ch**mal, Mäd**ch**en
c) [**k**] in der Verbindung <chs> sowie am Anfang einiger Fremdwörter und deutscher Namen: se**chs**, **Ch**or, **Ch**emnitz

Goroshanina (1995), 58/60

15.3 Wortakzentregeln

Die Stammsilbe wird betont:
● ₊, ₊ ● ₊, ₊ ● ₊, ₊ ● ₊ ₊ ...

1. in einfachen deutschen Wörtern: **Schu**le, **kom**men, **hö**ren
2. in Wörtern mit den Vorsilben „be-", „ge-", „er-", „ver-", „zer-": be**kom**men, er**ho**len, Ge**hör**, ver**ab**schieden
3. in untrennbaren Verben und davon abgeleiteten Substantiven auf „-ung": wieder**ho**len - Wieder**ho**lung

Der Wortanfang (Präfix) wird betont:
● ₊, ● ₊ ₊, ● ₊ ₊ ₊ ...

1. in trennbaren Verben und davon abgeleiteten Substantiven: **mit**kommen, **Auf**satz, **Vor**bereitung
2. in Zusammensetzungen mit „un-" und „ur-": **Ur**laub, **un**bekannt

Das Bestimmungswort wird betont:
● ₊, ● ₊ ₊, ● ₊ ₊ ...

in zusammengesetzten Substantiven und Adjektiven: **Schul**kind, **dun**kelblau, **Mu**sikschule

Die letzte Silbe wird betont:
● ●, ₊ ₊ ●, ₊ ₊ ₊ ● ...

1. in deutschen Wörtern mit der Nachsilbe „-ei": Arz**nei**, Poli**zei**, Kondito**rei**
2. in Buchstabenwörtern: E**G**, AB**C**, GmB**H**
3. in Fremdwörtern, die auf langen Vokal enden: All**ee**, Ener**gie**, Biolo**gie**
4. in Fremdwörtern, die auf einen oder mehrere Konsonanten enden: Stu**dent**, Fakul**tät**, interes**sant**
5. in Fremdwörtern, die auf „-ion" enden: Nat**ion**, Explos**ion**

Die vorletzte Silbe wird betont:
● ● ₊, ₊ ● ₊, ₊ ₊ ● ₊, ...

1. in Fremdwörtern, die auf „-e", „-ieren", „-el", „-er" enden: Ma**schi**ne, infor**mie**ren, Vo**ka**bel
2. in Fremdwörtern, die auf kurzen Vokal vor einem Konsonanten enden (außer „e"): Mu**se**um, Orga**nis**mus

Goroshanina (1995), 58/60

15.4 Diagnosebogen

Intonation

a) Rhythmus/Gliederung/Pausierung

☐ immer richtig ☐ oft richtig ☐ selten richtig

b) Melodieverlauf im Satz und besonders an Satzzeichen

☐ immer richtig ☐ oft richtig ☐ selten richtig

c) Akzentuierung im Wort und im Satz

☐ immer richtig ☐ oft richtig ☐ selten richtig

Artikulation

a) **Vokale**

– Quantität (Länge und Kürze)

☐ richtig ☐ etwas abweichend ☐ sehr abweichend

– *Ö*- und *Ü*-Laute

☐ richtig ☐ etwas abweichend ☐ sehr abweichend

– *E*-Laute

☐ richtig ☐ etwas abweichend ☐ sehr abweichend

– Vokalneueinsatz (Knacklaut)

☐ richtig ☐ etwas abweichend ☐ sehr abweichend

_____

☐ richtig ☐ etwas abweichend ☐ sehr abweichend

_____

☐ richtig ☐ etwas abweichend ☐ sehr abweichend

b) **Konsonanten**

– fortis – lenis/stimmhaft – stimmlos

☐ richtig ☐ etwas abweichend ☐ sehr abweichend

– *R*-Laut (frikativ)

☐ richtig ☐ etwas abweichend ☐ sehr abweichend

– *R*-Laut (vokalisiert)

☐ richtig ☐ etwas abweichend ☐ sehr abweichend

– *Ich*- Laut und *Ach*-Laut

☐ richtig ☐ etwas abweichend ☐ sehr abweichend

– Hauchlaut ([h])

☐ richtig ☐ etwas abweichend ☐ sehr abweichend

– Assimilation

☐ richtig ☐ etwas abweichend ☐ sehr abweichend

– mehrteilige Verbindungen ([pf, ts, pfl, tsv, pr, ...])

☐ richtig ☐ etwas abweichend ☐ sehr abweichend

_____

☐ richtig ☐ etwas abweichend ☐ sehr abweichend

_____

☐ richtig ☐ etwas abweichend ☐ sehr abweichend

Angaben zu den Autorinnen

Helga Dieling, 1935 – 1995. Studium der Sprechwissenschaft und Germanistik an der Martin-Luther-Universität Halle-Wittenberg. Deutschlehrerin und Phonetikerin am Herder-Institut der Universität Leipzig, Deutschlektorin in Schweden. Promotion zum Thema *Zur Perzeption und Produktion von Vokalen im Fremdsprachenunterricht Deutsch (Anfänger)*. Zahlreiche Publikationen zur Didaktik des Ausspracheunterrichts, Phonetikmaterialien.

Ursula Hirschfeld, Jg. 1953. Professorin am Institut für Sprechwissenschaft und Phonetik der Martin-Luther-Universität Halle-Wittenberg. Studium der Sprechwissenschaft und Germanistik an der Martin-Luther-Universität Halle-Wittenberg. Deutschlehrerin und Phonetikerin am Herder-Institut der Universität Leipzig, Deutschlektorin in Polen. Promotion zum Thema *Kontrastive phonologische und phonetische Untersuchungen Spanisch-Deutsch*, Habilitation zum Thema *Phonetische Verständlichkeit Deutschlernender*. Zahlreiche Publikationen zur Didaktik des Ausspracheunterrichts, Phonetikmaterialien.

Vorder- und Rückseite des spanischen Begleitheftes zur Fernstudieneinheit *Phonetik lehren und lernen*

Das Fernstudienprojekt DIFF – GhK – GI

Weitere Informationen erhalten Sie bei:

Deutsches Institut für Fernstudienforschung an der Universität Tübingen
Postfach 1569
72005 Tübingen

Universität Gesamthochschule Kassel
FB 9 (Prof. Dr. Gerhard Neuner)
Georg-Forster-Str. 3
34109 Kassel

Goethe-Institut, München
Bereich 54 FSP
Helene-Weber-Allee 1
80637 München